Geh nicht ins Licht!

Rückführungen ins Leben zwischen den Leben entlarven Reinkarnationsfalle

Haftungsausschluss und Hinweis zu Quellenangaben

Die Buchinhalte sind urheberrechtlich geschützt. Unbefugte Benutzung, Verarbeitung, Vervielfältigung, Verbreitung und öffentliche Zugänglichmachung, insbesondere in elektronischer Form, sind untersagt und können straf- oder zivilrechtlich verfolgt werden. Bei Verweisen und Links auf die Webseiten Dritter kann für deren Inhalt nicht gehaftet werden, da lediglich auf deren Stand zum Zeitpunkt der Erstveröffentlichung verwiesen wird. Alle Informationen und Quellen wurden sorgfältig recherchiert und nach bestem Wissen und Gewissen überprüft. Die Quellenangaben geben dem interessierten Leser die Möglichkeit, eigenständig zu den jeweiligen Themen zu recherchieren. Dies bedeutet nicht, dass die Autorin des vorliegenden Buches mit sämtlichen Theorien, Aussagen und Hypothesen der benannten Autoren bzw. Quellen konform geht.

Geh nicht ins Licht!

Rückführungen ins Leben
zwischen den Leben entlarven
Reinkarnationsfalle

Lucia Beatrix Stellberg

Impressum

Bibliografische Information der Deutschen Nationalbibliothek: Die Deutsche Nationalbibliothek verzeichnet diese Publikation in der Deutschen National-bibliografie; detaillierte bibliografische Daten sind im Internet über http:// dnb.dnb.de abrufbar.

© 2024 Lucia Beatrix Stellberg

Korrektorat & Buchsatz: Antje Grube, www.antjegrube.com
Verlag: BoD · Books on Demand GmbH, Überseering 33, 22297 Hamburg, bod@bod.de
Druck: Libri Plureos GmbH, Friedensallee 273, 22763 Hamburg

ISBN: 978-3-7583-2297-6

Alle Rechte vorbehalten

Das vorliegende Werk ist in allen seinen Teilen urheberrechtlich geschützt. Alle Rechte vorbehalten, insbesondere das Recht der Übersetzung, des Vortrags, der Reproduktion und der Vervielfältigung.

Inhaltsverzeichnis

Das Anliegen dieses Buches – Einleitendes

Was geschieht nach unserem körperlichen Tod? Gibt es ein nachtodliches Leben? Und wenn ja, wird es uns gut ergehen? Auf wen oder was treffen wir? Auf welche Erfahrungen sollten wir vorbereitet sein? Mittlerweile gehört es zum akzeptierten „spirituellen Allgemeinwissen", dass ein Lichttunnel die Seelen nach dem physischen Ableben auf eine Lichtebene führt, die angeblich der „Himmel", unsere göttliche Heimat sein soll. Dort ruhen wir uns nach einem anstrengenden Erdenleben aus, um nach einer spirituellen Kontemplations- und Erholungsphase erneut zu inkarnieren – in ein vermeintlich selbst gewähltes Leben. Kaum bekannt ist, dass unzählige Menschen mit Nahtoderlebnissen[1], Astralreisende[2], Remote Viewer[3] und Klienten, die auf die Lichtebene zurückgeführt wurden, erschreckende Erfahrungen machten. Sie bestätigen die üblicherweise propagierte „heile Lichtwelt" nicht. Sie strafen die New-Age-Lehren Lügen und sollten uns alle aufhorchen lassen. Von diesen bedeutsamen Erlebnissen und ihren weitreichenden Implikationen wird im vorliegenden Buch die Rede sein.

Die Betroffenen trafen im Licht auf diverse astrale Wesenheiten, auf scheinbar lichtvolle wie auch dunkle Gestalten. Darunter angebliche Erzengel, Engel, aufgestiegene Meister, religiöse Figuren wie Jesus oder Maria sowie unterschiedliche außerirdische Spezies. Alle diese Entitäten haben eines gemeinsam: Sie sind nicht das, was sie zu sein scheinen. Sie sind astrale Betrüger. Als meisterliche Gestaltwandler beeinflussen sie unsere Sinneswahrnehmung energetisch, sodass wir sie in jeder Form wahrnehmen, die ihnen beliebt. Sie präsentieren sich als liebevolle, hohe Lichtwesen, als Heilige, verstorbene Verwandte uvm. Ihre wahre Natur ist dämonisch. Man erkennt sie, wenn man um die Kriterien weiß, die einen Dämon entlarven.

Die Erkenntnisse aus den genannten Disziplinen stimmen in hohem Maße überein. Sie zeichnen ein düsteres Bild des nachtodlichen Geschehens. Es entspricht nicht dem gängigen New-Age-Narrativ, letztlich sei alles Liebe und Licht. Es widerspricht auch und vor allem der Annahme, dass wir als Seelen leidvolle Erfahrungen selbst auswählen, um spirituell zu wachsen. Wie Rückführungen zeigen, werden uns schmerzliche Lebensbedingungen und „Schicksalsschläge" in manipulierten Inkarnations- und Karmaverträgen im Zwischenleben aufgezwungen. Wir werden genötigt, Karma abzutragen, das nicht einmal unseres ist. Wir werden nicht nur in dunklen Gefilden von Dämonen drangsaliert, sondern auch auf der Lichtebene von vermeintlichen „Lichtwesen". Diese Kreaturen dienen alle demselben Herrn, man bezeichnet sie als Archonten. Sie treten unseren freien Willen mit Füßen und ernähren sich von unseren Leidensenergien. Nach jedem Erdenleben löschen sie unser Gedächtnis, damit wir ihr parasitäres Treiben nicht durchschauen. Die umfassende Amnesie und Ahnungslosigkeit der Menschheitsfamilie ist ihre Überlebensgarantie.

Das vorliegende Buch legt das Hauptaugenmerk auf alarmierende Erfahrungen, die meine Klienten in Rückführungen zur Lichtebene machten. Man spricht auch vom „Leben zwischen den Leben" oder einfach vom „Zwischenleben". Ihre Erlebnisse entlarven die dämonischen Kräfte, denen wir als Seelen ausgesetzt sind. Nahtoderfahrene, Astralreisende und Remote Viewer wissen Ähnliches zu berichten. Auch ihre Erlebnisse werden eingehend beleuchtet. Wir alle tun gut daran, auf das Leben nach dem Tod vorbereitet zu sein. Auf der Erde und im Licht ist alles invertiert, d. h. ins Gegenteil verkehrt. Was lichtvoll erscheint, ist zutiefst dunkel. Was wir als Wahrheit erachten, ist eine Lüge. Angebliche Lichtwesen sind dämonische Parasiten, die unsere Lebensenergien verschlingen. Vermeintliche Auswege aus der Matrix sind Sackgassen und Fallen. Vieles ist trügerisch, verzerrt, bizarr und zunächst so schockierend, dass man es nicht glauben mag. Tatsache ist, dass wir als Menschheit von den Archonten seit Jahrtausenden in einem leidvollen Reinkarnationszyklus gefangen gehalten werden. Das ist nur möglich, weil wir den gigantischen New-Age-Lügen Glauben schenken und auf betrügerische „Liebes-und-Licht-Inszenierungen" hereinfallen. Arglos begeben wir uns nach dem Ableben in ein Fake-Licht, das nicht göttlichen, sondern luziferischen Ursprungs ist. In unserer Unwissenheit halten wir mit Licht getarnte, spirituell entartete Dämonen für Lichtwesen des wahren Schöpfers.

Das New Age hat zahlreiche Täuschungen und Fallen etabliert, die verhindern, dass wir die Machenschaften der Archonten erkennen und die Matrix nach unserem Tod als freie Seelen verlassen können. Dazu gehören vermeintliche karmische Schulden, die sich niemals vollständig tilgen lassen. Sie halten den endlosen Reinkarnationszyklus in Gang. Die dämonischen Kreaturen können uns nach Belieben täuschen, manipulieren und energetisch missbrauchen, da wir ihre Übergriffe nach der Löschung unseres Gedächtnisses wieder vergessen. Der Lichttunnel garantiert, dass sich Milliarden von Seelen ins Licht begeben, wo sie in die nächste Inkarnation recycelt werden. Es existieren zahlreiche weitere Fallen, die ausführlich beschrieben werden. Über allen thront der New-Age-Slogan „Alles-ist-Liebe-und-Licht"! Dieses Narrativ soll darüber hinwegtäuschen, dass im Zwischenleben jene Dämonen auf uns warten, die für all das Elend, die Not, die Kriege und das Leid auf unserem Planeten verantwortlich sind.

Wenn wir die Fallen als solche erkennen, werden sie uns nicht mehr zum Verhängnis. Aus diesem Grund werden spirituelle Dogmen und Annahmen sorgfältig hinterfragt, lieb gewonnene Vorstellungen einer kritischen Prüfung unterzogen. Sinn ist es, aufzurütteln, aufzuklären und die Augen des Lesers für Ungereimtheiten und Lügen zu öffnen, die uns das New Age seit Jahrzehnten mit großer Begeisterung „serviert". Es ist höchste Zeit, dass wir die Gefahren erkennen, die sich hinter gängigen spirituellen Konzepten verbergen, die wir für gewöhnlich unhinterfragt und unkritisch übernehmen. Ziel ist es aufzudecken, wer und was die vermeintlich „göttlichen Lichtwesen" in Wahrheit sind und auf welche Weise sie die Menschheit beherrschen. Wir schauen uns an, wie der Recycling-Prozess funktioniert. Und wie es sein kann, dass Milliarden von Menschen bzw. Seelen ihre Versklavung und Gefangenschaft nicht bemerken, geschweige denn eine Ahnung davon haben, dass und wie sie die Matrix verlassen können. Wir decken auf, was mit unseren Seelen auf der Fake-Lichtebene tatsächlich geschieht. Dieses Buch weist nicht nur auf Gefahren, Täuschungen und Lügen hin, sondern gibt dem Leser Lösungen, Auswege und Möglichkeiten des Schutzes an die Hand. Wer die vermittelten Informationen nutzt, kann sich dem Zugriff der Archonten zu Lebzeiten und nach dem Ableben entziehen.

Während Sie, liebe Leser, im Buch voranschreiten, werden Sie die Punkte verbinden und die Zusammenhänge verstehen. Lesen Sie in dem Bewusstsein, dass es letztlich in unserer Macht liegt, unsere missliche Lage zu beenden – wenn wir wissen, wie. Wir sind souveräne, freie und vor allem mächtige Schöpferseelen, die dazu gezwungen werden, ihre spirituellen Wurzeln, ihre göttliche Essenz und ihre schöpferischen Fähigkeiten zu vergessen, solange wir uns innerhalb der Matrix befinden. Wenn wir unser volles Seelenpotenzial erkennen und entfalten, hält uns nichts und niemand mehr gefangen.

Sämtliche Ausführungen zu Nahtoderlebnissen, Astralreisen und Remote-Viewing-Sitzungen wurden sorgfältig recherchiert und mit zahlreichen Quellenangaben versehen. Letztere ermöglichen es dem Leser, sich noch umfassender zu informieren. Die Fallbeispiele zu den Rückführungen auf die Lichtebene stammen von meinen Klienten. Es ist von fundamentaler Bedeutung für die Entwicklung der Menschheit, die Verbrechen der Archonten umfassend aufzudecken – dieses Buch ist mein Beitrag dazu.

Auch wenn Sie Unangenehmes erfahren, gehen Sie bitte nicht in die Angst. Gehen Sie emotional auf Distanz und nehmen Sie eine Beobachterposition ein. Dieses Buch führt Sie in die Eigenermächtigung und in Ihre volle Schöpferkraft. Wissen ist Macht. Wissen schützt. Als Titel habe ich den Appell „Geh nicht ins Licht!" gewählt. Sie werden sehr bald erkennen, warum. Ich erwarte keineswegs, dass Sie meinen Ausführungen oder denen der zahlreichen anderen benannten Quellen Glauben schenken. Bleiben Sie kritisch und hinterfragen Sie. Vergleichen Sie unterschiedliche Autoren, Webseiten, Videos und andere Quellen. Bestenfalls recherchieren Sie selbst. Nur Sie entscheiden, welche Informationen Sie annehmen oder zurückweisen wollen. Ich wünsche Ihnen eine aufschlussreiche und befreiende Entdeckungsreise!

Kapitel 1: Die Entstehung der Menschheit und der Erde

Schöpfungsmythen

Um zu verstehen, welche Kräfte die Menschheit vor langer Zeit versklavten und uns heute noch beherrschen, schauen wir uns zunächst unterschiedliche Schöpfungsmythen an. Wir glauben, dass das Universum und unser Planet von einem Schöpfer erschaffen wurden, der uns bedingungslos liebt und nur unser Bestes will. Von einem Gott, der sich wünscht, dass wir in der Erdenschule spirituell wachsen, um in höhere Dimensionen aufzusteigen und schließlich in unser göttliches Zuhause zurückzukehren. Diese Annahmen sind falsch und Teil der gigantischen Täuschung, der die gesamte Menschheit dank der New-Age-Propaganda seit Langem unterliegt.

Die gnostische Schöpfungsgeschichte

Der Schöpfungsmythos der Gnostiker[4] sowie einige andere erläutern die Entstehungsgeschichte der Menschheit und der Erde erstaunlich detailliert. Sie beleuchten unterschiedliche Aspekte, weisen aber auch Parallelen auf. Alle tragen dazu bei, die menschliche Evolution aus bedeutsamen Perspektiven zu betrachten. Alle Mythen verbindet die Annahme, dass unsere materielle Welt von einem „Halbgott", dem sogenannten „Demiurg", erschaffen wurde und nicht vom höchsten Schöpfergott. Jene Welt, die geprägt ist von Missständen, Leid und Tod, in der wir heute leben. Die Gnostiker, die frühen Christen, nennen die Entität, die sich zum alleinigen „Gott" erklärte, „Jaldabaoth"[5]. Im Alten Testament nennt er sich Jahwe (JHWH)/Jehova, im Koran Allah. Die Gnostiker bezeichnen ihn und die Kreaturen, die er erschuf, als „Archonten". Diese Kräfte beherrschen und tyrannisieren die Menschheit seit

Tausenden von Jahren. Als Jesus seinerzeit verkündete, dass Jahwe ein „Halbgott", ein Hochstapler sei, und die Menschen lehrte, wie sie sich von seiner Herrschaft befreien können, ließ dieser ihn ermorden.

Die Gnostiker wurden aufgrund ihrer Lehren vom paulinischen Christentum unerbittlich verfolgt und im Laufe der Jahrhunderte gnadenlos genozidiert. Ein ähnliches Schicksal ereilte die Katharer, die ebenfalls von zwei Schöpfern ausgingen: dem, der die vergängliche materielle Welt erschuf und dem wahren Schöpfer des unvergänglichen göttlichen Reiches. Warum verfolgte das Christentum Minderheiten jahrhundertelang und löschte ihre Schriften aus? Vermutlich, weil ihre Lehren der Wahrheit entsprachen oder ihr gefährlich nahekamen. Es musste verhindert werden, dass die angeblichen Häretiker Jahwe als Lügner entlarvten und so wurden sie eliminiert. Einige der gnostischen Schriften entgingen der Vernichtung. Sie wurden 1945 im ägyptischen Nag Hammadi wiederentdeckt. Sie beschreiben das Treiben des Demiurgs und seiner Archonten auf der Erde.

„Gnosis" bedeutet „(Gottes-)Erkenntnis" oder Wissen. Gemeint ist die innere Erkenntnis oder auch Gewissheit, die aus dem Herzen stammt. Das Wissen um die spirituelle Wahrheit, das nicht in Büchern zu finden ist. Bevor die Schöpfung entstand, existierte die Monade. Das „Alles-Was-Ist". Die erste göttliche Quelle, die immer war und immer sein wird. Aus ihr gingen die Äonen hervor, als Aspekte von „Allem-Was-Ist". Die Totalität der göttlichen Kräfte und ihrer Emanationen wird „Pleroma" genannt. Ein Äon namens Sophia (Weisheit) entschloss sich zu kreieren. Sie brachte ein Wesen hervor, das sie Jaldabaoth nannte. Er besaß den Körper einer Schlange und das Gesicht eines Löwen, aus dessen Augen feurige Lichtblitze schossen. Sophia hatte das Wesen allein, ohne ihren göttlichen Gegenpart, die männliche Schöpferkraft, erschaffen.

Und so war es unvollkommen und ignorant. Als Sophia dies erkannte, erschrak sie und stieß es von sich, um es vor den anderen Unsterblichen zu verbergen.

Es fiel hinab ins „Kenoma", die physische Welt. Allein in der Leere und ignorant, wie er war, hielt sich Jaldabaoth für den alleinigen Gott. Sophia rief ihn zu sich, um ihn zu erleuchten, er aber ignorierte sie. Er kreierte die materielle Welt einschließlich der unsichtbaren astralen Dimensionen als Kopie des Pleroma, des ewigen göttlichen Reiches. Aus sich selbst heraus modellierte er Kreaturen, die ihm dienen sollten, die Archonten. In seiner Ignoranz erschuf er 365 Engel sowie eine große Schar Dämonen – und die Dualität von Gut und Böse entstand. Jaldabaoths Engel werden auch als „Angel of Poverty", als „ärmliche" oder „minderwertige Engel" bezeichnet.[6] Es sind jene Engel und Erzengel, die wir für hohe Lichtwesen halten und die wir um Unterstützung bitten, weil wir ihnen vertrauen.

Jaldabaoth erklärte: „Ich bin ein eifersüchtiger Gott und es gib keinen anderen Gott neben mir." Sophia nahm seine Bosheit wahr, erschrak und wurde ihrerseits hinunter in die Dunkelheit des Kenoma gezogen. Sie erkannte ihren Fehler und sah, wohin er führen würde. Sie bereute ihr Tun, bat flehentlich um Hilfe und wurde erhört. Und so fand sich das gesamte Pleroma zusammen, damit Sophia ihre Kreation zurücknehmen und in die göttlichen Sphären zurückkehren konnte. Alle Äonen steuerten ihre Essenz, das Bewusstsein und Wissen des spirituellen Reiches bei. Sie entsandten es zu Sophia in Form ihres männlichen Gegenparts, der bei der Erschaffung Jaldabaoths gefehlt hatte – Christus. Sophia konnte wieder emporsteigen, jedoch nur in den 9. Himmel. Sie wird ihre ursprüngliche Position im Pleroma erst dann wiedererlangen, wenn sie ihre Schöpfung korrigiert hat.

Die Entstehung des Menschen

Das Pleroma hatte ein Geschöpf namens Adam, den „göttlichen Menschen" erschaffen. Als Jaldabaoth dessen Spiegelbild im Wasser erblickte, sprach er: „Lasst uns ein menschliches Wesen nach diesem Abbild erschaffen, auf dass es uns diene." Er und seine Archonten kreierten eine energetische Kopie, die sie ebenfalls Adam nannten. Jaldabaoth erhoffte sich, durch ihn göttliche Macht zu erlangen. Da er sein Geschöpf nicht zum Leben erwecken konnte, wandte er sich ans Pleroma. Er wurde angewiesen, dem energetischen Adam etwas von seinem eigenen Spirit einzuhauchen, um ihn zu animieren. Jaldabaoth tat wie geheißen. Die göttliche Kraft Sophias verließ ihn und ging auf Adam über. In seiner Ignoranz hatte Jaldabaoth den Spirit seiner Mutter an Adam verloren, den dieser wiederum an seine Nachkommen weitergab. Das Pleroma hatte ihn ausgetrickst.

Als er realisierte, dass Adam brillant und ihm im Denken überlegen war, dass er frei war von Boshaftigkeit und Übel, modellierte er einen materiellen Körper und sperrte Adams Seele hinein. In seiner Verärgerung machte Jaldabaoth ihn amnestisch und sterblich. Seither ist die göttliche Essenz von Sophia in unseren Körpern gefangen. Wir haben sie vergessen, dennoch lebt sie „schlafend" in uns weiter. Sie ist das, was wir als „göttlichen Funken" oder „göttlichen Geist" bezeichnen. Die Archonten tun alles, um zu verhindern, dass wir diese Essenz in uns entdecken und zu unserer vollen Schöpferkraft erwachen. Durch sie erlangen wir Gnosis – das innere spirituelle Wissen um unsere göttliche Herkunft. Sind wir zu dieser Wahrheit erwacht, können wir uns aus unserem materiellen Gefängnis und von der Herrschaft des Demiurgs befreien. Da dem Demiurg der Zugang zum spirituellen Reich versagt wurde, blieb ihm nur die Menschheit als energetische Nahrungsquelle. Der selbst ernannte „Gott" hat Angst vor unserer Schöpfermacht, über die er selbst nicht mehr verfügt.

Viele „göttliche Menschen" scheinen freiwillig auf der Erde inkarniert zu sein. Sie wollten Sophia helfen, Jaldabaoth zu erwecken, verloren sich jedoch aufgrund ihrer Amnesie im Zyklus der Reinkarnationen. Jaldabaoth ist ein Teil von Sophia, ohne den sie nicht ins Pleroma zurückkehren kann. Wie die Geschehnisse auf der Erde zeigen, sind die Archonten weit davon entfernt, ihre Taten zu bereuen und sich Gott zuzuwenden. Im Gegensatz zur Menschheit unterliegen sie keiner Evolution. Sie sind unfähig, sich persönlich oder spirituell zu entwickeln, denn sie wurden ignorant erschaffen.

In den letzten 5.000 Jahren, während des Kali Yuga, dem „Zeitalter des Verfalls und Verderbens", wie es in der hinduistischen Kosmologie genannt wird, haben die archontischen Kräfte auf der Erde für alle sichtbar überhandgenommen. Sie beherrschen die Menschheit mit Gewalt, Terror und Kriegen sowie durch bewusst herbeigeführte Notstände und Krisen. Sie machen uns durch Manipulation, Lügen, Desinformation, Spaltung und Angst gefügig, um uns unter Kontrolle zu halten. Vermeintliche karmische Schulden zwingen uns dazu, immer wieder auf der Erde zu inkarnieren. Durch die umfassende Amnesie, die uns vergessen lässt, dass wir göttliche Wesen und wozu wir fähig sind, haben uns die Archonten in der Hand. Sie streben die vollständige Kontrolle über die Menschheit an.

Die Gnostiker setzen Jaldabaoth nicht nur mit Jahwe/Jehova gleich, sondern auch mit dem gefallenen Lichtbringer Luzifer. Der Demiurg entspricht ferner einer sumerischen „Gottheit" namens En.ki, der die Menschheit genetisch veränderte. Recherchen[7] ergaben, dass sich hinter den zahlreichen Göttern der verschiedenen Religionen nur wenige Entitäten verbergen, wobei die höchste

„Gottheit" stets dieselbe ist. „Luzifer ist der „Gott" aller Religionen ..."[8] Unwissentlich verehren alle Gläubigen dieselbe archontische Kreatur. Das gleiche gilt für religiöse Kulte, Sekten sowie andere spirituelle Gemeinschaften, inklusive des New Age.[9] Luzifer herrscht über den Lichtbereich, den wir nach unserem Ableben aufsuchen und den wir für unsere wahre göttliche Heimat halten. Die kranke Welt, in der wir leben, kam durch einen Fehler des Äons Sophia zustande.

Der gnostische Schöpfungsmythos ist weit ausführlicher als geschildert. Er gibt Antworten auf viele spirituelle Verständnisfragen. Gleiches gilt für den sumerischen Schöpfungsmythos. Es ist davon auszugehen, dass sowohl Mythen als auch religiöse Schriften im Laufe der Zeit von den Archonten verzerrt, teils invertiert und verfälscht wurden. Sie enthalten Wahrheiten, gespickt mit Lügen und Desinformation. Ihre Gemeinsamkeiten sind jedoch hoch interessant, wie wir nachfolgend sehen werden.

Der Schöpfungsmythos der Katharer

Die Katharer (griechisch: katharos = rein)[10] wurden im 13. Jahrhundert durch Kreuzzüge der katholischen Kirche nahezu ausgerottet. Ebenso wie die Gnostiker gingen sie von zwei Gottheiten aus. Jahwe, den Gott des Alten Testaments, nannten sie „Rex Mundi", „Gott oder König der Welt". Den Gott des Neuen Testaments betrachteten sie hingegen als Schöpfer des unvergänglichen spirituellen Reiches. Rex Mundi wandte sich an den „Himmel" und bat um Eintritt, der ihm verwehrt wurde. Erst nach einer tausendjährigen Wartezeit gelang es ihm, sich hineinzuschleichen. Er verleitete Engel mit verführerischen Versprechungen dazu, ihm zu folgen und die göttlichen Sphären zu verlassen. Er erzeugte ein Loch im Himmel, durch das die Engel in sein Reich hinabsteigen konnten. Denjenigen, die es wollten, erlaubte Gott, ihm zu folgen. Als jedoch etliche Engel versehentlich durch das Loch fielen, versiegelte er es. Die Gefallenen fanden sich im Reich des Teufels wieder. Nichts von dem, was ihnen vollmundig versprochen worden war, traf ein. Sie baten den Teufel, heimkehren zu dürfen, was ihnen dieser verweigerte. Er hatte Körper für sie erschaffen, die sie an die Erde binden und sie ihre göttliche Heimat vergessen lassen würden.[11]

Die Schöpfungsgeschichte der Katharer weist unübersehbare Parallelen zum Mythos des gefallenen Engels Luzifer auf. Vor langer Zeit, so heißt es in der Offenbarung des Johannes (Offb. 12,3 Ff.), separierte sich Luzifer von Gott und wurde auf die Erde vertrieben. „Da entbrannte im Himmel ein Kampf; Michael und seine Engel erhoben sich, um mit dem Drachen zu kämpfen. Der Drache und seine Engel kämpften, aber sie konnten sich nicht halten und sie verloren ihren Platz im Himmel. Er wurde gestürzt, der große Drache, die alte Schlange, die Teufel oder Satan heißt und die ganze Welt verführt; der Drache wurde auf die Erde gestürzt und mit ihm wurden seine Engel hinabgeworfen."

Rex Mundi wird nicht nur mit Luzifer, sondern auch mit Satan gleichgesetzt. Im Geheimen Buch des Johannes des Gnostischen Evangeliums wird ein Gespräch zwischen ihm und Jesus im „Himmel" beschrieben. Satan, der himmlische Bruder Gottes, fällt auf die Erde hinab. Die Titel „Satan" und „Luzifer" sind je nach Kontext austauschbar, obgleich vielfach angenommen wird, dass es sich um zwei unterschiedliche Entitäten handelt. Die Verwirrung scheint absichtlich gestiftet worden zu sein. In der Schrift heißt es, dass Satan eine Anzahl von Engeln rekrutierte. Als er mit ihnen auf der Erde eintraf, formte er alle lebenden Kreaturen, Pflanzen und Tiere sowie einen Mann und eine Frau aus Ton, die durch einen Engel zum Leben erweckt wurden. „Dieses Geschehen würde die gesamte Genesis zur Schöpfungsgeschichte Satans machen."[12]

Die sumerische Schöpfungsgeschichte

Hauptakteur der sumerischen Schöpfungsgeschichte ist der „Halbgott En.ki“, einer von zwei Brüdern und Anführer der außerirdischen „Anunnaki“. Sie suchten die Erde vor ca. 500.000 bis 250.000 Jahren heim, um Gold, Mineralien und Edelsteine zu plündern. „Anunnaki“ bedeutet: „Die, die vom Himmel (Anu) auf die Erde (ki) kamen.“ En.ki ist kein Name, sondern vielmehr ein Titel, den sich Luzifer zu eigen machte. Er bedeutet „Lord of Earth“, „Herr oder Gebieter der Erde“. Ebenso wie Luzifer tauchte auch En.ki mit seinem Gefolge auf der Erde auf. Daraus lässt sich schlussfolgern, dass die Anunnaki wahrscheinlich mit den Archonten bzw. den gefallenen Engeln gleichzusetzen sind und En.ki Luzifer ist. Sie sind die Invasoren und heutigen Beherrscher der Erde.[13]

Da sein eigenes Volk gegen die harschen Arbeitsbedingungen rebellierte, beschloss En.ki aka Luzifer Sklavenarbeiter zu erschaffen. Er nahm einschneidende genetische Veränderungen an den Humanoiden vor und beeinträchtigte ihre Evolution. Er veränderte eine bereits bestehende, spirituell hoch entwickelte und von der wahren Schöpferkraft geschaffene Spezies, um aus ihr willige, folgsame und nicht allzu intelligente Arbeitssklaven zu machen. Auf diese Weise rächte sich Luzifer an Gott.

Der sumerische „Gott“ En.ki wird von seinen Anhängern als Erschaffer und Retter der Menschheit gefeiert. Angeblich rettete er uns vor der Flut (Noahs Arche), die sein böswilliger Bruder Enlil veranlasst hatte, um die Humanoiden zu vernichten. En.ki sei der Gute, Enlil der Böse. Das ist zumindest die Geschichte, die Zecharia Sitchin (1920 – 2010) aus den sumerischen Keilschriften übersetzte. Tatsächlich ist En.ki alles andere als ein Unschuldslamm. Er rettete lediglich die humanoide DNA und nur jene Menschen, die er für seine Zwecke „gebrauchen" konnte. Alle anderen ließ er elendig ertrinken.[14] Im Laufe der Zeit hatte er zahllose leidende, aggressive, dämonische Kreaturen erschaffen. Groteske Kreuzungen zwischen Mensch und Tier, für die er keinerlei Verwendung mehr hatte.[15] Darunter Riesen, die sich gegenseitig bekämpften und ums Leben brachten. Vielfach suchten sie die Humanoiden heim, vergewaltigten und fraßen sie. Die Flut kam für En.ki wie gerufen. Sie vernichtete seine genetischen „Fehlkonstruktionen" und ermöglichte es ihm, sein „Projekt Mensch" neu zu starten. Dass En.ki die Menschheit rettete, ist eine Coverstory, die verdecken soll, dass er uns zur Looshproduktion züchten wollte.

Nach etlichen Fehlversuchen hatte er dreidimensionale Körper erschaffen. Er konnte ihnen jedoch kein Leben einhauchen, ähnlich wie Jaldabaoth im gnostischen Schöpfungsmythos. So lockte er die humanoiden Seelen in jene Körper mit dem Versprechen, physische Erfahrungen seien wundervoll, d. h. zu essen, zu trinken, Berührungen und Sexualität zu erleben. Er sperrte eine multidimensionale Spezies in sterblichen Körpern ein, indem er ihre 12-Strang-DNA auf 2 reduzierte und sie amnestisch machte. Zusätzlich umgab er die Erde mit einem elektromagnetischen Frequenzgitterzaun. Dieser hält das kollektive Bewusstsein der Menschheit in einem engen Frequenzband gefangen. Es limitiert unsere Wahrnehmung auf 5 Sinne, begünstigt unsere Amnesie und unterdrückt unsere Schöpferkraft. Damit trennte En.ki uns von unserem göttlichen Ursprung und den vielfältigen Lebensformen, die sich im freien Universum tummeln. Da wir lediglich 4 % des Lichtspektrums decodieren können, nehmen wir sie nicht wahr, dennoch existieren sie. Seither leben wir in einer 3-D-Geiselhaft. Dass wir die alleinigen Bewohner eines unendlich weiten Universums sind, ist eine abstruse Lüge und Bestandteil der gewaltigen Manipulation und Täuschung der Menschheit.

Um seine Vormachtstellung als „der einzig wahre Gott" zu sichern, unterwanderte En.ki bestehende Religionen und gründete neue, u. a. die drei großen Weltreligionen. Er und weitere „Elohim", seine „Götter-Kollegen" (Elohim wird im Plural verwendet), schrieben unsere Entstehungsgeschichte mehrfach um, um uns in Ignoranz über unseren wahren göttlichen Ursprung und unser schöpferisches Potenzial zu halten. Für die parasitären Archonten sind wir nichts anderes als eine Viehherde, die sie zu Nahrungszwecken züchten.

Was ist von religiösen Schriften zu halten?

Der Demiurg ist der Gott aller Religionen. Sie wurden erschaffen, um die Menschheit zu unterdrücken und zu beherrschen. Sie alle basieren auf Schuld und Angst – wir sollen „gottesfürchtig" sein. Wehe, wenn wir uns ihren Lehren nicht demütig beugen, dann erwarten uns Fegefeuer, Hölle und die ewige Verdammnis eines strafenden Gottes. Vor jeder Inkarnation erhalten wir Religionsimplantate, die uns darauf programmieren, uns der jeweiligen religiösen Doktrin zu fügen. Religionen dienen nicht dem Erwachen der Menschheit, sondern unserer Kontrolle und Unterdrückung. Sie zwingen uns auf die Knie und in die Unterwürfigkeit. Sie lassen uns glauben, wir seien klein, machtlos, sündig und unwürdig, damit wir die uns innewohnenden Schöpferkräfte nicht entdecken. Nur wenn wir vermeintliche spirituelle Autoritäten förmlich anbetteln, uns unsere Sünden zu vergeben, erwartet uns irgendwann der Himmel – gnädigerweise. Damit wir uns alle als arme Sünder, wertlos und schuldig fühlen, wurde sicherheitshalber die Erbsünde erfunden. Religiöse Konzepte basieren auf Unterwürfigkeit, Gehorsam, Belohnung und Bestrafung. Leider funktionieren sie bis heute. Es liegt auf der Hand, dass wir nicht erwachen und Gnosis erlangen können, indem wir den manipulierten religiösen Schriften eines narzisstischen „Halb-Gottes" folgen, der bedingungslosen Gehorsam, Anbetung und Verehrung einfordert.

Alle Religionen, einschließlich des New Age sowie esoterische Lehren, verdecken, dass wir als Menschheit versklavt wurden. Sie unterschlagen alles, was uns dieser bitteren Wahrheit näherbringen könnte. Sie führen unsere Spiritualität ad absurdum. Letztlich zielen alle Religionen darauf ab, unser Erwachen zu verhindern. Falls die Globalisten ihre Neue Weltordnung implementieren, wird das New Age zur neuen Weltreligion avancieren. Nehmen wir an, Sie wären ein Gefängniswächter. Würden Sie Ihren Gefangenen erklären, wie sie dem Gefängnis entfliehen können? Wohl kaum. Sie würden alles tun, damit diese nicht entkommen. Und so zeigen uns weder die Bibel noch andere Schriften den Weg zur Erleuchtung. Sie enthalten viel Wahres, führen uns aber letztlich gezielt in die Irre. Die Religionen und das New Age sind sorgfältig elaborierte „Gehirnwäsche-Programme" der Archonten. Scheinspirituell und zutiefst verlogen.

Kapitel 2: Alles über die „Liebes- und Lichttäuschungen"

Die Erschaffung des Lichttunnels und der luziferischen Lichtebenen

Die genetisch limitierten Körper und der elektromagnetische Frequenzzaun reichten nicht aus, um die Humanoiden auf der Erde gefangenzuhalten. Der Zaun weist Löcher auf, die die Seelen nach dem körperlichen Ableben zur Flucht ins freie Universum nutzten. En.ki aka Luzifer musste dringend handeln, um ihr Entkommen zu verhindern. So erschuf er die Lichttunnel-Falle. Das Licht lenkt die Seelen ab, paralysiert sie und saugt sie ein, bevor sie den Ausweg aus der Matrix entdecken können. Luzifer kreierte die perfekte Liebes- und Lichtillusion, an die Abermillionen Menschen glauben. Die Wiederverwertung der Seelen in einem endlosen Reinkarnationszyklus begann. Nach dem körperlichen Tod werden wir in ein betrügerisches Licht gelockt, das ein „gefallener Engel" kontrolliert. Mit dem Etablieren des Lichttunnels und der Lichtebene wurde unser Planet endgültig zu einer „Menschenfarm" umfunktioniert. Die Rückkehr der Seelen ins Licht wird durch die Liebesschwingungen und den Magnetismus des Tunnels forciert. Lichttunnel und Lichtebene wurden als Seelenfallen geschaffen.

Der Lichttunnel – positive „Standard-Nahtoderfahrungen"

Berichten zufolge sind die Erlebnisse der meisten Nahtoderfahrenen im Lichttunnel durchweg positiv. Nachfolgend die wichtigsten wiederkehrenden Erfahrungen[16]. Demnach verströmt der Tunnel intensive Schwingungen allumfassender Liebe. Er ruft Gefühle der Wärme und des Friedens hervor. Betroffene fühlen sich voll und ganz aufgehoben, erleben Glückseligkeit. Das Licht am Ende des

Tunnels wird als strahlend, wunderschön und überirdisch leuchtend wahrgenommen. Es blendet die Augen nicht. Tunnel und Licht besitzen eine unbeschreibliche, magnetische Anziehungskraft. Nahtodreisende verspüren den überwältigenden, nahezu unwiderstehlichen Wunsch, sich hineinzubegeben. Dort erleben sie ein Gefühl des Einsseins. Eine innige Verbundenheit mit allem, was ist. Anstelle des Tunnels werden bisweilen eine Leitung, ein Wurmloch, ein Kanal, ein Portal, ein Schlauch, Ringe, eine Spirale oder Lichtwirbel beschrieben. Es scheint zwei Arten von Tunneln zu geben. Einer neigt sich nach oben dem Licht entgegen, während ein weiterer nach unten in dunklere Gefilde führt.

Die Nahtoderfahrenen wurden durch einen intensiven Sog in den Tunnel gezogen. Die betörenden, nie zuvor gekannten Liebesschwingungen bewirkten, dass sie sich nicht wehrten. Sie fühlten sich wie betäubt, überließen sich der Erfahrung und gaben jegliche Kontrolle auf. Niemand hatte sich im Leben je so wohl und geborgen gefühlt wie in der Präsenz des wundervollen weißen Lichts. Viele Nahtodreisende sind davon überzeugt, es wäre ihr Zuhause. Sie fühlten sich Gott nahe, spürten seine liebende, allgegenwärtige Präsenz. Viele von ihnen gaben an, das Licht wäre oder symbolisiere Gott, der zu ihnen spricht. Sein Antlitz blieb jedoch stets verborgen. Jesus erschien sehr häufig. Seine Augen waren blau oder braun. Sie wurden als unendlich liebevoll und hypnotisch beschrieben. Mal trug er braunes, mal weißes Haar. Seine Gestalt war stets überirdisch schön. Während einige Nahtoderfahrene dem gekreuzigten Jesus begegneten, nahmen andere den Auferstandenen wahr. Manche sahen mehrere leuchtende Farben durch den Tunnel wirbeln. Vielfach ertönten bezaubernde, himmlische Klänge und beruhigende hypnotische Suggestionen. Sanfte, engelhafte Stimmen wiesen die Betroffenen an, sich dem Licht hinzugeben. Sie sollten sich vollkommen und vertrauensvoll einhüllen lassen von seiner unglaublichen Liebesenergie.

Viele Nahtodreisende gelangten in eine Art Wartesaal oder Vorraum zum Inneren des Lichtbereichs. Dort wurden sie von Erzengeln, Engeln, Schutzengeln, aufgestiegenen Meistern, religiösen Figuren, Geist- und Seelenführern sowie von geliebten Verstorbenen freudig begrüßt. Die Kommunikation erfolgte telepathisch. Zahlreiche Betroffene gaben an, bereits in der Nähe des Lichts wäre ihnen sämtliches Wissen zuteilgeworden. In jenen Momenten hätten sie alles über das Universum, Gott, die Menschheit und das Leben gewusst. Nach ihrer Rückkehr in den Körper waren sie erneut amnestisch. Sie erinnerten sich lediglich daran, Zugang zu einem allumfassenden Wissen gehabt zu haben. Alle Nahtoderfahrene sprachen zutiefst berührt von einer gigantischen, nie gekannten, schier überwältigenden, bedingungslosen Liebe. Sie übertrifft alles, was man als Mensch auf der Erde erleben kann. Sie scheint hunderttausendmal stärker zu sein als die Liebe zu den eigenen Kindern. Alle Betroffenen hatten sich bedingungslos geliebt, angenommen und verstanden gefühlt wie niemals zuvor. Viele sehnen sich zeitlebens nach den „himmlischen Sphären" zurück.

Die Lichtebene – positive „Standard-Nahtoderfahrungen"

Wayne Bush[17] analysierte Tausende von Nahtoderlebnissen auf Gemeinsamkeiten und Unterschiede. Dazu nutzte er u. a. die Website von Jeff und Judy Long[18], auf der über 5.000 Fallberichte in 23 Sprachen veröffentlicht wurden. Während 85 % der Nahtoderfahrenen die gemeinhin bekannten „lichtvollen" Erfahrungen machten, bemerkten immerhin 15 %, dass mit dem Licht und den angeblichen Lichtwesen, auf die sie trafen, etwas nicht stimmte. Ihre Erlebnisse waren teils beängstigend und ernüchternd. Statt mit „engelhaften Wesenheiten" sahen sie sich mit betrügerischen, gestaltwandelnden Entitäten konfrontiert. Sie ließen sich von den Liebesfrequenzen nicht einlullen, sondern blieben kritisch. Ebendiese Fälle, die nicht der „Norm" entsprechen, sind sehr aussagekräftig. Sie weisen auf zahlreiche Ungereimtheiten hin, die enthüllen, welche Kräfte tatsächlich hinter dem brillant inszenierten „Liebe-und-Licht-Spektakel" stecken.

Beleuchten wir zunächst die „Standard-Nahtoderfahrungen". Zu ihnen gehören der Lichttunnel, das weiße Licht sowie hohe Lichtwesen, die eine überwältigende bedingungslose Liebe ausstrahlen. Des Weiteren anzutreffen sind aufgestiegene Meister und religiöse Figuren wie Jesus, Maria und Mohammed, die der jeweiligen Glaubensrichtung des Nahtodreisenden entsprechen. Betroffene begegnen dem Ältestenrat und geliebten Verstorbenen. Viele durchlaufen eine Lebensrückschau. Nahezu alle verspüren den innigen Wunsch, im Licht zu verweilen. Sie verweigern mehr oder weniger vehement die Rückkehr in den klinisch toten Körper. Dieses Anliegen wird ihnen jedoch mit immer gleichen Strategien und Begründungen verwehrt.

Die Lichtwesen verkünden den Nahtoderfahrenen, sie hätten eine wichtige Erdenmission noch nicht zu Ende gebracht. Gott persönlich hätte sie dazu auserkoren. Es gäbe keine andere Person, die diese Aufgabe erfüllen könne. Diese manipulativen Schmeicheleien sollen unwillige Seelen zur Rückkehr bewegen. Um welche Mission es sich handelt, wird nie erläutert. Nahtodreisende werden stets damit vertröstet, sie würden ihre Aufgabe zu gegebener Zeit erkennen. Ihnen wird nahegelegt: „Sei stark. Zweifle nicht. Glaube und vertraue. Vertraue uns. Deine Zeit ist noch nicht gekommen. Es ist deine Aufgabe, noch vielen Menschen zu helfen. Wichtige Erdenlektionen warten auf dich. Du bist spirituell noch nicht reif genug, um im Licht zu bleiben, vielleicht beim nächsten Mal."

Bleibt die Seele bei ihrer Weigerung zurückzukehren, werden ihr Filme ihrer trauernden Angehörigen gezeigt: „Schau, deiner Frau und deinen Kindern geht es schlecht ohne dich. Sie leiden unter deinem Verlust. Sie trauern unendlich um dich. Sie brauchen dich. Ohne dich kommen sie nicht zurecht. Wenn du sie verlässt, werden sie ein beschwerliches Leben haben. Kannst du es wirklich übers Herz bringen, sie zu verlassen?" Zweck der Filmvorführung und der „Predigt" ist es, tiefe Schuld- und Schamgefühle in den Betroffenen zu wecken, das Gefühl, ihre Lieben im Stich zu lassen. Sie werden mit ihrer Liebe zu Familie, Partnern und Kindern erpresst. Die Schuldgefühle setzen die Nahtodreisenden derart unter Druck, dass sie sich für die Rückkehr entscheiden. Nur wenige Sekunden später finden sie sich in ihren Körpern wieder. Bleiben Nahtoderfahrene uneinsichtig, kündigt ihnen eine autoritäre Stimme oder eine Ehrfurcht einflößende Figur wie Jesus unumwunden an: „Du kannst nicht bleiben! Du musst gehen!" Unmittelbar nach dieser Ansage werden sie ungefragt in ihre Körper geschossen. Das nachfolgende Beispiel verdeutlicht weitere Täuschungen, zu denen die Lichtkreaturen greifen.

Ein junger Mann wurde von Wesenheiten mit „liebenden Stimmen" und „liebenden Augen" umgeben. Sie verkündeten ihm, dass er zur Erde zurückkehren müsse. Als er sich hartnäckig weigerte, erschienen „aufgestiegene Meister", um ihn zu bestechen: „Und was ist, wenn wir dir allen Reichtum geben, den du möchtest? Was ist, wenn wir dir alle Frauen geben, die du möchtest? Was ist, wenn wir dich berühmt machen?" Der Mann blieb bei seinem Nein. Die Wesen offerierten schließlich: „Und wenn wir dich zu einem anderen Planeten senden?" Neugierig geworden antwortete der Mann: „Zeigt ihn mir." Als er erkannte, dass der Planet ähnlich dicht war wie die Erde und er dort ebenfalls gefangen wäre, lehnte er ab. Da ertönte eine autoritäre Stimme: „Suche das wahre Licht!" Der Mann gehorchte und fand sich in einem Labyrinth geschlossener Türen wieder. Er suchte nach dem „wahren Licht". Nachdem er eine Tür geöffnet hatte, fiel er in eine Art Aufzugschacht und erwachte in seinem Körper.[19] Die Lichtwesen hatten ihn ausgetrickst – so viel zur Achtung des freien Willens.

Zahlreiche Nahtodreisende erhalten die Anweisung, möglichst vielen Menschen von ihren wundervollen Erfahrungen zu berichten. Ihnen wird aufgetragen, ihre Erlebnisse im Internet, in Videos und in Büchern zu publizieren. Sie sind die besten Werbeträger und Recruiter, die sich das luziferische Licht wünschen kann. Die glückseligen Rückkehrer haben verständlicherweise den brennenden Wunsch, sich anderen mitzuteilen. Die meisten wenden sich dem New Age zu und verstricken sich noch tiefer in die Matrixillusionen. Sie sind der „Alles-ist-Liebe-und-Licht-Täuschung" auf den Leim gegangen. Allein in Deutschland gaben bei einer Befragung im Jahr 2015 bemerkenswerte 3,3 Millionen Menschen an, eine Nahtoderfahrung gehabt zu haben.[20] In den USA waren es unglaubliche 17 Millionen. Nahtodberichte faszinieren die Menschen. Sie werden millionenfach gelesen. Niemand vermutet dunkle, destruktive Kräfte, Dämonen oder gefallene Engel im Licht. Mit ihren beeindruckenden Liebes- und Lichtszenarien stellen die Archonten sicher, dass die Erinnerungen der Nahtoderfahrenen so lebhaft, intensiv und nachhaltig sind, dass nichts und niemand sie davon überzeugen kann, dass sie getäuscht wurden. Diesem gigantischen Betrug ist selbst durch sorgfältige Aufklärung nicht beizukommen. Abermillionen Menschen glauben an das falsche Licht.

Alle Nahtodreisenden werden mit Schuldgefühlen erpresst. Ihre Glaubenssysteme werden bedient, damit sie an die heile Lichtwelt glauben. Christen treffen auf Jesus, Muslime auf Mohammed. Hinduisten werden von den jeweiligen Gottheiten empfangen, die sie präferieren. Selbst Atheisten sind zutiefst beeindruckt, wenn sie sich imposanten religiösen Gestalten gegenübersehen. Viele glauben, die Stimme Gottes zu vernehmen. Ohne es zu ahnen, lauschen sie ehrfürchtig den Worten eines astralen Betrügers. In ihrem aufgewühlten, hypnotischen Zustand kommen sie nicht auf die Idee, dass etwas nicht stimmen könnte. Sie hinterfragen das Erlebte und die „Himmelsfiguren" nicht. Sie schöpfen keinerlei Verdacht. Sie geben ihre Selbstbestimmung auf und legen ihr Schicksal vertrauensvoll und ahnungslos in dämonische Hände. Viele Nahtoderfahrene hatten geglaubt, mit dem Tod sei alles beendet – und begegneten dann all diesen respekteinflößenden, vermeintlich hohen Lichtgestalten. So leicht werden arglose, uninformierte Seelen in die Reinkarnationsfalle gelockt.

Die dämonischen Lichtkreaturen sind bestens vertraut mit der menschlichen Psyche. Sie haben Zugriff auf die Akasha-Chronik und wissen alles über uns. Sie kennen unsere emotionalen Verletzungen, Vorlieben und Schwächen. Sie wissen sehr genau, welche Knöpfe sie drücken müssen. Das Hervorrufen tiefer Schuld- und Schamgefühle gehört zu ihrem Standardrepertoire. Es kommt insbesondere in der Lebensrückschau zur Anwendung. Dort erleben die Seelen die Gefühle jener Menschen, die sie verletzt haben. Nicht etwa, damit sie sie besser verstehen können, sondern damit sie sich zutiefst schuldig fühlen und bereit sind, in der nächsten Inkarnation alles wiedergutzumachen.

Die luziferischen Liebes- und Licht-Inszenierungen sind sehr überzeugend. Der Gedanke, auf liebende Lichtwesen zu treffen, nimmt den Menschen die Angst vor dem Tod. Filme wie „Astral City" und „Ghost" oder TV-Serien über „Geisterjäger" propagieren genau das: „Geh ins Licht! Es ist dein göttliches Zuhause! Dort wird es dir gut ergehen!" Die Archonten können uns nur in eine neue Inkarnation recyceln, wenn wir uns ins Licht begeben. Aus diesem Grund sind die dortigen Erlebnisse und „Liebesfrequenzen" so überwältigend, intensiv und unvergesslich schön.

Würden Sie sich nach Ihrem Ableben freiwillig auf die Lichtebene begeben, wenn Sie wüssten, dass Ihnen dort Übles widerfährt? Würden Sie erneut inkarnieren wollen, wenn Ihnen klar wäre, dass Astralparasiten Ihnen ein schweres Leben aufbürden, um sich an Ihrem Schmerz zu ergötzen? Wohl kaum. Wenn der gesamten Menschheit klar wäre, dass dämonische Entitäten die Erde und den Lichtbereich regieren und mit welchen Mitteln, dann wäre unser Planet leer gefegt. Die Menschen würden alles tun, um dieser Irrenanstalt zu entkommen.

Daher sind unvergesslich schöne Nahtoderfahrungen die beste Werbung für das luziferische Licht. Sie sind unverzichtbar! Videos mit Erfahrungsberichten erhalten Millionen von Klicks. Bücher zum Thema sind Bestseller und bringen Abermillionen Menschen dazu, freiwillig ins Licht zu gehen. Das erspart den Archonten die Mühe, unzählige Seelen im Astralbereich einfangen zu müssen. Mittlerweile gilt es nicht nur in spirituellen Kreisen als selbstverständlich, das Licht nach dem Tod aufzusuchen. Das verlogene New Age und die falschen Lichtkreaturen haben ganze Arbeit geleistet.

Die Lichtebene – Nahtoderfahrungen, die aus dem üblichen Rahmen fallen

Rund 15 Prozent aller Nahtoderfahrungen verlaufen negativ.[21] Betroffene berichteten, dass das Licht vor ihren Augen ständig neue Gestalten hervorbrachte. Es wechselte hin und her zwischen Jesus, Buddha, Krishna, Mohammed usw. Offensichtlich versuchte es, sich den religiösen und kulturellen Vorstellungen, Glaubenssätzen und Konditionierungen der Nahtodreisenden anzupassen. Es ist ein unentbehrliches Element des archontischen Kontroll- und Täuschungssystems, dass sich Betroffene im Licht und im Kontakt mit den Lichtkreaturen wohlfühlen. Der Auftritt „passender" religiöser

Figuren ist eine vertrauensbildende Maßnahme. Ein Muslim wäre in der Gegenwart Jesu ebenso irritiert wie ein Christ beim Erscheinen Mohammeds.

Viele Nahtoderfahrene und Astralreisende nahmen eine Vielfalt von Wesenheiten wahr. Von hässlichen, bizarren und furchteinflößenden Dämonen unterschiedlicher Gestalt über Außerirdische wie Greys, Drakos, Reptiloide und Insektoide etc. war alles vertreten. Die Betroffenen betonten, dass wir in den Astralebenen unsere Realität durch Intention und Gedankenkraft erschaffen. Das unvermittelte Erscheinen des Lichttunnels lenkte sie jedoch davon ab. Mit seinen intensiven Schwingungen zog er ihre Aufmerksamkeit auf sich und vereinnahmte sie völlig. Viele fühlten sich vom Licht kontrolliert, verfolgt, gegängelt, getäuscht und betrogen. Truman Chash beschreibt in seinem Buch „The Eye of Ra", wie er durch den Tunnel ins Licht katapultiert wurde. Eine beruhigende Stimme hypnotisierte ihn telepathisch und flüsterte: „Schlaf. Mach dir keine Sorgen. Wir kümmern uns um dich. Erinnere dich nicht. Du hast keine Vergangenheit. Du musst dich nicht an deine Vergangenheit erinnern. Sei einfach hier. Keine Gedanken an die Vergangenheit. Vergiss die Vergangenheit. Geh nach vorn in ein neues Leben. Du wirst ein neues Leben im Licht beginnen. Sei im Licht. Kehre immer ins Licht zurück. Sichere Zuflucht. Keine Angst."[22]

Eine weitere Person, die in den Lichttunnel gesogen wurde, berichtete: „Ich werde programmiert. Eine beruhigende Stimme in meinem Kopf spricht von Frieden und Ausruhen. Gott liebt dich. Friede im Licht. Ich werde programmiert, dass ich jetzt bei Gott bin. Ich soll immer wieder zum Licht zurückkehren. Ich verstehe, warum Menschen denken, es ist gut, ins Licht zu gehen – weil es sich gut anfühlt." Die Stimme sprach weiter: „Du wirst jetzt ein neues Leben beginnen. Das Alte ist vorbei. Du wirst im Licht sicher sein. Du kannst immer ins Licht kommen." Der Betroffene resümierte sarkastisch: „Du fühlst dich wirklich geliebt und als etwas Besonderes. Ich habe dieselbe Art ‚zuckersüßer‘, betrügerischer Rhetorik bei den gechannelten Plejadiern beobachtet. Es entsteht der Eindruck, es seien Lichtwesen. Aber das sind sie nicht! Es sind diese ‚Insekten-Jungs‘. Sie treten als Lichtwesen auf, um eine Illusion von Wohlwollen und Liebe zu schaffen.“

In einigen Fällen wurden die Nahtodreisenden von den Kreaturen gefragt, mit welcher Gestalt sie sich am wohlsten fühlen würden. Die Entitäten wandelten ihre Optik dem jeweiligen Wunsch entsprechend. Ein Betroffener verstand die Frage nicht und hakte nach. Das Wesen erklärte, manch einer fühle sich wohl, wenn es als weiser alter Mann erscheinen würde. Andere bevorzugten Jesus oder eine weibliche Gestalt, unterschiedliche Rassen, Altersstufen oder Größen. Als sich der Nahtodreisende für eine humanoide Form entschied, verwandelte sich das Wesen wie geheißen. In einem anderen Fall erschien die Jungfrau Maria. Der Betroffene hakte nach: „Bist du wirklich die Jungfrau Maria?“ Und war vor Angst wie paralysiert, als das Wesen seine wahre dunkle Gestalt offenbarte.[23]

Ein weiterer Nahtoderfahrener erklärte, die Kreaturen seien bestrebt, als wohlwollende „Geister“ wahrgenommen zu werden, was sie jedoch nicht wären. Viele Nahtodreisende nahmen dunkle Gestalten wahr, die ihre Größe beliebig verändern konnten. Einige erschienen als schwarze, tintenfischartige Figuren mit scharfen Krallen am Ende ihrer Tentakel. Auch schwarz gekleidete Wesenheiten zeigten sich des Öfteren. Ihre Gesichter bestanden aus einer spiegelartigen Substanz, die das Abbild des Nahtodreisenden reflektierten. Interessanterweise ist auch von braun-grauen „Kapuzengestalten“ die Rede. In Clearingsitzungen mit meinen Klienten tarnen sich Dämonen häufig auf diese Weise. Die Kapuzen verdecken ihr Gesicht und ihre verräterischen roten, kohlschwarzen, gelben, weißen oder nicht vorhandenen Augen. Dämonen können helle, menschliche Augenfarben nur für 60 bis 90 Sekunden imitieren. Wenn Klienten die Entitäten auffordern, ihre wahre Gestalt zu zeigen, können sie ihre Maskerade nicht aufrecht erhalten und die Klienten sind schockiert.

Ein Nahtoderfahrener berichtete, von mehreren Gestalten in den Lichttunnel gehoben worden zu sein. Andere sprachen von der starken hypnotischen Wirkung der Augen mancher Entitäten. Plötzlich entwickelten die Nahtodreisenden eine tiefe Zuneigung und sogar Liebe für die abartigen Kreaturen. Sie spürten eine starke Bindung zu ihnen, ungeachtet ihrer gruseligen Erscheinung. Mit anderen Worten: Die Entitäten sind imstande, Gefühle der Liebe und überdies romantische oder sexuelle Begehrlichkeiten zu wecken – eine unfassbare Manipulation! Die Nahtodreisenden hatten keine Chance, sich dieser Beeinflussung zu entziehen. Die Kreaturen evozierten bei den Betroffenen von jetzt auf gleich einen Ansturm positiver Emotionen wie Freude, Glück, Wohlgefühl, Vertrauen usw.[24]

Dazu ein Beispiel: Eine Nahtodreisende traf auf Jesus. Seine Augen glühten mit unglaublicher Liebe und Güte. Seine Stimme war weich, fürsorglich und beruhigend. Als er sie anblickte und zu reden begann, war sie so ausgehungert nach Liebe, dass sie alles getan hätte, was er verlangte, solange seine Liebe nur anhalten würde. Als „Jesus" sprach: „Du hast eine Mission zu erfüllen, mein Liebes" wurde sie von Schuld- und Schamgefühlen übermannt. Sie verdiente es nicht, von diesem vollkommenen Wesen geliebt zu werden. Sie fühlte, dass er alles über sie wusste. Es war beschämend und unerträglich. Der vermeintliche Jesus sah in ihre Augen und bis auf den Grund ihrer Seele. Sie fühlte sich ganz und gar hypnotisiert durch seinen Blick. Sie stimmte zu, zur Erde zurückzukehren.[25] Wie weit die abartigen „Liebes-Manipulationen" tatsächlich gehen, wird an anderer Stelle beschrieben.

Die mandeläugigen Greys wurden häufig im Licht angetroffen. Sie bezeichneten sich selbst als „Seelenrecycler" und gaben an, den Seelen zur Reinkarnation zu verhelfen. Sie sind ebenfalls im Ältestenrat anzutreffen, der laut New-Age-Narrativ angeblich nur aus Lichtwesen besteht. Die Mehrheit der Nahtodreisenden mit positiven Erfahrungen erklärte, dieses Gremium hätte sie keineswegs beurteilt, sondern sie sich selbst. Die Erlebnisse, die einige meiner Klienten während ihrer Rückführungen ins Zwischenleben machten, bestätigen dies. Wir werden zu Lebzeiten, nicht zuletzt durch religiöse Einflüsse, so konditioniert, dass wir bereits tiefe Schuld- und Schamgefühle entwickeln, wenn wir kleinere Fehler begangen haben, die nur allzu menschlich sind. Z. B., wenn wir andere durch unbedachte Äußerungen unabsichtlich verletzt, Konflikte nicht gelöst oder nicht verziehen haben.

In solchen Fällen sind es die reuigen Seelen selbst, die dem Ältestenrat erklären, sie hätten Strafe verdient. Die Wesen nicken daraufhin hoch erfreut und verhängen strenge karmische Strafen, um die Seele im nächsten Leben unnötig leiden zu lassen. Der Ältestenrat bestätigt und bekräftigt ihre Schuldgefühle. Im Zustand tiefer Betroffenheit akzeptieren die Seelen jede Bestrafung. Auf diese Weise tragen sie selbst zu schwierigen Lebensumständen bei, die vermeidbar gewesen wären. Schuld, Scham, Reue und Bedauern sowie das Gefühl, Strafe verdient zu haben, entwickeln häufig jene Seelen, die im Vorleben als Heiler tätig waren und nicht allen Patienten durchschlagend helfen konnten oder deren Patienten trotz hervorragender Behandlung verstarben. Die falschen Lichtwesen bestärken ihr schlechtes Gewissen. Sie fordern die Seelen auf, im heutigen Leben kein Geld für ihre Leistungen zu nehmen. Aus diesem Grund haben viele Menschen, die mit alternativen Heilmethoden arbeiten, mit Armut oder gravierenden finanziellen Problemen zu kämpfen. Viele leben häufig ihr Leben lang am Rande des Existenzminimums. Ich hatte Klienten, die im Alter von

70 bis 77 Jahren noch arbeiten mussten, um über die Runden zu kommen.

Während sich viele Nahtodreisende selbstkritisch beurteilten, berichteten andere, von einem Gericht oder dem Ältestenrat in einem Gerichtssaal gemaßregelt und beurteilt worden zu sein. Den meisten wurde kundgetan, ihre spirituelle Entwicklung ließe zu wünschen übrig. Hierzu einige Beispiele: „Da waren royale Figuren, die ohne meine Zustimmung beschlossen, dass ich nicht bei ihnen bleiben konnte." „Ich hatte keine Wahl, ich wurde zurückgeschickt." „Ich wurde für Dinge beurteilt, die ich getan hatte, und für Dinge, die ich in der Zukunft tun würde. Das verärgerte mich, da ich mich bestraft und beurteilt fühlte für Handlungen, die ich noch gar nicht begangen hatte." „Ich wurde nicht für große Dinge bestraft, sondern für kleinere Fehler." „In einem Gerichtssaal hatte die erste Gestalt ein graues Gesicht. Die zweite sah normal aus. Die dritte war eine leuchtende Entität ohne menschliche Form, die ihre Gestalt ständig veränderte. Einer hielt einen Hammer in der einen Hand und ein Dokument in der anderen. Er nannte meinen Namen und sagte: ‚Er ist dazu verdammt weiterzuleben.'" „Wir mussten uns mit dem Ältestenrat treffen. Ich durfte den Raum betreten, aber zu sprechen oder in irgendeiner Weise einzugreifen, war mir nicht erlaubt. Sie wollten, dass ich einem neuen Vertrag zustimme ..."[26]

In den Rückführungen zur Lichtebene erinnern sich die meisten meiner Klienten an ihr Treffen mit dem Ältestenrat. Dieser bestand in allen Fällen aus mit Licht getarnten Dämonen. Die Klienten konnten sie anhand ihrer unmenschlichen Augenfarben entlarven. Es befand sich kein einziges „echtes" Lichtwesen darunter. Viele Klienten waren stark eingeschüchtert und verängstigt und akzeptierten ihre Bestrafung. Einige Nahtoderfahrene wurden von Erzengeln wie Metatron oder aufgestiegenen Meistern beurteilt. Vor ihrer Rückkehr zur Erde mussten sie Kontrakte unterzeichnen.

Verträge bedürfen stets der Zustimmung der Seelen. Diese Tatsache ist von großer Bedeutung. Verweigern wir unser Einverständnis, sagen wir Nein zu Karma-Abtragung und Reinkarnation, sind den Entitäten die Hände gebunden. Sie dürfen uns nicht zwingen, was nicht heißt, dass sie es nicht versuchen. Weigert sich eine Seele, einen Karmavertrag zu unterzeichnen, wird sie so lange manipuliert und drangsaliert, bis sie es tut. Die Seelen sind sich der Macht ihres freien Willens nicht bewusst – das ist das große Problem. Im guten Glauben, die Lichtkreaturen wären im Auftrag Gottes tätig und viel mächtiger als sie selbst, stimmen sie allen Verträgen zu. Sie erkennen die Dämonen nicht als das, was sie sind, und vertrauen den vermeintlich spirituellen Autoritäten bedingungslos.

Zahlreiche Nahtodreisende waren sich darüber bewusst, dass das Licht keineswegs göttlich ist. Sie erkannten, dass sie keine Lichtwesen vor sich hatten. Einige berichteten, dass Satan die Liebe simulieren und die Menschen täuschen könne. Sie fanden sich auf wunderschönen Lichtungen wieder, die letztlich in die Dunkelheit oder Hölle führten. Viele fühlten sich vom Licht betrogen, weil es sie ungefragt und ungewollt zurück in ihren Körper katapultiert hatte. Der Ältestenrat bot einigen von ihnen an, selbst zu entscheiden, wie es mit ihnen weitergeht. Letzten Endes wurden aber auch sie mit den bereits erwähnten Strategien auf die Erde zurück gezwungen.

<u>Fazit</u>

Das Licht, nach dem sich unzählige spirituelle Menschen so sehr sehnen, ist nicht der versprochene „Himmel", sondern eine „Wiederverwertungsanlage" für Seelen. Wir werden vor jeder Inkarnation mit hypnotischen Befehlen und mentalen Implantaten versehen, die uns gebieten, nach unserem Tod dorthin zurückzukehren.

Die schier überwältigenden Liebesfrequenzen werden technologisch erzeugt, um die Seelen arglistig zu täuschen. Wir haben es mit brandgefährlichen Frequenzwaffen zu tun, die einen drogenartigen Zustand induzieren, der uns handlungsunfähig macht. Das Liebes- und Lichtszenario soll uns an unsere wahre göttliche Heimat erinnern, damit wir uns zu Hause fühlen. Ein unglaublicher Betrug! Kraft unseres freien Willens und mit einer glasklaren Absicht können wir den Lichttunnel und das luziferische Licht zurückweisen und die Matrix verlassen. Da auf diesem Planeten alles verdreht ist, ist nicht das Licht die Erlösung oder der Ausweg, sondern die Dunkelheit, die viele von uns fürchten und mit Ängsten verbinden. Der Frequenzzaun, der die Erde umgibt, hat dunkle Löcher. Durch sie können die Seelen ins freie Universum entfliehen. Wie das geht, wird noch ausführlich beschrieben.

Die Nahtoderfahrung einer Atheistin

In einem Video-Interview[27] beschrieb die ehemalige Atheistin Kat, wie sie während ihrer Nahtoderfahrung in die Dunkelheit fiel. Zutiefst geschockt und verängstigt wähnte sie sich in der Hölle. Sie glaubte zu verbrennen, schrie aus Leibeskräften und flehte Gott um Hilfe an. Nicht er hatte sie in die Hölle geschickt. Es war ihre eigene Schuld und das wusste sie. Immer wieder hatte sie Gott gelästert und seine Existenz verleugnet. Alles, was mit ihm zu tun hatte, hatte sie zurückgewiesen und verlacht. Nun bat sie Gott inständig um Vergebung, er möge sie wegführen von diesem Ort. Völlig verzweifelt glaubte sie, ihre Existenz würde ausgelöscht werden. Sie würde auf ewig in der Hölle brennen. Niemand würde sich je daran erinnern, dass es sie gegeben hatte. Plötzlich wurde sie aus der Dunkelheit herausgezogen. Eine Stimme sprach: „Bring die Menschen zu mir!" Und sie wusste, es war Gottes Stimme. Er existierte! Seine Liebe war überwältigend und unbeschreiblich!

Seit dieser Erfahrung besucht Kat die Kirche, liest die Bibel, veröffentlicht Podcasts, gibt Interviews und schrieb unlängst ein Buch. Diese Frau wurde gepeinigt, terrorisiert und zu Tode geängstigt, um sie dazu zu bringen, Gott um Hilfe anzurufen. In Todesangst würde das jeder von uns tun. Und tatsächlich wurde sie errettet – aus einer bewusst inszenierten, grausamen Situation – und mit „göttlicher" Liebe bombardiert. Heute ist sie eine erstklassige Werbeträgerin, Botschafterin und Recruiterin des falschen Lichts. Sie lockt, ohne es auch nur zu ahnen, gutgläubige Menschen in die Recyclingfalle. Was für eine menschenverachtende Strategie: Man jage jemandem Todesangst ein, rette ihn und überschütte ihn mit „Liebe". Und schon wird aus einer überzeugten Atheistin eine Gläubige und Verfechterin des luziferischen Lichts.

Im Video überzeugt Kat mit ihrer lebhaften, emotionalen Schilderung. Stellen Sie sich vor, liebe Leser, Sie würden eine solch bewegende Erfahrung machen. Sie wären hin und weg. Sie würden Ihre Erfahrung niemals hinterfragen, geschweige denn bezweifeln. Niemand könnte Ihren Glauben an das, was Sie selbst erlebt haben, erschüttern. Nahtoderfahrene und Menschen, die die Inszenierung eines solchen Nahtoderlebnisses nicht durchschauen, sind in die Liebes- und Lichtfalle geraten, aus der es kaum ein Entrinnen gibt. Ihre Chancen, die Matrix-Täuschungen zu erkennen und zu erwachen, tendieren gegen Null. Die Betroffenen werden nach ihrem Ableben willig und freudig in die Falle gehen. Sie sind die perfekten „Recycling-Kandidaten".

Vorgetäuschte „Errettungserfahrungen", wie die Geschilderte, halten uns im Teufelskreis der Reinkarnationen gefangen. Das Schockierende ist, dass die Betroffenen mit Todesangst gefügig gemacht werden, damit das „Rettungstheater" die gewünschte Wirkung erzielt. Kat ist nicht die Einzige, die durch die Hölle ging, bevor sie „errettet" wurde. In hunderttausenden Nahtoderfahrungen wurden die Betroffenen zunächst unerträglichen Qualen ausgesetzt, die sich kein normaler Mensch vorzustellen vermag, bevor sich die vermeintlich göttlichen Kreaturen bequemten, sie zu erlösen. Wie krank, grausam und sadistisch muss man sein, um solch unsägliches Leid zu inszenieren?

„Lichtvolle" Besuche am Totenbett

Viele Krankenpfleger und Hospizangestellte wissen, dass alte Menschen auf dem Totenbett von Engeln, religiösen Figuren und bereits verstorbenen Verwandten, Partnern und Freunden aufgesucht werden. Dies soll ihnen den Abschied von der physischen Welt erleichtern. Nach mehrmaligen Besuchen haben die Betroffenen Vertrauen zu den „Erscheinungen" gefasst. Sie haben keine Angst mehr vor dem Tod und vermögen ihr Leben leichter loszulassen. Man könnte meinen, die Besuche seien eine Gnade für die sterbenden Menschen. Es ist unendlich tröstlich, wenn sie von liebenden Lichtwesen oder Verwandten ins nachtodliche Leben begleitet werden. Der Sinn und Zweck dieser Besuche ist jedoch ein völlig anderer. Sie sollen die Betroffenen nach ihrem Ableben dazu bringen, ihren Besuchern in den Lichttunnel zu folgen – und die Recyclingfalle schnappt zu.

Orchestrierte Liebesdramen

Wie wir gesehen haben, spielt „Liebe" bei der Versklavung der Menschheit eine bedeutsame Rolle. Unsere tiefste Sehnsucht wird als Waffe gegen uns verwendet. Wir alle möchten lieben und geliebt werden. Liebe und gesunde, emotional nährende Beziehungen sind essenziell für ein lebenswertes Leben. Das Gefühl, ungeliebt und nicht liebenswert zu sein, ist deprimierend und destruktiv. Es lässt uns in schmerzhaften, quälenden Emotionen versinken, nach denen die Astralparasiten gieren. Aus diesem

Grund greifen sie gezielt und manipulativ in unsere intimsten Liebesangelegenheiten ein. Sie lassen vielversprechende Bindungen absichtlich scheitern. Sie sorgen dafür, dass wir die Liebe nicht finden oder zwingen uns zerstörerische Liebesdramen auf, wie wir nachfolgend sehen werden.

Entführungsopfer Außerirdischer

Eve Lorgen beschreibt in ihrem Buch „Alien Love Bites"[28] das Leid ihrer Klienten, die von Außerirdischen entführt und in Beziehungsdramen verstrickt worden waren. Falls Sie sich nun fragen, warum ich über Entführungen durch Außerirdische berichte – Sie werden es gleich verstehen. Liebes- oder Beziehungspsychosen wurden im Vorfeld der Studie ausgeschlossen. Die Betroffenen berichteten, emotional und erotisch an einen unbekannten Partner gebunden worden zu sein. Das Resultat waren äußerst schmerzhafte Liebes-Obsessionen und unaussprechliches Liebesleid, das nicht vergleichbar ist mit dem „üblichen" Liebeskummer, den wir gemeinhin kennen. Die Zielpartner begegneten sich während der Entführungsphase sowie in bewusst induzierten, lebhaften Träumen. Durch wiederholte verbale, körperliche oder sexuelle Begegnungen und Bindungsübungen wurde ein starkes Band (Bonding) zwischen den unfreiwilligen Paaren erzeugt.

Nur wenige Wochen bis Monate nach der Entführung begegneten sie sich erstmalig im realen Leben, wo es zu bizarren Synchronizitäten, lebhaften Träumen und ungewöhnlichen psychischen Phänomenen kam. Die Aliens übermittelten den Betroffenen hypnotische Suggestionen in ihren Träumen, um sie zu sexuellen Interaktionen mit dem Zielpartner anzuregen. Meist konnte sich lediglich einer von beiden an die inszenierten Begegnungen in der Entführungsphase erinnern, während der andere keine oder nur vage Erinnerungen hatte. Dennoch stellte sich ein Gefühl des Wiedererkennens ein sowie eine äußerst intensive, nahezu magische sexuelle Anziehungskraft – und beide verliebten sich.

Zwischen den Partnern bestand eine telepathische Verbindung. Spontane visuelle Visionen vom jeweils anderen triggerten starke Emotionen wie Sehnsucht, Verlangen, Liebeskummer oder Eifersucht. In einigen Fällen kam es zu „Fernberührungen". Die Verliebten spürten körperliche Berührungen durch den anderen, ohne dass dieser anwesend war. Körpererinnerungen an vergangene sexuelle Begegnungen tauchten auf. Synchronizitäten führten zu einem „zufälligen", mysteriösen Aufeinandertreffen der beiden Partner. Das Verlangen, mit dem anderen zusammen zu sein, wurde als überwältigend empfunden. Als würden beide Seelen verschmelzen wollen. Viele Betroffene romantisierten ihre Beziehung als die „großartigste Liebe", die man sich nur vorstellen könne. Sie sprachen von einer unglaublichen Verbundenheit, einer vollkommenen spirituellen Versunkenheit im Partner. Sie schwärmten von einer Liebe, die „im Himmel" geschlossen oder von Gott selbst arrangiert worden wäre. Dies erinnert an die „nie zuvor gekannte Liebe", die Nahtodreisende im Licht erleben.

Dann jedoch, so berichtet die Autorin weiter, geschah das von den Aliens Intendierte und absolut Verheerende: Der geliebte Partner wurde emotional „abgeschaltet". Er verlor das Interesse und beendete die Beziehung. Der „liebestrunkene" Partner blieb mit dem Gefühl unerwiderter Liebe und tiefem seelischen Schmerz zurück. Die Folgen der inszenierten Beziehungsdramen waren erschreckend. Die Opfer zeigten obsessives Verhalten und hatten quälende Gedanken an Zurückweisung, Wertlosigkeit und Ungeliebtsein. Der zurückgelassene Partner litt unter dem Gefühl des kaum zu ertragenden Verlustes, unter emotionaler Leere, tiefster Depression. Viele zeigten starke suizidale Tendenzen. Da die meisten Bonding-Opfer verheiratet waren, kam es zu schweren familiären Zerrüttungen. Viele Familien wurden auseinandergerissen und zerstört. Die Betroffenen litten unter extremen posttraumatischen Stressreaktionen, als wären sie gerade aus dem Krieg zurückgekehrt.[29]

Alle Betroffenen fühlten sich emotional ausgelaugt, verausgabt und erschöpft, als hätte man ihnen sämtliche Lebenskraft entzogen. Menschen, die einstmals mit beiden Beinen im Leben standen, so die Autorin, hatten sich in „verlorene", „desillusionierte" Personen verwandelt. Neben den bereits geschilderten Folgen kam es zu Essstörungen, starken Stimmungsschwankungen und einem niedrigen Selbstwertgefühl. Viele griffen zu Drogen. Einige Betroffene stalkten ihr „Liebesobjekt". Alle Opfer berichteten, die Außerirdischen hätten die explizite Absicht gehabt, ihnen emotionale Schmerzen und Qualen zuzufügen. Die Autorin kam zu dem Schluss: „It is as if the aliens ‚feed' on human emotional energy."[30] Auf Deutsch: „Es ist, als ob die Außerirdischen von den emotionalen Energien der Menschen zehren" bzw. sich von ihnen ernähren. Damit trifft sie ins Schwarze. Sie weist die Annahme, alle Außerirdischen seien wohlwollend, aufs Schärfste zurück. Aliens, die sexuelle Kontakte zwischen Fremden erzwingen und durch psychische Manipulationen extrem qualvolle Bindungen forcieren, sind alles andere als Wohltäter der Menschheit. Ihnen liegt weder unsere spirituelle Evolution noch unser Wohlergehen am Herzen, wie viele Menschen gerne glauben möchten. Die geschilderten Erlebnisse scheinen selbst in der Entführungsliteratur ein Tabuthema zu sein. In den entsprechenden Kreisen geht man von gutmeinenden Aliens aus. Das extreme, kaum zu ertragende Beziehungsleid der Betroffenen straft diese Annahme Lügen.

Dualseelen-Dramen

Die Studien von Eve Lorgen zeigen, dass die Archonten traumatische Bindungen erzeugen, um uns tiefe seelische Wunden zuzufügen. Entgegen ihrer Annahme treten solche Liebesdramen jedoch nicht exklusiv bei Entführungsopfern Außerirdischer auf, sondern bei Abermillionen von Menschen weltweit. Etliche meiner Klienten durchlebten mit „Dualseelen", „Zwillingsseelen" oder „Seelenpartnern" ähnliche Torturen. In einem quälenden emotionalen Zustand generieren wir die begehrten Leidensenergien, die die Parasiten „ernten" können. Emotionale Qualen, extreme Bedürftigkeit und schmerzhafte Abhängigkeiten waren die Folge. Eine überwältigende Sehnsucht sowie eine telepathische Verbindung mit dem Partner traten auch in diesen Fällen auf. Meine Klienten erlebten in ihren Beziehungen oder Nicht-Beziehungen zu ihren angeblichen Dualseelen die Hölle. Passenderweise herrscht in der New-Age-Literatur Konsens darüber, dass eine solche Liebe „besonders" sei und die seelischen Qualen „völlig normal". Diese irrige Annahme veranlasst Betroffene dazu, Beziehungsdramen jahrelang hinzunehmen. Sie glauben, es müsse so sein. Die meisten hoffen, ihre toxische Beziehung heilen zu können, um spirituell an ihr zu wachsen. Auf diese Weise perpetuieren sie ihr Leid, anstatt es schleunigst zu beenden.

Wie Rückführungen zeigen, werden dysfunktionale Beziehungen im Zwischenleben forciert. Die Paare sind trauma-bedingt aneinander gebunden. Betroffene leiden jahrelang, unfähig, sich vom gewalttätigen, missbrauchenden Partner zu lösen. Woher rühren diese starke Abhängigkeit und die Unfähigkeit zur Trennung trotz brutaler Misshandlung? Warum mangelt es den Betroffenen an Selbstwertgefühl und Selbstvertrauen, von Selbstliebe ganz zu schweigen? Die Antwort ist simpel: Sie werden im Zwischenleben darauf programmiert und durch Misshandlungen in der Kindheit auf ein tiefes Gefühl von Wertlosigkeit und von Nicht-in-Ordnung-Sein konditioniert.

Eine meiner Klientinnen hatte massive Traumatisierungen erlitten. In einem Vorleben war sie von ihrer angeblichen Dualseele verge-

waltigt, gefoltert und getötet worden. Im Zwischenleben wurde ihr
kundgetan, sie müsse lernen, ihren Peiniger zu lieben! Sie müsse
ihm in zahlreichen Inkarnationen zu Willen sein, bis sie an den sexuellen Kontakten Gefallen gefunden hätte. Die Klientin war erschüttert, als sie dies in der Rückführung erinnerte. Sie war ihrer
Nemesis in mindestens 10 Vorleben begegnet. Immer wieder hatte
er sie sexuell und seelisch schwer misshandelt. Er selbst war in
jedem Vorleben von dämonischen Wesen besetzt gewesen, die sein
Verhalten gesteuert hatten. Im Zwischenleben hatte sich die Klienten strikt geweigert, ihm erneut zu begegnen. Ihr Wunsch wurde
kategorisch abgeschmettert. Im heutigen Leben hatte sie ihn nur
ein einziges Mal getroffen. Trotz starker Anziehung hielt sie sich
ängstlich von ihm fern – seit ihrer Rückführung weiß sie, warum.

Partnerwahl und Beziehungsdynamiken sind kein Zufall. Vergewaltigungen und sexueller Kindesmissbrauch sind beliebte karmische
Strafen, die unschuldigen Seelen von den sadistischen Kreaturen
aufgebürdet werden. Emotionale Energien, die durch abartige, er-
niedrigende sexuelle Praktiken entstehen, sind bei den Archonten
heiß begehrt. Um zwei Seelen aneinander zu binden, bedarf es keiner komplizierten Interventionen. Die Herzensenergien der beiden
werden auf der luziferischen Lichtebene ausgetauscht. Er erhält
einen Teil ihrer Herzensenergie und umgekehrt. Erhält nur einer
von beiden trauma-gebundenen Partnern die Herzensenergien des
anderen, so wird er im Leben unter der Beziehung, Nicht-Bezie-
hung, unerwiderten Liebe oder Trennung leiden – und zwar extrem.
Der Betroffene spürt eine intensive Verbindung und Liebe zum begehrten Partner, die dieser nicht erwidern kann. Das seelische Leid
ist gewollt. Der Sadismus der Archonten kennt keine Grenzen.

Liebe ist die stärkste Kraft im Universum. Gleichzeitig macht uns
die Sehnsucht nach ihr vulnerabel. Archonten, die Menschen ent-

führen und quälen, sich als Moralapostel und Karmawächter aufspielen und uns in tiefstes (Liebes-)Leid stürzen, sind Psychopathen. Sie sind technologisch hochgerüstet, spirituell gleichwohl verkrüppelt und verkümmert – in einer Weise, die fassungslos macht. Sie können weder Scham noch Schuld oder Mitgefühl empfinden. Ihr Bewusstsein ist krank, grausam und abnorm. Sie könnten abartiger nicht sein. Sie traumatisieren uns, um unsere Lebensenergien abzugreifen, die ihnen einen gigantischen Rausch bescheren.

In der Lebensrückschau stellen sie einer gerade verstorbenen Seele in Aussicht, ein weiteres Mal mit dem geliebten hinterbliebenen Partner zu inkarnieren. Von Sehnsucht und Trauer übermannt, nimmt sie traumatische Lebensbedingungen in Kauf, nur um ihn wiederzusehen. Leidet eine Seele unter einer unerfüllten Liebe, wird sie mit dem Versprechen der Erfüllung in die nächste Inkarnation gelockt. Viele Seelen übernehmen das vermeintliche Karma eines geliebten Seelengefährten, weil die Lichtkreaturen sie glauben machen, dieser würde daran zerbrechen. Aus tiefer Liebe stimmt die Seele zu, ohne die Manipulation zu erkennen. Einer Klientin wurde verweigert, als Mann zu inkarnieren. Beziehungen zu Frauen wären möglich, würden sich jedoch äußerst schwierig gestalten. Genau das hatte sie leidvoll erfahren. Das Ausmaß der Übergriffe auf unser Liebesleben ist schockierend. Nicht umsonst gibt es unzählige missbrauchende, trauma-basierte und trauma-erzeugende „Liebes-Bindungen" auf dieser Welt. Man spricht auch von „Trauma-Bonding", einer emotionalen Abhängigkeit eines Opfers von einem Täter. Letzterer erzeugt durch einen schleichenden, aber systematischen Missbrauch des Partners eine schmerzhafte, quälende, traumatische Bindung, von der die Archonten gierig zehren. Durch alternierende Belohnung und Bestrafung wird das Opfer gefügig und abhängig gemacht.[31]

Viele Seelen akzeptieren jahre- oder jahrzehntelange Beziehungslosigkeit und Liebesleid als Bestrafung für karmische Verfehlungen, die sie nicht begangen haben. Selbst unbedeutende Vergehen werden aufgebauscht und mit drakonischen Liebesstrafen geahndet, die in keinem Verhältnis zum begangenen Fehler stehen. Die Betroffenen werden im Zwischenleben mit hypnotischen Befehlen und Suggestionen belegt wie: „Du wirst die Liebe nie erleben, aber du wirst dich danach sehnen." „Du wirst dein Leben lang allein bleiben. Du hast kein Recht auf Liebe." „Du wirst dich in Partner verlieben, die deine Gefühle mit Füßen treten und nicht erwidern." „Geliebte Menschen werden dich misshandeln." „Niemand wird dich lieben." „Du musst mitansehen, wie Menschen, die du liebst, leiden und sterben." Usw. Viele Klienten waren über zig Inkarnationen hinweg an denselben psychopathischen bzw. narzisstischen Partner gebunden. Die Lichtkreaturen ließen sie wissen, sie müssten zumindest einmal miteinander glücklich werden, sonst bliebe ihr schlechtes Karma bestehen. Die Betroffenen stimmten zu, in der Hoffnung, ihr Karma lösen zu können, nur um im heutigen Leben erneut zu leiden – was für eine Farce. Die Einmischung parasitärer Wesenheiten in unsere intimsten Liebesangelegenheiten ist ein schwerwiegendes Verbrechen. Wenn Betroffene die entsprechenden Verträge in Rückführungen lösen, kann ihr Beziehungsleben eine glückliche Wendung erfahren.

Love Bombing – spirituelle Heuchelei und Manipulation

Die Persönlichkeit der Archonten ist schwer gestört. Sie sind nicht in der Lage, Empathie, Liebe, Schuld, Schamgefühle oder Reue zu empfinden. Ihr „Liebesgetue" ist spirituelle Heuchelei. Die Frequenzen einer nie gekannten, überwältigenden, bedingungslosen Liebe, die die Seelen einlullen und hypnotisieren, werden mithilfe von Technologie vorgetäuscht. Sie sind derart intensiv und sedierend, dass sie den Lichttunnel, die Lichtebene und die Lichtkreaturen nahezu unwiderstehlich erscheinen lassen. Das Tunnelkonstrukt wird durch künstliche Intelligenz gesteuert. Es ist eine Maschine, dazu programmiert, Verstorbene aufzuspüren, einzusaugen und auf die Lichtebene zu leiten. Flüchtende Seelen werden vom Lichttunnel und seinen Liebesschwingungen so lange verfolgt, bis sie sich hineinbegeben.

Sobald sich Verstorbene im Tunnel oder bereits auf der Lichtebene befinden, greifen die Fake-Lichtwesen zu einem weiteren, äußerst schäbigen Trick. Sie reflektieren die allumfassende Liebe, die jeder Seele innewohnt, und verstärken sie, um selbst licht- und liebevoll zu erscheinen. Die von dem Spektakel überwältigte Seele spürt die Liebe, die ihrem eigenen Inneren entspringt, und glaubt, sie ginge von den Kreaturen aus. Das „Liebes-Bombardement" dient dazu, Verstorbene zu hypnotisieren und denk- und handlungsunfähig zu machen.

Auf den göttlichen Ebenen haben wir jene bedingungslose Liebe erfahren, nach der wir uns unbewusst sehnen. Die Archonten wissen das. Daher überhäufen sie uns mit Fake-Liebe und verlogenen Liebesbotschaften, die sie durch das New Age verbreiten. Entitäten, die die Menschheit zutiefst lieben, müssen göttliche Wesen sein, nicht wahr? Und so vertrauen wir ihnen und zweifeln nicht. Das „Love Bombing" der Archonten setzt uns außer Gefecht und lässt uns die harte Realität nicht erkennen: Die Versklavung und das Recycling von Milliarden von Menschen. „Love Bombing" bedeutet, jemanden mit Liebe, Aufmerksamkeit, Zuneigung und Zuwendung zu überschütten, in der Absicht, ihn zu beeinflussen und zu manipulieren. Diese Aussage trifft auf Narzissten und Psychopathen zu und beschreibt das Treiben der Lichtkreaturen exakt.

Auch in Channelings überschütten sie uns mit Liebesbeteuerungen, um von ihren satanischen Absichten abzulenken. Ihre Botschaften sind inhaltsleere Parolen. Durch jahrzehntelange Wiederholungen sinken sie tief in unser Unterbewusstsein ein, sodass wir sie schließlich glauben. Immer wieder tun sie kund: „Wir lieben euch über alle Maßen. Wir lieben euch unendlich. Ihr seid unsere geliebten Brüder und Schwestern. Wir sind alle eins. Wir sind immer für euch da. Wir stehen euch bei. Haltet durch. Habt keine Angst, alles wird gut. Wartet geduldig, habt Vertrauen. Das Böse existiert nicht. Ihr habt euch euer Leid selbst ausgesucht, um spirituell zu wachsen. Alles hat einen tieferen Sinn. Denkt positiv. Es gibt nichts Böses auf dieser Welt. Haltet eure Schwingung hoch. Wir führen euch ins Goldene Zeitalter. Der Aufstieg in die 5. Dimension hat bereits begonnen. Freut euch. Bald ist es soweit. Vertraut uns. Wir sind für euch da." usw. Vielleicht haben Sie, liebe Leser, gerade bemerkt, wie konditionierend die Aneinanderreihung dieser Phrasen wirkt. Es dürfte nun klar sein, worum es beim „Love Bombing" geht.

Unsere dichten, dreidimensionalen Körper machen es unmöglich, die bedingungslose Liebe, zu der wir fähig sind, auf der Erde zu empfinden. Angeliki Anagnostou geht davon aus, dass die Fähigkeit, „menschlich" zu lieben, in die DNA codiert wurde. Gerade Mütter geben an, dass die Liebe zu ihrem Kind mit nichts zu vergleichen sei. Anagnostou schreibt dazu: „Du fragst, wie es sich mit der Liebe der Eltern zu ihrem Kind verhält? Nun, du musst wissen, dass diese Liebe ein Befehl ist, der im genetischen Code verzeichnet ist. Er ist das Gesetz, das die Erhaltung der menschlichen Rasse sicherstellt … Es ist dieser Befehl, dieses Gesetz, dessen Zweck es ist, die menschliche Rasse zu erhalten, das ihr Menschen Liebe nennt. Liebe ist primär eine Sache chemischer Reaktionen."[32] Anagnostou merkt an, dass menschliche Beziehungen nichts anderes sind als ein Geben und Nehmen von Energie. „Warum fühlen sich

Menschen verletzt, wenn sie das Objekt ihrer Liebe verlieren? Glaubst du, dass Abhängigkeit, Schmerz und Angst oder Mitgefühl für jemanden makellose spirituelle Liebe definieren kann?"[33] Die falschen Lichtkreaturen locken uns mit unserer eigenen, allumfassenden Liebe in die Recycling-Falle. Technologie und hypnotische Befehle machen die Falle perfekt. Neu verstorbene Seelen sind in einer äußerst verletzlichen Verfassung. Das nutzen die Lichtkreaturen aus, um sie mit ihrer „Alles-ist-Liebe-und Licht-Illusion" zu täuschen.

Nachfolgend ein Beispiel hypnotisch induzierter „Liebe" und „sexuellen Begehrens": Isabella A. Greene erinnerte sich an ein Vorleben im alten Ägypten. Ein Mann, der wesentlich größer war als die üblichen Menschen, mit einem seltsamen, tierähnlichen Kopf, ähnlich den Zeichnungen in den Pyramiden, nahm sie auf den Arm und entführte sie aus den Händen ihres schreienden menschlichen Ehemannes. Er hatte die Absicht, sie „für sexuelle Aktivitäten zu benutzen". Isabella fühlte nichts als absolute Ekstase. Es war die größte Ehre, von einem dieser Wesen ausgewählt worden zu sein. Sie fühlte sich „high" von der Energie dieses Wesens. Berauscht wie von einer Droge. Sie war tief hypnotisiert, fasziniert und willens, ihr Leben zu geben, nur um diese ekstatische Erfahrung zu machen. Das Wesen brachte sie in eine Unterkunft, in der weitere Artgenossen lebten, die sich „sexuell beteiligen" würden, aber es war ihr egal. Ihr verzweifelter Ehemann tangierte sie nicht mehr. In ihrem Zustand wollte sie nicht, dass irgendetwas das stoppen könnte, was nun geschehen würde. Sie empfand ein überwältigendes Gefühl absoluter Hingabe bis zu dem Punkt, ihr Leben hinzugeben, nur um irgendeine Erfahrung mit den Geschöpfen zu haben, die sie und die anderen Menschen für Götter hielten.[34] Angesichts dieser Schilderung sollten alle Alarmglocken schrillen – und zwar laut! Die Auswirkungen der hypnotischen Frequenzwaffen, die die Archonten gegen die Menschheit richten, sind erschütternd.

Die Heimtücke des luziferischen Lichts

Eine Klientin erkundete in ihrer Rückführung, wie sie in den Reinkarnationskreislauf geraten war. Sie schwebte als lichtvolles Wesen im Universum, als ein strahlendes Lichtwesen erschien und davon sprach, unbedingt zur Erde zu wollen. Die Klientin beschrieb es als strahlend schön, ja geradezu faszinierend. Sie fühlte sich zu ihm und zu seinem außergewöhnlichen Licht hingezogen. Es war ein bemerkenswertes Licht! Auf der Erde wäre es toll, erklärte das Wesen: „Komm mit! Gemeinsam werden wir viel Spaß erleben!" Die Klientin spürte die freudige Aufregung des Wesens, hatte jedoch nicht vor, es zu begleiten. Sie überlegte kurz, wie es denn sein könnte – und wurde genau in diesem Augenblick in einem energetischen Netz gefangen, das sie unaufhaltsam zur Erde zog. In dem Moment, in dem sie an die Erde dachte, ging sie energetisch mit ihr in Resonanz. Sie hatte keinen freien Willen mehr. Das faszinierende Lichtwesen entpuppte sich im Nachhinein als Dämon. Umgeben von dem verführerischen Licht hatte diese Kreatur die Klientin hypnotisiert und in eine Falle gelockt. Das luziferische Licht ist brandgefährlich. Seine Heimtücke spottet jeder Beschreibung. Es schaltet das Denkvermögen und den freien Willen aus – von jetzt auf gleich. In seiner Bösartigkeit zerstört es die Souveränität und Integrität der Seelen und degradiert sie zu stumpfsinnigen, hilflosen Geschöpfen. All ihrer Fähigkeiten beraubt, können sich die Opfer weder wehren noch befreien.

Das intensive Licht lullt die Seele ein. Sie fühlt sich wohl und zeigt keinerlei Gegenwehr. Wäre das Licht nicht derart betörend und hätte die Seele Angst, würde sie alles tun, um zu entkommen. So aber ist sie willenlos wie in einer tiefen Trance. Sie weiß nicht, wie ihr geschieht, hat keinerlei Kontrolle. Sie gibt sich dem Licht hin, alles scheint in Ordnung zu sein. Und all das geschieht binnen Sekunden. Ohne Vorwarnung. Ohne Zeit zu reagieren. Leise, beruhigende Musik erklingt. Eine sanfte Stimme flüstert: „Entspann dich. Ruh dich aus. Alles ist gut. Du wirst für immer bei uns bleiben. Du wirst alles vergessen. Du kommst hier nicht mehr weg. Du gehörst uns auf ewig. Vergiss, wo du herkommst, du bleibst jetzt hier" usw. Die Klientin, die ins Lichtnetz geraten war, realisierte plötzlich, dass etwas nicht stimmte und versuchte, sich zu befreien. Getrieben von dem Wunsch wegzukommen, schlug sie um sich. Je stärker sie sich wehrte, desto enger wurde das Netz, das sie einschnürte, bis sie apathisch und bewegungsunfähig war. Es gab kein Entkommen.

Während einer meiner Rückführungen fand ich in einem hell erleuchteten astralen Raum etliche Seelen, die sich nicht regten. Sie wirkten wie Zombies, aus denen jegliches Leben gewichen war. Eng zusammengepfercht und jede einzelne angefüllt mit luziferischem Licht. Sie schienen gleichgeschaltet, hatten alles Individuelle verloren. Ihrer persönlichen Erinnerungen beraubt und ohne Gedächtnis wirkten sie wie leere Hüllen, die man irgendwo abgestellt hatte – bis zur nächsten Inkarnation. Irgendwann werden sie mit fremden Daten und falschen Erinnerungen „bestückt" und zwangsreinkarniert.

Das luziferische Licht ist heimtückisch und hinterhältig. Es ist wunderschön und gleichzeitig unendlich niederträchtig und zerstörerisch. Es gaukelt uns vor, es wäre unser göttliches Zuhause und wir befänden uns in Sicherheit. Gnadenlos eliminiert es unser Gedächtnis, unsere gesamte Persönlichkeit – nach jeder Inkarnation aufs Neue. Kann man sich etwas Diabolischeres vorstellen als das? Millionen von Menschen vertrauen diesem Licht. Ich kann die Begeisterung der Nahtoderfahrenen nachvollziehen, die glauben, es sei göttlich. In seiner Bösartigkeit lockt es uns mit etwas, wonach wir uns alle sehnen – mit bedingungsloser Liebe – und zerstört gnadenlos unsere Identität. Aus diesem Grund bleibt nur eines zu raten: Geh nicht ins Licht!

Noch einige Worte zu Luzifers Machenschaften

Der gefallene Engel Luzifer ist einer von vielen, die sich als „Elohim", d. h. „Götter" bezeichneten, als sie zur Erde kamen und die Humanoiden überfielen. Er galt einst als der schönste der Engel Gottes, mit einem atemberaubenden, betörenden Licht und einer unwiderstehlichen, hypnotischen Stimme. In der gängigen Literatur[35] wird Luzifer als brillanter Kopf und genialer Denker beschrieben, aber auch als selbstherrlich, egomanisch, überheblich, unempathisch, clever, gerissen, gewissenlos und arrogant. Er war ein verführerischer, charismatischer Redner, der seine Zuhörer mit seinem hypnotisierenden, trügerischen Charme um den Finger wickelte. In seiner Selbstherrlichkeit rebellierte er gegen Gott, dem er sich ebenbürtig wähnte. Luzifer weist alle Anzeichen einer antisozialen Persönlichkeit auf. Er galt als begnadeter Lehrer, der es liebte zu unterrichten. Alsbald fiel jedoch auf, dass er nicht gewillt war, sein Wissen an jeden seiner Schüler weiterzugeben. Er unterrichtete nur jene, die er seiner für würdig hielt. Auf die anderen schaute er verächtlich herab. Nachdem er mehrfach auf seine Verfehlungen hingewiesen worden war, keimten Hass und Verärgerung in Luzifer auf. Er rekrutierte verschiedene Sternenwesen und überzeugte sie mit grandiosen Versprechungen und Lügen, mit ihm gegen Gott zu rebellieren. Als er die Schlacht verlor, wurde er gemeinsam mit seinen Rebellen von Erzengel Michael auf die Erde vertrieben.

Luzifer wurde darin ausgebildet, dem wahren Schöpfer bei der Erschaffung neuen Lebens auf unterschiedlichen Planeten behilflich zu sein. Schnell avancierte er zum herausragendsten Wissenschaftler und Meister-Genetiker. Die Menschheit war eine Kreation des Schöpfers, an der Luzifer beteiligt war. Die damalige Erde, Tiamat genannt, befand sich zu jener Zeit in den hohen Lichtdimensionen. Die Humanoiden besaßen einen ätherischen Körper und waren eng mit ihrem Schöpfer verbunden. Luzifer missbrauchte seine Fähigkeiten, um die Menschheit mit genetischen Eingriffen spirituell zu entmachten und zu unterwerfen. Er trug den Krieg aus den göttlichen Ebenen hinab zur Erde. In seiner maßlosen Arroganz positionierte er sich als alleiniger „Gott". DNA-Manipulationen sind seine Spezialität. Über Jahrtausende hinweg manipulierte er das menschliche Genom, um unser Erwachen zu verhindern. Er musste unter allen Umständen sicherstellen, dass wir sein übles Treiben auf der Erde und in den Lichtsphären nicht durchschauen. Neben Luzifer herrschen weitere destruktive Kräfte auf unserem Planeten. Rudolf Steiner, der Begründer der Anthroposophie, benennt vier Widersacher Gottes: ahrimanische, soratische, assurische und luziferische.

Luzifer und seine Archonten büßten ihre Schöpferkräfte ein, als sie sich von der göttlichen Ur-Quelle trennten. Seither beherrschen und lenken sie die Weltbevölkerung durch Angst, Notstände, Elend und Kriege. Sie spalten die Völker und hetzen uns gegeneinander auf. Sie sorgen dafür, dass wir uns selbst die Hölle auf Erden bereiten und Energien erzeugen, die sie zum Überleben brauchen. Als Menschheit verfügen wir über jene Schöpferkraft, die Luzifer und seinem Gefolge entzogen wurde. Das Pleroma verhandelte über lange Zeit hinweg immer wieder mit ihm und seinen Archonten, um unsere Seelen freizulassen. Es wurden Abkommen geschlossen, die er wiederholt brach. Schließlich erging sein Todesurteil.[36] Luzifer könnte seine Taten bereuen, umkehren und Gott um Gnade ersuchen. Wie die katastrophalen Umstände und Geschehnisse auf unserem Planeten zeigen, weigert er sich bislang konstant. Wie es scheint, wird die Ur-Quelle irgendwann eingreifen, um die auf der Erde gefangenen Seelen freizusetzen. Luzifers Zeit läuft möglicherweise in nicht allzu ferner Zukunft ab. Wann genau, vermag niemand zu sagen. Was infolgedessen geschehen *könnte*, beschreibt Angeliki Anagnostou in ihrem Buch „Can You Stand The Truth?"[37]

Wie Luzifers geheime Elite die heutige Menschheit beherrscht

Luzifer und seine dunklen Kräfte kontrollieren den Lichtbereich und die Erde seit langer Zeit. Sein elitäres Denken spiegelt sich in den wirtschaftlichen, politischen und sozialen Strukturen unseres Planeten wider. Schwerreiche Eliten, die luziferische Interessen vertreten, überwachen, kontrollieren und gängeln die Menschheit. Nachdem Luzifer die (spirituelle) Evolution der Humanoiden durch DNA-Manipulationen gedrosselt hatte und diese sich zügig vermehrten, züchtete er eine Hybrid-Rasse, die über die Massen herrschen sollte. Eine Blutlinie, die seine Gene trug, die heutigen geheimen Eliten. Er gründete seine erste Geheimgesellschaft, die Bruderschaft der Schlange, und weihte die Mitglieder in okkultes, universales Wissen ein. Die Bruderschaft war streng hierarchisch organisiert. Alle Mitglieder begannen auf dem untersten Level und stiegen analog zum jeweils erworbenen Wissen zur nächsten Ebene auf. Je höher Ebene und Rang waren, desto einflussreicher und machtvoller war die Position. Einige der Auserwählten regierten die Länder als Kaiser, Könige, Hohepriester, Politiker und religiöse Führer. Luzifer etablierte elitäre Hierarchien und Machtstrukturen auf der Erde, die seiner selbstherrlichen, hochmütigen und arroganten Natur entsprechen. Seine hochrangigen Eliten halten sich für erleuchtet und wähnen sich berechtigt, über uns, das dumme, gemeine Volk, zu herrschen, das sich ihrer Meinung nach nicht selbst organisieren kann. Luzifer steht auch heute noch an der Spitze einer jeden Elite-Organisation. Zu den bekanntesten zählen die Zionisten, Illuminati (die Erleuchteten), Bilderberger und Freimaurerlogen, die Theosophische Gesellschaft, die Rosenkreuzer und einige mehr, die ihre Ziele überwiegend im Geheimen verfolgen. Machthaber, religiöse und politische Führer, Banker, Medienmogule und Vorstände globaler Konzerne gehören ihnen an. Auch Menschen, die nicht Luzifers Blutlinie entstammen, können Mitglied werden, bekleiden jedoch ausschließlich die niederen Ränge. Von den Zielen der oberen Reihen ahnen sie nichts. Gemäß dem „Need-to-know-Prinzip" verfügt jeder nur über das Wissen, das er haben muss, um seine Pflichten zu erfüllen. Was die Organisationsmitglieder nicht wissen, können sie auch nicht verraten. Die meisten von ihnen glauben, ehrenwerten sozialen Zwecken zu dienen. In Wahrheit werden sie benutzt, um eine wohltätige Fassade aufrechtzuerhalten. Alle öffentlich bekannten Mitglieder der Elite-Organisationen sind Marionetten, die von den geheimen Eliten aus dem Hintergrund dirigiert werden. Ihre Identitäten bleiben der Öffentlichkeit verborgen.[38] Da Luzifers Zeit bald abläuft, sind er und seine Lakaien bestrebt, die viel gepriesene Neue Weltordnung schnellstmöglich zu etablieren und sich in den Transhumanismus zu retten, indem sie das Bewusstsein der Menschheit über entsprechende Mikrochipimplantate an einen Supercomputer anschließen. Dazu später mehr.

Kapitel 3: Was tatsächlich auf der Erde und im Licht geschieht

Ist die Erde eine Schule?

In New-Age-Kreisen ist man sich einig, dass die Erde eine Schule ist. Sie dient angeblich der Höherentwicklung und dem spirituellen Wachstum der Seelen. Diese Annahme ist unlogisch und falsch. In jeder neuen Inkarnation vergessen wir alles zuvor Erlernte. In einer Schule bauen die jeweiligen Klassen aufeinander auf. Jeder Lernprozess fußt auf zuvor erworbenem Wissen. Eine Amnesie, die vollständige und wiederholte Löschung unseres Gedächtnisses, verunmöglicht diesen Prozess. Wie kann man an Lernerfahrungen wachsen, die man wieder vergisst? Wie kann man von einer Höherentwicklung sprechen, wenn man nicht weiß, welchen Level man zuvor erreicht hatte? Ohne Gedächtnis kann man keine Abschlussprüfung bestehen. Kann man die Erde unter diesen Umständen wirklich als Schule bezeichnen? Keinesfalls.

In jeder Inkarnation beginnen wir von vorn. Wir begehen dieselben Fehler und fechten die gleichen Konflikte aus, ohne daraus zu lernen. Hatten wir im Vorleben eine schmerzhafte Beziehung mit einem Psychopathen, fallen wir im heutigen Leben prompt auf den nächsten herein. Waren wir süchtig, greifen wir erneut zu Drogen, da wir vergessen haben, wie leidvoll es ist, abhängig zu sein. Ohne Referenzerfahrungen wiederholen wir unnötige Dramen in Endlosschleifen. Und das alles nur, weil man unsere Erinnerungen löscht. Wie sollen wir aus karmischem Leid lernen, wenn wir den Grund nicht kennen, aus dem wir leiden müssen? Die bekannte Hypnotherapeutin Dolores Cannon erfuhr von einem hypnotisierten Klienten, dass Selbstmörder ihr schweres Karma über viele Inkarnationen hinweg abtragen müssen. Warum genügt denn nicht *ein* weiteres leidvolles Leben, in dem sich der Betroffene trotz aller

Probleme gegen den Suizid entscheidet? Warum dieses viele, sich ständig wiederholende Leid? Wir vergessen den Inhalt unseres Seelenvertrages, den wir für die aktuelle Inkarnation geschlossen haben. Und so laufen wir ins offene Messer, in immer gleiche, schwierige Lebenssituationen. Muss das sein? Wem nutzen solche Dramen? Wer profitiert von unserer Amnesie?

Der Rückführungsexperte Dr. Michael Newton fand heraus, dass die Seelen im Zwischenleben Schulen und Universitäten besuchen. Welchen Sinn hat das, wenn wir nicht auf dieses Wissen zugreifen können? Wenn wir alles, was wir mühsam erlernt haben, wieder vergessen? Wieso können wir nur durch leidvolle Erfahrungen spirituell wachsen? Wer einmal Leid verursacht hat, wird dies künftig vermeiden wollen und sich selbst und anderen mit mehr Respekt und Empathie begegnen. Das wäre ein wünschenswerter, da ganz natürlicher Lernvorgang. Das Leid, das wir in jedem Leben ertragen müssen, wird uns hingegen aufgenötigt – von kranken Kreaturen und mit unverhohlener Freude.

Wir reinkarnieren seit zig Tausenden von Jahren und haben alles Denkbare und Undenkbare durchlitten. Was braucht es denn noch? Wir sollen lernen zu lieben und zu vergeben. Wie oft denn noch? Und warum müssen wir die Liebe lernen, wenn auf der angeblichen göttlichen Lichtebene bereits bedingungslose Liebe herrscht? Warum schreiben uns Psychopathen vor, uns in Mitgefühl und Vergebung zu üben, die nicht einmal ansatzweise verstehen, was das ist? Und warum sind wir immer noch nicht „erleuchtet"? Weil das Löschen unserer Erinnerungen ein Erwachen und Erleuchtung verhindert. Wir inkarnieren unwissend, blind und gehirngewaschen ein ums andere Mal. Wir stimmen der Löschung unseres Gedächtnisses zu, weil wir glauben, nur auf diese Weise unvoreingenommene Erfahrungen in der „Erdenschule" sammeln zu können. Dieses New-Age-Dogma ergibt keinen Sinn. Wir erinnern uns an unsere Kindheit. Stören uns diese Erinnerungen, wenn wir erwachsen sind? Eher nicht. Wieso sollten uns dann die verblassten Erinnerungen eines Vorlebens stören, das 200, 300 oder mehr Jahre zurückliegt?

Die Wahrheit ist, amnestische, unwissende Seelen sind perfekte, da hilflose Sklaven, die man mit Leichtigkeit belügen, täuschen und ausbeuten kann. Wir werden seit Jahrtausenden zum Narren und in Not und Elend gefangen gehalten.

Versklavt auf einer Menschenfarm zur „Loosh-Erzeugung"

Robert Monroe,[39] ein Pionier der Astralreisen und Gründer des Monroe Instituts, traf einst auf ein mitteilsames Lichtwesen. Wenn Menschen sterben, so erklärte es ihm, entlädt sich ihre gesamte Lebensenergie. Astralparasiten „ernten" diese Energie ab, um sich von ihr zu ernähren und zur Verlängerung der eigenen Lebensspanne. Das Wesen behauptete, das gesamte Universum sei ein Garten, eigens angelegt von multidimensionalen Parasiten, um Menschen und Tiere energetisch auszubeuten. Monroe nannte diese Energien „Loosh".

Als „Loosh" werden alle Energien bezeichnet, die durch emotionale und körperliche Schmerzen, Ängste, Leid und Tod entstehen. Wir leben in einer Welt, in der alles vergänglich ist und stirbt. Alle Geschöpfe sind dazu gezwungen, einander zu töten und zu fressen, um zu überleben. Haben Sie sich einmal gefragt, warum die Natur so grausam ist? Wir wähnen uns an der Spitze der Nahrungskette, aber wir irren sehr. Scharen astraler Entitäten nähren sich von unserem Leid und ergötzen sich daran. Was ist das für ein „Gott", dessen Schöpfung auf Qual und Tötung basiert? Der ein solches Martyrium für seine vermeintlich geliebten Geschöpfe kreiert? Kommt ein liebender Gott auf eine solch grausame Idee?

Wenn wir attackiert, verletzt oder bedroht werden, produzieren wir Loosh. Befinden wir uns in Lebensgefahr oder sterben wir eines gewaltsamen Todes, setzen wir Unmengen an Loosh frei. Zur Maximierung unseres Outputs an Lebensenergien inszenieren die Eliten dieser Welt immer neue Notstände und Terrorakte. Sie schüren Ängste vor P(l)andemien und beschwören sinnlose Kriege herauf. Die dadurch entstehenden emotionalen Energien wie Ohnmacht, Verzweiflung, Wut, Hass, Trauer etc. werden von den Astralparasiten nicht nur als Nahrung benutzt. Sie werden gespeichert und befeuern ihr gesamtes morbides System. Demnächst, so trichtert man uns ein, drohe eine gewaltige Klimakatastrophe. Mit Angst und Terror beherrschen die Archonten und ihre irdischen Lakaien seit Jahrtausenden die Massen. Wir werden von unseren Regierungen belogen, betrogen, geängstigt, erpresst, genötigt, manipuliert und sogar in den Tod getrieben – nur damit wir Loosh erzeugen. Im Zuge satanischer Folter- und Missbrauchsrituale schießt die Adrenalinkonzentration im Blut der Opfer in extreme Höhen. Nach diesen Energiequalitäten gieren die Archonten. Je extremer unsere Qual, desto ekstatischer ihr Rausch. Unser Leid ist ihre Droge. Die täglichen Schreckensnachrichten, die die Massenmedien verbreiten, dienen dazu, unseren Angst- und Stresspegel möglichst hoch und ergiebig zu halten.

Das Lichtwesen erklärte Monroe, dass Tiere durch den Demiurg auf der Erde angesiedelt wurden, damit sie einander bekämpfen, töten und fressen. Viele wurden mit scharfem Gebiss und Klauen ausgestattet sowie mit hohen Laufgeschwindigkeiten. Auf diese Weise verlängert sich der Kampf zwischen Räuber und Beute sowie die entstehende Todesangst. Jedes Raubtier setzt die Lebensenergie seines Opfers frei. Loosh wird ebenfalls generiert, wenn ein Elterntier dazu gezwungen wird, sein Junges zu verteidigen. Durch Blutvergießen werden besonders intensive und „schmackhafte" Energien erzeugt.

Die menschliche Seele gleicht einer Batterie, die niemals zur Neige geht. Daher werden wir seit Jahrtausenden recycelt. Die Mächte, die unsere Erde beherrschen, laben sich an unserem Schmerz. Derweil machen sie uns weis, dass alles Leid unserem spirituellen Wachstum diene. Sie scheuen keine Lüge und kein Verbrechen, um uns energetisch zu melken. Ohne uns sterben sie. Die Energien der göttlichen Ur-Quelle bleiben ihnen verwehrt. Sie ernten unser Loosh und nutzen es als „Kraftstoff", um nicht nur die Erde, sondern auch andere Gefängnisplaneten zu versorgen. Wir werden als Menschheitsfamilie energetisch aufs Schwerste missbraucht.[40] Möglicherweise wird unser Loosh als begehrte Droge im Universum gedealt. Der totale Erinnerungsverlust und unsere bewusst kurzgehaltene Lebensspanne verhindern, dass wir die Verbrechen an der Menschheit durchschauen. Mit ihrem „Alles-ist-Liebe-und-Licht-Narrativ" lenken uns die parasitären Archonten von der bitteren Wahrheit ab.

Sie zehren nicht nur von unseren niederen Emotionen. Auch für die Hochschwingenden haben sie Verwendung. Alle Erzengel, Engel und Aufgestiegenen Meister, die wir um Hilfe anrufen, leben von der Liebe, Dankbarkeit und Verehrung, die wir ihnen entgegenbringen. Die Anbetung in Gottesdiensten erzeugt ebenfalls Loosh. Es kommt dem Demiurg zugute und festigt seine Machtposition. Bevor die Erde von den Archonten gekapert und für ihre Versorgungszwecke „umfunktioniert" wurde, gab es keine Lebensform, die eine andere hätte töten müssen. Die Tiere fraßen einander nicht, sie konsumierten das Sonnenlicht und die Pflanzen. Die sexuelle Fortpflanzung wurde eingeführt, um einen kontinuierlichen Nachschub an Mensch und Tier sicherzustellen.[41]

Robert Monroe soll nach dieser Offenbarung 14 Tage lang unter Depressionen gelitten haben. Er hat den Begriff „Loosh" später rationalisiert und nie wieder erwähnt. Das Monroe Institut steht mittlerweile unter den Fittichen der CIA. Monroes Mitarbeiter, die früher offen über dunkle Kräfte sprachen, predigen nur noch, wie schön die Astralebene sei und folgen somit dem New-Age-Narrativ.

Monroes Schilderungen stimmen überein mit uralten Schriften wie den Veden, den Upanischaden und den Puranas. Sie berichten, dass das Universum durch Opfer aufrechterhalten wird und unsere Körper zur Opferung geschaffen wurden.[42] Diverse Hochkulturen waren gezwungen, Menschen zu opfern. Wahrscheinlich dienten die Gladiatorenkämpfe in Rom nicht zur Unterhaltung einer perversen Bevölkerung, sondern als Opfer für die blutrünstigen „Halb-Götter". Die Gerüchte um Adrenochrom und Kinderhandel versiegen nicht. Sie scheinen aus dieser Perspektive nicht mehr abwegig zu sein. Die Erde ist eine riesige Loosh-Farm und damit ein Ort des Leidens. Alles Schlimme, das auf unserem Planeten geschieht, ist sorgfältig orchestriert und gewollt – von abartigen Dämonen.

Das Recycling der Seelen

Ich möchte an dieser Stelle warnen, dass der nun folgende Abschnitt für manch einen Leser belastend sein wird. Es ist ratsam, eine Beobachterposition einzunehmen und ihn mit einem gesunden emotionalen Abstand zu lesen. Eine gute Nachricht vorab: Seelen, die nicht ins Licht gehen, können den Reinkarnations- oder besser gesagt Recycling-Prozess vermeiden, im Astralbereich navigieren oder die Matrix verlassen – dazu später mehr.

Amnesie durch Elektroschocks

Wir alle gehen mit einer umfassenden Amnesie durch unser Leben. Der Prozess der Gedächtnislöschung wird von unterschiedlichen Quellen ähnlich beschrieben. Remote Viewer des Farsight Instituts untersuchten in einer Blindstudie unabhängig voneinander das nachtodliche Geschehen. Sie wussten nicht, welches Target, d. h. welche Situation oder welches Zielobjekt sie beobachten würden. Sie nahmen Seelen wahr, die von einem hellen, nahezu unwiderstehlichen Licht angelockt wurden. Dort angekommen, wurden sie mit extrem starken Stromschlägen traktiert, bis sie „leer" und „leblos" im Raum schwebten. Das Farsight Institut spricht von Milliarden von Volt. Seelen können nicht sterben, jedoch ihren Verstand, ihr Gedächtnis und ihre Identität verlieren. Sie erschienen wie Zombies. Schließlich wurden ihnen fremde Erinnerungen und Daten implantiert, um die entstandenen „Lücken" aufzufüllen. Der gesamte Vorgang wird als „grausame", „barbarische" Tortur beschrieben, die äußerst schmerzhaft und traumatisch ist für die Seelen.[43] Wie sehr sie sich auch wehrten, sie konnten nicht fliehen. Alle Remote Viewer hatten ununterbrochen Schreie wahrgenommen, als ob jemand gefoltert würde. Die Seelen versuchten verzweifelt, sich an etwas zu erinnern, hatten jedoch keine Chance.

Elektroschocks sind fester Bestandteil des Recyclingprozesses. Die Erde kann nur dann als Gefängnis fungieren, wenn die Erinnerungen aller „Insassen" an ihre Vergangenheit und ihre grausame Behandlung ausgelöscht werden. Jede Hoffnung auf ein Entkommen, so Farsight, ist abhängig vom Verständnis dessen, dass wir als Seelen in Fallen gelockt werden und wie sie funktionieren. Die Archonten löschen die Erinnerung an unsere Identität. Wir vergessen, dass wir aus lichtvollen spirituellen Dimensionen stammen. Ohne Amnesie und im Vollbesitz unserer Schöpfermacht könnten sie uns nicht beherrschen, das ist ihre größte Angst. Es wird Zeit, dass wir zu dem erwachen, was wir wirklich sind, und das archontische Herrschaftssystem aus den Angeln heben. Wenn wir die Gefahren und Fallen kennen, die uns nach dem Tod erwarten, können wir sie vermeiden und die Matrix hinter uns lassen – daher schreibe ich dieses Buch.

Der Diplom-Psychologe Rolf Kramer hilft seinen Klienten, sich an frühere Leben und Existenzen sowie an ihr nachtodliches Erleben zu erinnern. Er berichtet in seinem Buch „Unbounded" (Vol. II) von einem elektromagnetischen Strudel, in den die Seele gerät, wenn sie dem irdischen Frequenzzaun zu nahe kommt. Seine Klienten fühlten sich, als würden sie in einem Wäschetrockner mit einer rasanten Geschwindigkeit durchgeschleudert. Während sie sich unaufhörlich um die eigene Achse drehten, wurden ihre Erinnerungen ausradiert, was ihnen Kopf- und andere Schmerzen bereitete. Die Seelen fühlten sich überwältigt, leer, ausgelaugt und erschöpft. Sie wussten, was mit ihnen geschah, es gab jedoch kein Entrinnen.

Ausgestattet mit fremden Erinnerungen und Charakterzügen wurden sie zu neuen Persönlichkeiten. Ihre frühere Identität war vollständig ausgelöscht. Kramers Klienten erklärten: „Es fühlt sich an, als würden meine Eingeweide herausgesaugt. Die schnappen sich meine Informationen, einige Daten sind gelöscht. Die nehmen mir meine Erinnerungen! Nur wenige meiner Daten blieben erhalten, so können sie mich leichter manipulieren." „Ich bekomme das alles mit, kann aber nichts dagegen tun. Mein eigenes Energiefeld ist aufgebraucht ... schützt mich nicht mehr. Mein Energiefeld löst sich auf. Ich bin ausgesaugt." „Ich bin ein modifiziertes Wesen mit anderen Merkmalen. Das ist eine Art von Gehirnwäsche ... In diesem Energiestrudel wurde ich manipuliert, sodass ich nur einen verzerrten Bericht geben kann." „Etwas Kraftvolles, Überwältigendes greift nach mir. Mein Energiefeld kollabiert ... Mir ist schlecht."

„Ich löse mich auf. Meine gesamte Energie ist mir entzogen worden. Ich wurde ausgestattet mit neuer mentaler Energie und neuen Informationen. Ich habe eine andere Datenbank."[44] Nach dieser Prozedur wurden die Seelen inkarniert. Gefragt wurden sie nicht.

Wir alle verfügen über ein Energiefeld, das unsere individuellen Erfahrungen speichert. Da es elektromagnetischer Natur ist, ist es möglich, Erinnerungen mit massiven Elektroschocks radikal zu eliminieren. Mit einer ähnlichen Prozedur löschen Geheimdienste brisantes Geheimwissen ihrer Agenten, das nicht an die Öffentlichkeit gelangen darf. Unser Erinnerungsverlust dient keineswegs spirituellen Zwecken, sondern der Vertuschung der Verbrechen an der Menschheit und der brutalen Recycling-Prozedur. Er ist der stärkste Indikator dafür, dass die Matrix, in der wir leben, eine Falle ist, die wir aufgrund unserer Amnesie nicht verlassen können. Amnesie ist der Schlüssel zur Versklavung der Menschheit!

Loosh-Ernte – das Absaugen der Seelenenergien

Das Auslöschen der Erinnerungen mit Elektroschocks ist nur ein Teil des grausamen Recyclings. Die parasitären Kreaturen „ernten" die im Astralkörper der Seelen gespeicherten emotionalen Energien. Dazu brechen sie deren feinstoffliche Körper auf und saugen ihr Licht ab, was äußerst schmerzhaft ist. Dämonen und Fake-Lichtwesen teilen sich die Energien der Seelen „brüderlich". Während sie sich von einem Teil ernähren, werden die restlichen Energien als „Treibstoff" verwendet, z. B. für das Betreiben des Lichttunnels. Eine Klientin erlebte in der Rückführung, wie ein großes dämonisches Wesen über sie herfiel. Es schob einen langen Stachel in ihren Körper, um sie leerzusaugen. Nach einer gewissen Ruhezeit, in der sich die Seele regenerieren konnte, wurde sie erneut ausgesaugt. Dieses Geschehen wiederholte sich etliche Male. Die Seele blieb am Ende voller Panik, völlig erschöpft und traumatisiert zurück. Sie wurde in lichtvollere Sphären geführt, nur um sich kurz darauf im Leib ihrer heutigen Mutter wiederzufinden. Die schmerzhaften Elektroschocks sind ein Martyrium für die Seele. Das Aufbrechen der Energiekörper und das Aufsaugen der Energien durch beängstigende Kreaturen, die sich in einem Fressrausch befinden, nicht minder. Ein noch größerer Schock erfasst die Seelen, wenn sie realisieren, dass auch angebliche Lichtwesen, die sie zu Lebzeiten angebetet haben, gnadenlos über sie herfallen. Sie konsumieren die höheren emotionalen Energien. Eine Klientin erlebte in einer Todesszene in einem Vorleben, wie sich ein Dämon in ihre tödliche Wunde hineinbohrte, um sich ihre Todesenergien einzuverleiben. Er leckte sie gierig auf. Die Erinnerungen an solche Torturen müssen gelöscht werden. Wir dürfen die Kreaturen nicht als das erkennen, was sie in Wahrheit sind: pervertierte Parasiten, die unsere Seelenenergie fressen.

Fragmentierung der Seelen

Um die Amnesie einer Seele zu vertiefen, wird sie fragmentiert. Sie wird in mehrere Anteile aufgespalten und mit fremden Seelenanteilen gemischt. Auch wenn der Hauptteil der Seele erhalten bleibt, schätzungsweise 60 % bis 70 %, wird ihre Persönlichkeitsstruktur durch das Prozedere grundlegend verändert. Die fremden Seelensplitter tragen rudimentäre Erinnerungen einer anderen Seele. Auch die Fragmentierung ist traumatisch. Die Seelen werden für gewöhnlich in dieselbe Blutlinie recycelt, aus der sie ursprünglich stammen. D. h. weibliche Seelen werden in ihre mütterliche und männliche in die väterliche Blutlinie reinkarniert.[45] Dies hat zur Folge, dass die verstorbenen Urgroßeltern als ihre Urenkel das Licht der Welt erblicken. Wir können demnach unsere eigenen Vorfahren gewesen sein. Wir tragen Ahnenerinnerungen und Fremderinnerungen anderer Seelen in unserer DNA. Bei einer Rückführung muss diese Tatsache beachtet werden. Es gibt verschiedene Methoden, die eine Unterscheidung der jeweiligen Erinnerungen ermöglichen. Sollten in einer Familie keine weiteren Nachkommen gezeugt werden, so wird die Seele in eine verfügbare, beliebige Blutlinie „geschossen". Die Seelensplitter einer Seele können auf mehrere Körper verteilt werden, sodass unterschiedliche Personen Anteile derselben Seele tragen.

Aufbewahrung der Seelen

Rückführungen zeigen, dass Seelen in ihre Bestandteile zerlegt werden. Diese werden bis zur nächsten Inkarnation separat aufbewahrt. Nach ihrer „Audienz" beim Ältestenrat, d. h. nach der wie auch immer gearteten Zustimmung zur Reinkarnation, werden Seele und Seelenbewusstsein von ihren feinstofflichen Körpern und dem dazugehörigen göttlichen Funken getrennt. Die Seele hängt in einem astralen Raum, während sich ihre Körper anderswo befinden. Ihr Bewusstsein ist extrem limitiert. Ihr Denken funktioniert nur noch minimal. Ähnlich einem Tunnelblick schaut sie stets in dieselbe Richtung. Die Seele nimmt nur noch wahr, was unmittelbar vor ihr geschieht. Ohne ihre Körper vermag sie sich nicht zu bewegen. Aufgrund ihres extrem limitierten Bewusstseins ist sie unfähig, sich dieser Situation zu entziehen. Sie hängt im Raum wie ein abgehangenes Stück Fleisch beim Metzger. Sobald sich das Seelenbewusstsein mental auszudehnen versucht, werden seine Energien abgeerntet, sodass es wieder auf ein Minimalmaß schrumpft. Es gibt keinen Ausweg aus dieser misslichen Lage.

In einer Rückführung hing ich selbst als Seelenbewusstsein in der Leere und habe das Geschilderte erlebt. In dem PDF „Moksha From Earth" fand ich Schilderungen von Remote Viewern, die mein Erleben bestätigen. Sie berichten, dass Teile der Seele „abgehackt" und an einen anderen Ort verbracht werden. Die „abgehackten" Aspekte – die feinstofflichen Körper – sind nur noch leere Hüllen. Sie werden energetisch entleert, mit fremden Daten „gefüllt" und neu programmiert.[46] Während meiner Rückführung war ich nicht in der Lage, mich aus der Situation zu befreien. Ich konnte keinen klaren Gedanken fassen. Meine Freundin, die mich rückführte, musste mich wiederholt auffordern, weiterzugehen. Ich hing vollkommen hilflos im Raum.

Während das Seelenbewusstsein isoliert vor sich hinvegetiert, werden der Astral- und die anderen feinstofflichen Körper für die kommende Inkarnation präpariert – mit dunklen Energien und fremden oder falschen Daten. Der göttliche Funke befindet sich derweil eingesperrt in einer „betonartigen" Kiste, aus der er nicht entfliehen kann. Sollte es ihm gelingen, durch sein Gefängnis hindurch zu strahlen, wird er unverzüglich zurückgedrängt. Sobald der Funke freigelassen wird, findet er seine Seele und heftet sich ihr an. Ist der Inkarnationszeitpunkt gekommen, werden Seele, Seelenbewusstsein und Funke in die Astralkörper hineingezwungen. Die Seele ist sich ihrer Umstände bewusst, kann sich wieder bewegen und klar denken. Sie wird nun über einen abwärtsführenden Strudel direkt in den Mutterleib geschossen.

Der Remote Viewer Brett Stuart[47] hatte vor einigen Jahren etliche der beschriebenen Informationen in einem Video mit dem Titel „Moksha" veröffentlicht. Nach hunderten E-Mails fassungsloser Zuseher löschte er es. Es ist unter www.archive.org[48] immer noch zu finden. Es sei zu traumatisch für die Menschen, etwas über den Recyclingprozess zu erfahren, so Stuart. Die Informationen sind in der Tat erschütternd. Es ist jedoch fundamental wichtig für uns alle zu wissen, was auf der Lichtebene tatsächlich geschieht. Ohne dieses Wissen gehen wir immer wieder in die Falle. Wenn wir stattdessen über die Löcher im Frequenzzaun ins freie Universum schlüpfen, können wir zurückkehren in unsere Heimat, in die wahren göttlichen Dimensionen.

Wenn wir wüssten, wer und was wir in Wahrheit sind, woher wir kamen und über welche unglaublichen Schöpferkräfte wir verfügen, wäre unser Martyrium unverzüglich beendet. Würden wir uns an all die Abscheulichkeiten erinnern, an all das Unmenschliche, das wir in endlosen Inkarnationen und Zwischenleben erdulden mussten, würden sich die meisten von uns gegen eine weitere Inkarnation entscheiden.

Die Menschheitsfamilie wird seit Jahrtausenden in einem gigantischen Ausmaß betrogen. Die Täuschung ist monströs, tiefgreifend, allumfassend und perfekt inszeniert. Es ist schwerlich möglich, all ihre Schichten in kurzer Zeit vollständig zu erfassen. Die Menschen, die beginnen zu verstehen, sind geschockt. Ihr gesamtes Weltbild ist erschüttert. Alles, woran sie geglaubt haben, was ihnen Halt gegeben hat, stellt sich als Lüge heraus und bricht weg. Was bleibt, sind Ungläubigkeit, Ohnmacht und Angst. Viele benötigen Monate, um das neue Wissen zu verdauen und in ihr Leben zu integrieren. Die Verbrechen an der Menschheit übersteigen jedes „normale" menschliche Vorstellungsvermögen. Den Massen ist es lieber, brutale Tatsachen als wirre Verschwörungstheorien abzutun. Das bewahrt den Seelenfrieden. Wenn wir jedoch verstehen, was tatsächlich geschieht, folgt auf die anfängliche Erschütterung eine enorme Erleichterung. Wir wissen nun, was auf dieser Welt nicht stimmt und können entsprechend agieren. Wir sind in der Lage, unseren Albtraum zu beenden – wir sind endlich frei.

Gefangene Seelen in astralen Städten – ein Astralreisender berichtet

Wir haben bislang vieles über Nahtoderfahrungen, Loosh und das Recycling der Seelen erfahren. Wenden wir uns nun den Erfahrungen eines Astralreisenden zu, der in seinen Videos[49] von seinen Erlebnissen berichtet. Auf seinen Reisen sucht er Seelen auf, die astrale Städte bewohnen. Seine Mission besteht darin, ihnen zu helfen, sich aus dem Teufelskreis der Reinkarnationen zu befreien. Seine Erlebnisse und Erkenntnisse wurden von zahlreichen Astralreisenden und Remote Viewern bestätigt. Und sie stimmen mit dem überein, was bereits beschrieben wurde. Folgendes hat er zu berichten:

In den niederen Astralebenen tummeln sich Dämonen und kriminelle Seelen wie Mörder, Kinderschänder und andere Verbrecher, während Nahtodreisende auf die wunderschönen, höheren Ebenen gelangen. Auf der mittleren Astralebene befinden sich große Städte, die denen auf der Erde ähneln. Dort werden Seelen eingesperrt. Sie können sich nach ihrem anstrengenden Erdenleben nicht etwa erholen, sondern müssen sich ihren „Lebensunterhalt" bis zur nächsten Inkarnation mit harter Arbeit verdienen. Alle Seelen werden registriert und darüber unterrichtet, was in den Städten erlaubt ist und was nicht.

Das nachtodliche Leben gleicht dem Geschehen auf der Erde. Es gibt Wohnhäuser, Geschäfte, Spielhallen, Lagerhäuser, Bars, Restaurants sowie zahlreiche andere Etablissements. Da die Seelen für Unterbringung, materielle Güter und Nahrungsmittel zahlen müssen, sind sie gezwungen, diverse Jobs zu verrichten. Neue Verstorbene werden in Lagern untergebracht, bis sie sich eine eigene Wohnung leisten können. Es wäre ein Leichtes für die Seelen, alles Notwendige mit Gedankenkraft zu manifestieren, es ist ihnen jedoch strengstens verboten. Telekinese und Umherfliegen werden brutal geahndet. Wären sich die Seelen ihrer Fähigkeiten bewusst, würden sie gegen die allumfassende Kontrolle rebellieren. Im freien Universum muss niemand arbeiten. Jeder manifestiert, was er braucht und wünscht. In den astralen Städten werden die Seelen mit Arbeit und anderen Aktivitäten beschäftigt und abgelenkt, damit sie nicht auf den Gedanken kommen, das satanische Herrschaftssystem zu hinterfragen. (Anmerkung der Autorin: Auf der Erde ist es nicht anders.)

In den düsteren Städten herrscht Kriegsrecht. Überall gibt es Streit, Gewalt und Sex in der Öffentlichkeit. Von schönen Orten, Gott und den Engeln keine Spur. Die Astralebene ist nicht der versprochene Himmel, sondern eine „grausame psychotische Hölle", so heißt es im Video. Das gesamte Universum, die physische Dimension und der nachtodliche Bereich sind eine virtuelle Realität und dienen der Loosh-Produktion. Auch in den astralen Städten nähren sich die Archonten vom Leid der Seelen. Sowohl üble Verbrecher als auch gute Menschen werden dort gefangen gehalten und nach ca. 30 Erdenjahren zwangsinkarniert.

Alle Seelen nehmen an obligatorischen Beratungen teil. Dort wird ihnen eingebläut, sie hätten zu Lebzeiten Fehler begangen und wären noch nicht würdig, in den „Himmel" zu kommen. Zur Begleichung ihrer karmischen Schulden müssen sie erneut inkarnieren. Das jeweilige Karma ist ein Fake. Die irrsinnigen Karmaverträge dienen einzig dazu, aus den Seelen perfekte Sklaven zu machen. Alle Seelenverträge sind ungültig, da sie auf Lug und Trug basieren. Der Astralreisende bringt den Seelen bei, sie zu annullieren. Viele der „Berater" sind über die archontische Agenda im Bilde und verhalten sich brutal. Sie dienen dem selbst ernannten „Gott", dem Demiurg, um innerhalb der satanischen Hierarchie aufzusteigen. Andere „Berater" kennen die Wahrheit nicht. Sie stehen unter massiver Gedankenkontrolle. Sie glauben, die Erde wäre eine Schule und sie würden den Seelen helfen aufzusteigen. Der Aufstieg ist ein Fake-Konzept, das der Versklavung und Kontrolle der Menschheit dient, so der Astralreisende weiter. Ob gewollt oder nicht, die gehirngewaschenen „Berater" tragen maßgeblich zur Reinkarnation in die Versklavung bei. Sie fügen der gesamten Menschheit enormen Schaden zu. Die Unfähigkeit der Menschen,

Autoritäten zu hinterfragen, und sich stattdessen zu unterwerfen, spielt den „Beratern" in die Hände.

Aufgrund des herrschenden Kriegsrechts werden die Städte strengstens überwacht. Scharen dunkler Seelen und Dämonen patrouillieren als Gesetzeshüter. Sie wirken brutal auf jeden ein, der nicht spurt oder es wagt, das System zu kritisieren. Der Astralreisende selbst wurde mehrfach mit Frequenzwaffen attackiert, als die Patrouillen bemerkten, dass er keine verstorbene Seele war. Da der Astralkörper massive Verletzungen erleiden kann, trug er starke Schmerzen davon. Die Dämonen traktieren Astralreisende mit einer Art elektronischem Netz. Mit diesem können sie die Silberschnur durchtrennen, die den Astralkörper mit dem menschlichen Körper verbindet. Geschieht dies, sieht es so aus, als wäre der Mensch auf natürliche Weise im Schlaf verstorben.

Zu Beginn seiner Expeditionen sprach der Astralreisende jede Seele auf Jesus an. Alle berichteten ihm erschüttert, es habe ihn nie gegeben. Er sei ein fiktionaler Charakter. Diese bittere Erkenntnis habe die gläubigen Seelen emotional gebrochen. Das nachtodliche Leben steht vollends unter satanischer Kontrolle. Alle Seelen werden gezwungen, erneut in die Sklaverei zu inkarnieren. Mit Elektroden auf ihren Köpfen werden sie auf Baren festgeschnallt. Massive Stromstöße verfälschen und löschen ihre Erinnerungen, bevor sie reinkarnieren. Seelen, die sich wehren, werden so lange mit Elektroschocks traktiert, bis ihr Wille gebrochen ist. Eine äußerst sadistische Tortur.

In den astralen Städten haben die Seelen weniger Freiheiten als die Menschen auf der Erde. Alle Bereiche stehen unter dämonischer Kontrolle. Gegessen wird aus Vergnügen, nicht aus Notwendigkeit. Alkohol ist überall verfügbar. Süchtige Seelen gibt es viele. Sexualität wird massiv befürwortet, um die Versklavten bei Laune zu halten. Sex ist leicht zu haben, aber auch gefährlich, da sich viele Dämonen als weibliche Seelen tarnen. Tritt ihre wahre Form während des sexuellen Geplänkels zutage, ist der Horror groß. Unzählige weibliche Seelen werden gezwungen, sich als Stripperinnen oder Prostituierte zu verdingen.

Der Widerstand im Astralbereich ist gering. Religiöse und New-Age-Programmierungen, denen die Seelen zu Lebzeiten ausgesetzt waren, zeigen durchschlagende Wirkung. New Age ist Mind-Control der übelsten Sorte, erklärt der Astralreisende. Viele wunderbare Menschen, die nur Gutes im Sinne haben, werden benutzt und manipuliert, um ihnen das Fake-Licht nahezubringen. Sämtliche Religionen drängen uns in die Unterwürfigkeit. Sie konditionieren uns darauf, Einschränkungen zu akzeptieren. Gerade gutgläubige, liebevolle Personen sind leichte Opfer. Sie werden von den Archonten als „Trottel" bezeichnet, da sie leicht zu täuschen sind. Sie nehmen sadistische Verträge willig hin, da sie glauben, auf diese Weise spirituell zu wachsen. Seelenverträge bringen den perfekten Sklaven mit hohem Loosh-Output hervor. Viele Seelen attackieren und bekämpfen jene, die versuchen, ihnen zu helfen und sie zu befreien. Sie wurden zu Lebzeiten derart tiefgreifend programmiert, dass sie nach ihrem Ableben damit fortfahren, ihre psychopathischen Sklavenhalter zu verehren.

Archonten, die sich als Aufgestiegene Meister, Geistführer oder Engel ausgeben, sind üble Satanisten, so erklärt der Astralreisende. Sie bläuen den Seelen ein, niemals irgendetwas zu hinterfragen. Tun sie es dennoch, werden sie von Patrouillen aufgegriffen, ins Gefängnis gesperrt und gefoltert. Die Gesetzeshüter sind hochgradig programmiert und gehirngewaschen. Sie glauben, den großen göttlichen Plan zu unterstützen, wenn sie sich als Security für Aufgestiegene Meister betätigen. Es sei unglaublich traurig, so der Astralreisende, guten Seelen zu begegnen, die nach ihrem Tod unwissentlich der üblen Archonten-Agenda dienen. Die Menschen warten auf einen Erlöser, der niemals erscheinen wird. Erlösen müssen wir uns selbst.

Der Astralreisende betont, wie wichtig es für die Seelen ist, sämtliche Verträge zu annullieren und sich zu freien, souveränen Wesen zu erklären. Dennoch werden die Archonten versuchen, sie gewaltsam ins Licht zu zerren. Kommt eine Seele dem Licht zu nahe, wird sie magnetisch hineingezogen. Der Astralreisende rät dringend vom Lichttunnel ab. Die Seelen sollten durch eine Lücke im Frequenzzaun fliehen oder zunächst erdgebunden bleiben, um sich den Dämonen zu entziehen. Als synthetische Kreationen sind die Archonten unfähig, außerhalb der Matrix zu existieren. Daher separieren und isolieren sie die Erde vom freien Universum.

Alle Lichtarbeiter oder spirituellen „Lehrer", die behaupten, die Lichtkräfte hätten die Dämonen aus den Astralebenen vertrieben, hätten keine Ahnung, wovon sie reden, so der Astralreisende weiter. Alle erwachten Seelen werden nach ihrem Tod attackiert. Aufgrund der Akasha-Aufzeichnungen wissen die Archonten sehr genau, wer ihr krankes System durchschaut hat. Daher macht es keinen Sinn, in der Matrix zu bleiben. Wer bleibt, wird elektrogeschockt. Wenn die Ur-Quellen-Energie ungehindert in die Erdenmatrix fließen könnte, wäre die räuberische, parasitäre Herrschaft zu Ende, so heißt es im Video. Wenn wir wieder mit der Quelle verbunden wären, würden wir unsere Umgebung mit Gedankenkraft erschaffen und vom Sklaven zu „Übermenschen" werden. Das ist die größte Angst des satanischen Demiurgs. Es ist höchste Zeit, dass die Menschheit erwacht und den Archonten jegliche Macht entzieht. Im Video wird noch einiges mehr erklärt, es ist sehenswert.

Kapitel 4: Wie die Menschheit in der Matrix gefangen gehalten wird

Der Frequenzzaun und das destruktive Energiefeld, das die Erde umgibt

Der Diplom-Psychologe Rolf U. Kramer hilft Klienten, sich mit seiner Methode „Mindwalking" an frühere Existenzen zu erinnern. In seinem Buch „Unbounded" Vol. II beschreibt er, wie etliche von ihnen als Sternenwesen zur Erde gelangten. Ab einer Entfernung von 25 bis 30 km oberhalb des Planeten gerieten sie in eine energetische Zone. Sie umschließt die Erde und ist dichter als der Rest des Universums. Unbefangen und naiv erkannten sie die drohenden Gefahren nicht. Sie wurden durch das Frequenzgitter gesogen, ohne sich dagegen wehren zu können. Das Gitter ist mit zerstörerischen Technologien ausgestattet und nicht zu verwechseln mit den natürlichen Ley-Linien der Erde. Es verhindert die Flucht der Erdenbewohner und fängt Seelen ein, die sich unserem Planeten von außen nähern. Das Energiefeld, das die Klienten passierten, war anfänglich noch ätherisch. Je näher sie der Erde kamen, desto zäher und schwerer wurden die Energien. Aufgrund der niedrigen Schwingungen büßten die Seelen ihre multidimensionalen Fähigkeiten ein. Ihr spirituelles Wissen über die wahren Lichtwelten schwand. Sie trafen auf groteske Gedankenformen und dunkle Impressionen. Diese Energien hefteten sich ihren spirituellen Körpern an, ohne dass sie es verhindern konnten. Das Geschehen war derart überwältigend und verwirrend, dass die Seelen ihre Mission und ihre Herkunft vergaßen.

Trotz ihrer mentalen Fähigkeiten war es ihnen unmöglich, sich zu befreien. Ihre Schwingung sank. Sie verloren die Kontrolle über ihre Körper. Ihr Licht wurde ihnen entzogen und vollständig absorbiert. Kurze Zeit später fanden sie sich im Körper ihrer schwangeren Mutter wieder, ohne sich bewusst für die Inkarnation entschieden zu haben. Hunderte von Kramers Klienten machten diese „Standarderfahrung". Er bezeichnet das destruktive Energiefeld, das die Erde umschließt, als „Global Violation Zone". „Globale Verletzungs- oder Vergewaltigungszone". Es verletzt die Integrität, Souveränität und den freien Willen der Seelen. Ein Entkommen ist unmöglich. Es löscht jegliche Identität und ersetzt sie mit fremden Daten. Ohne Erinnerungen an ihre frühere Existenz blieben die Seelen im Reinkarnationskreislauf gefangen.[50] Dieses Geschehen deckt sich mit den Beobachtungen zahlreicher Remote Viewer.

Mathilda O'Donnel MacAlroy führte 1947 ein Interview mit einem Alien, der Ähnliches zu berichten wusste: Ein weitläufiges Gebiet im Weltraum, einschließlich der Erde, wird durch elektronische Kraftfelder bzw. „Amnesie-Kraft-Schirme" überwacht. Diese spüren Seelen auf, um sie am Verlassen der Matrix zu hindern. Die Seelen werden mit „elektronischen Netzen" gefangen und elektrogeschockt. Dabei verlieren sie ihre Fähigkeit, als spirituelle Wesen zu wirken. Sie werden zu „geistlosen, stumpfsinnigen, roboterhaften, unbedeutenden Personen" degradiert. Mit falschen Erinnerungen „bestückt" erhalten sie den hypnotischen Befehl, zur Lichtebene zurückzukehren und alles zu vergessen. Amnesie- und Gedankenkontrolltechnologien verwandeln die Erde in ein permanentes Gefängnis – seit sehr langer Zeit. Kriminelle, Gewalttäter, Perverse und Kinderschänder anderer Planeten werden hier abgesetzt und durch die Amnesie unschädlich gemacht, so der Außerirdische.[51] Tatsache ist, dass unsere Erinnerungen nicht dauerhaft eliminiert, jedoch massiv unterdrückt werden können. Rückführungen helfen den Klienten, sich daran zu erinnern, auf welche Weise sie zur Erde kamen und was im Zwischenleben mit ihnen geschah.

Andere Planeten werden ebenfalls durch energetische Zonen abgeschirmt. Auch sie verfügen über ein Frequenzgitter, das durch das Kollektivbewusstsein der Bewohner gebildet und aufrechterhalten wird. Es entspricht dem jeweiligen Bewusstseinsgrad der Seelen und ihrer Schwingungsfrequenz. Der Frequenzzaun der Erde wurde mit destruktiven Technologien versehen, um die Menschheit zu isolieren. Lediglich 4 % des sichtbaren elektromagnetischen Spektrums gelangen durch die Lücken im Zaun zur Erde. Unsere visuelle Wahrnehmung ist auf diesen winzigen Bereich beschränkt. Das sichtbare Licht ist Teil des Amnesie-Systems. Durch den Zaun und die Energiezone ist unser Planet von außen nur schwer zu finden. Die Menschheit steht seit Jahrtausenden unter einer erzwungenen Quarantäne.

Menschen mit Hellfähigkeiten können den Frequenzzaun wahrnehmen. Der Astralreisende Robert Monroe stieß bei einer seiner Reisen auf eine energetische Barriere, die ihn daran hinderte, die Erde zu verlassen. Auch er nahm Gedankenformen wahr, hielt sie allerdings für seine eigenen Projektionen.[52] Angeliki Anagnostou-Kalogera spricht ebenfalls von bizarren Gedankengebilden. Negative Gedankenkreationen finden sich in den niederen Astralebenen, positive in den höheren.[53] Sie werden von unserem Kollektivbewusstsein, aber auch vom kollektiven Unbewussten erzeugt. Da sich Gedanken, Gefühle und Bilder im Astralbereich manifestieren, trifft man dort auf halb fertige Häuser, Autos usw. Es sind Wünsche, die Menschen angedacht und wieder aufgegeben haben. Je häufiger und intensiver eine geistige Vorstellung genährt wird, desto stärker verdichtet sie sich. Irgendwann wird ihr mentales Abbild auf den Astralebenen für andere wahrnehmbar. Viele Astralreisende wissen nicht, woher die Gebilde stammen und reagieren mit Angst.[54] Kramer spricht von Milliarden ungelöster Traumata und Leiden der Menschheit, die als aktivierte Mentalfelder im Astralbereich umhertreiben. Dazu gehören Erinnerungen an die

Weltkriege, Terrorismus, Massenmorde, Genozide, Katastrophen u. v. m. Sie bleiben als globale Informationsfelder erhalten. Spirituelle Wesen, so Kramer, laden sich diese Energien als „mentale Dateien" ungewollt herunter und vergessen ihre Vergangenheit.[55] Eine Seele, die die Matrix verlassen will, sollte sich nicht mit diesen Impressionen identifizieren, sondern eine klare Orientierung und Ruhe bewahren. Wir tun gut daran, auf astrale Phänomene vorbereitet zu sein.

Die Tatsache, dass die „globale Verletzungszone", die die Erde umgibt, die Identität aller Lebensformen ausmerzt, ist schockierend. Lediglich Kreaturen, die mit den Archonten paktieren, können sie unbeschadet durchqueren. Seelen, die der Menschheit helfen wollen, scheitern und werden recycelt. Lichtwesen des wahren Schöpfers dringen nicht zu uns durch. Innerhalb der Matrix treffen wir ausnahmslos auf Entitäten, die mit den Besetzern der Erde kollaborieren. Sämtliche Lichtkreaturen dienen dem Demiurg. Ja, sie helfen unzähligen Menschen und können sogar heilen. Aber das ist ihr Job innerhalb der Dualität. Es ist ihre Pflicht und sie sind darauf programmiert, „Gutes" zu bewirken. Sie müssen uns die heile Lichtwelt vorgaukeln. Auf diesem Weg ködern sie die spirituelle Bevölkerung, führen sie in die Irre und halten sie bei der Stange nach dem Motto: „Alles ist Liebe und Licht."

Ausstieg aus der Matrix über die Löcher des Frequenzzauns

Wes Penre wies als einer der Ersten auf die Löcher im Frequenzzaun hin.[56] Je mehr Menschen spirituell erwachen und je höher wir schwingen, desto instabiler wird der Zaun und desto größer werden seine Lücken. Daher sind die Eliten bemüht, unser Bewusstsein durch Medikamente, DNA-verändernde Vakzine, Pestizide, Gifte und Chemikalien in Wasser und Nahrungsmitteln, Chemtrails etc. in möglichst niedrigen Schwingungsbereichen zu halten. Der Lichttunnel ist darauf programmiert, Seelen einzusammeln und zu hypnotisieren, bevor sie die Löcher und somit den Weg in die Freiheit entdecken. Das Erscheinen vermeintlich geliebter Verstorbener oder religiöser Figuren fungiert als Ablenkung und macht die Lichttunnel-Falle perfekt. In meinen Clearings führe ich erdgebundene Seelen durch die Lücken des Zauns ins freie Universum. Sie finden die Löcher binnen Sekunden und schlüpfen mühelos hindurch. Außerhalb der Matrix nehmen sie die Weite des Universums wahr. Sie fühlen sich befreit, beschwingt und leicht.

Die Astralreisenden Jonathan Dilas und Shiva Suraya berichten in ihren Videos[57], es sei nur möglich, die Erde im Mentalkörper zu verlassen, nicht aber im Astralkörper. Shiva prallte gegen das Frequenzgitter und wurde unverzüglich in ihren irdischen Körper zurückgeschleudert. Der elektromagnetische Zaun und der ebenso aufgeladene Astralkörper stoßen einander ab. Allerdings sah Shiva jemanden, der problemlos durch die Löcher ging. Andere Astralreisende beobachteten diese Vorgänge ebenfalls.

Manche Löcher werden von Wächtern bewacht – eine eindeutige Bestätigung, dass sie aus der Matrix herausführen. Lediglich die Kollision mit dem Zaun muss vermieden werden. Es ist den Wächtern nicht möglich, alle Lücken zu observieren. Mittlerweile sind es zu viele. Sie können eine Seele letztlich nicht vom Ausstieg abhalten, ihr allerdings Angst einjagen: „Es ist sehr gefährlich dort draußen. Du wirst geliebte Seelen niemals wiedersehen. Wenn du jetzt gehst, darfst du nie wieder zur Erde zurückkehren" usw. Auch denkbar ist, dass die Löcher mit Frequenzen ausgestattet sind, die starke Ängste bei den Seelen hervorrufen, um sie vom Ausstieg abzuhalten. Das berichten Shiva und Jonathan in einem ihrer Videos. Allerdings zeigte bislang keine der zahllosen Seelen, die ich im Clearing durch die Löcher geführt habe, irgendwelche Ängste. Es gilt, jede Ablenkung zu ignorieren und zügig durch die Lücken zu gehen. Jede Seele hat die Wahl: Recycling oder Freiheit.

Die „Zaunwächter" können die Gestalt Verstorbener annehmen, die die Seele liebt und denen sie vertraut. Sie weinen, lamentieren, jammern und flehen die Seele an, sie nicht allein zurückzulassen. Die Wächter zeigen sich als kleine Kinder, die herzzerreißend schluchzen und um Hilfe betteln. Die Kreaturen erpressen die Seele emotional, um sie in der Matrix zu halten, und ziehen dabei alle Register. Da sie Zugang zu den Akasha-Aufzeichnungen haben, kennen sie ihre wunden Punkte. Getarnt als Lichtwesen, Geistführer, Jesus und Co. machen sie die Seele glauben, sie müsse zurückkehren, weil es Gottes Wille sei. Die Archonten werden Druck, Scham- und Schuldgefühle aufbauen, um unser Entkommen zu verhindern. Wenn wir uns ihnen verweigern, müssen sie von uns ablassen. Ich halte es dennoch für möglich, dass sie zudringlich werden. Es gilt, keine Angst zu haben, jedoch auf alles gefasst zu sein. Bestenfalls lässt man die Kreaturen links liegen und konzentriert sich auf einen zügigen Ausstieg, dazu später mehr.

Die Löcher im Frequenzzaun erscheinen düster, sind aber dennoch gut zu sehen. Da in der Matrix alles invertiert ist und wir die Dunkelheit und das Unbekannte fürchten, macht es Sinn, dass der Weg in die Freiheit im Dunklen liegt. Die Wahrscheinlichkeit, dass sich unaufgeklärte Seelen gegen das Licht entscheiden, ist gering. Der Magnetismus und die hypnotisierenden Schwingungen des Tunnels sind zu verführerisch. Befindet sich eine Seele erst einmal im freien Universum, kehren ihre Multidimensionalität, alle ihre Erinnerungen und ihre Schöpferkraft zurück. Sie wird wieder wissen, wer und was sie ist. Zahlreiche spirituelle Autoren empfehlen eine Erhöhung der Eigenschwingung, um der Matrix zu entfliehen. Von einem Ausweg mit konkreten Instruktionen ist gleichwohl nie die Rede. Auf Wes Penres Webseiten finden Sie eine ausführliche und leicht verständliche Ausstiegsanleitung in unterschiedlichen Sprachen.[58] Wir kommen später noch einmal darauf zurück.

Halten sich Lichtwesen des wahren Schöpfers innerhalb der Matrix auf?

Ich habe es bereits angesprochen, möchte aber noch einmal explizit darauf hinweisen, da es äußerst wichtig ist: Alle angeblichen Lichtwesen, die einzeln als Channels auftreten oder als Channelkollektiv, sind Archonten oder paktieren mit ihnen. Gleiches gilt für Entitäten der Akasha-Chronik, für schamanische Krafttiere und Seelenführer in Meditationen. Archonten können jegliche Gestalt annehmen und unsere Wahrnehmung torpedieren. Sie tarnen sich als Geistführer, Engeltrupps, Außerirdische und Naturgeister. Auch das vermeintliche Höhere Selbst kann sich als Dämon entpuppen. Rückführungen ergaben, dass auffallend schöne Lichtwesen mit einer ungewöhnlich anziehenden Ausstrahlung besonders gefährlich sind. Mit einer perfiden nonverbalen Hypnose induzieren sie Gefühle der Liebe im Betrachter, um ihn gefügig zu machen. Ihr Licht ist die hinterhältige luziferische Energie. Wer ihnen begegnet, ist fasziniert und fühlt sich magisch angezogen. Betroffene kommen gar nicht erst auf den Gedanken, dass mit diesen Wesen etwas nicht stimmen könnte. Ihre Präsenz ist überwältigend. In ihrer Gegenwart ist der Betrachter außerstande, klar zu denken – und das ist gewollt.

Viele spirituell orientierte Behandler, Energetiker, Heiler etc. arbeiten mit Engelteams, Geistführern, Aufgestiegenen Meistern u. Ä. Diese Wesen präsentieren sich äußerst überzeugend als liebevoll, gutwillig, hilfsbereit und vermeintlich empathisch. Sie können mit Frequenzen heilen. Sie stehen Hilfesuchenden anfänglich mit Rat und Tat zur Seite. Dennoch sind es böswillige dämonische Kreaturen, die das Gestaltwandeln meisterlich beherrschen. Sie sind darauf aus, das Vertrauen der Ratsuchenden zu erschleichen. Sie warten nur darauf, sie zum richtigen Zeitpunkt spirituell in die Irre zu führen, energetisch zu attackieren oder auch zu besetzen. Ihre Botschaften wiederholen sich und sind typisches New-Age-Narrativ. Wer diese Entitäten um Unterstützung bittet, geht unbewusst ein Bündnis mit ihnen ein und zahlt mit seiner Seelenenergie – oder fängt sich Besetzungen ein.

Selbst wenn Ihnen, liebe Leser, angebliche Engelwesen oder Geistführer einmal sehr geholfen haben und Sie ihnen dankbar sind, Sie haben es mit dämonischen Kreaturen zu tun, deren Ziel es ist, Sie zu täuschen. Eine einzelne Entität ist in der Lage, die Illusion zu erzeugen, Sie ständen mit einem ganzen Trupp von Lichtwesen in Kontakt, die Ihnen unterstützend zur Seite stehen. Sobald Sie mit ihnen kommunizieren, erlauben Sie ihnen, Einfluss auf Ihr Leben zu nehmen. Es ist unwahrscheinlich, dass Scharen von Medien die Engel des wahren göttlichen Schöpfers channeln. Die Archonten würden sich dazwischen drängen, um die Verbindung zu stören. Die meisten Medien schwingen nicht hoch genug, um mit wahren göttlichen Lichtwesen zu räsonieren. Unmöglich ist es jedoch nicht. Durch die Löcher im Frequenzzaun gelangen göttliche Energien zu den Menschen. Auf diesem Weg könnten entsprechende Kontakte entstehen. Dass sich wahre Lichtwesen innerhalb der Matrix aufhalten, ist jedoch mehr als unwahrscheinlich. Sie würden die „globale Verletzungszone" nicht unbeschadet passieren können. Sie würden von archontischen Patrouillen gejagt, gefangen genommen und elektrogeschockt. Die Matrix ist das streng überwachte „Hoheitsgebiet" der Archonten. Das Erdenterrain ist selbst für mächtige Lichtwesen sehr gefährlich. Wäre dem nicht so, hätten sie uns längst befreit.

Das ist meine persönliche Meinung. Daher arbeite ich in meinen Clearings direkt mit der Ur-Quelle, nicht aber mit irgendwelchen dubiosen Entitäten. Manch einer geht davon aus, dass es innerhalb der Matrix sehr wohl wahre Lichtwesen gibt. Sollte dem so sein, konnten sie der Menschheit bislang jedoch offensichtlich nicht helfen.

Kriterien, die mit Licht getarnte Dämonen entlarven

Für all jene, die glauben, im Kontakt mit Engeln oder Lichtwesen des wahren Schöpfers zu stehen, nachfolgend einige Möglichkeiten zur Überprüfung der Entitäten. Das markanteste und wichtigste Merkmal sind die Augen. Sie entlarven den Dämon immer. Maskierte Dunkelwesen können strahlende, helle Augenfarben nur für kurze Zeit, für 30 bis 90 Sekunden simulieren. Schaut man länger hinein, werden sie kohlschwarz, glühend rot, gelb oder weiß. Häufig sind keine Augen vorhanden. Viele Dämonen zeigen sich in Mönchskutten, deren Kapuzen sie tief ins Gesicht ziehen, um ihre verräterischen Augen oder deren Nichtvorhandensein zu verbergen. Viele drehen sich weg oder bleiben auf Abstand, damit man ihre Gesichtszüge nicht erkennen kann. Auch wenn Dämonen in Gestalt erdgebundener Seelen erscheinen, enttarnt man sie anhand ihrer Augen. Verstorbene Seelen behalten die Augenfarbe bei, die sie zu Lebzeiten hatten, sie verändert sich nicht.

Als gestaltwandelnde Kreaturen können Dämonen jegliche Form annehmen. Berührt man ihre Hände, so sind sie kalt. Bewirft man sie mit einer Handvoll imaginärem Goldstaub aus der Ur-Quelle, tritt ihre wahre dunkle Gestalt zutage. Fordert man sie unverblümt auf: „Zeig dein wahres Gesicht/deine wahre Gestalt!", so wird dies in der Mehrheit der Fälle geschehen. Man kann sie auch dreimal fragen, ob sie dem wahren Schöpfer allen Seins dienen. Oder direkt: „Dienst du dem Demiurg?" Dämonen bzw. falsche Lichtkreaturen werden unwirsch, ärgerlich, feindselig, defensiv oder antworten ausweichend, wenn man ihnen mehrfach dieselbe Frage stellt. Aus welchen Gründen auch immer, sie vermögen nur zweimal zu lügen. Meinen Klienten und mir sind auf der Lichtebene noch keine „echten" Lichtwesen begegnet. Aktuell sind mir keine Kriterien bekannt, die es erlauben, Lichtwesen des wahren Schöpfers zuverlässig zu identifizieren. Ihre Augen könnten jedoch hell sein und bleiben. Wahrscheinlich werden sie wiederholte Fragen geduldig beantworten. Sie mischen sich nicht ungefragt in unsere Belange ein, geben keine Anweisungen, entziehen uns keine Energie, infiltrieren uns nicht.

Sollte die Anwesenheit eines Lichtwesens übermäßig bzw. extrem hell oder blendend, hypnotisch, einlullend und sedierend wirken, handelt es sich um luziferische Kreaturen, Entitäten des falschen Lichts. Sie imitieren das wahre göttliche Licht, indem sie es mit einer besonders leuchtenden Erscheinung überkompensieren. Gleiches gilt, wenn Sie im Kontakt mit einem Wesen plötzlich euphorische oder Glücksgefühle erleben. Eine Entität kann unsere Wahrnehmung so beeinflussen, dass wir glauben, wir hätten es mit einem ganzen Team lichtvoller Wesen zu tun, das uns zur Seite steht. Bitte lassen Sie, liebe Leser, im Hinblick auf „Lichtwesen", mit denen Sie arbeiten, Vorsicht walten. Sie sind Großmeister der Täuschung. Unzählige spirituelle Menschen fallen auf sie rein, selbst jene, die glauben, über ein kritisches Urteilsvermögen zu verfügen. Laden Sie Entitäten niemals in Ihr Energiefeld ein. Öffnen Sie sich in keiner Weise für sie. Erlauben Sie ihnen nicht, besser noch verbieten Sie ihnen, auf Sie und Ihr Leben zuzugreifen. Es besteht die große Gefahr, dass Sie von diesen Kreaturen ständig heimgesucht, vereinnahmt, energetisch angegriffen und schließlich besetzt werden – als Clearing-Expertin weiß ich, wovon ich spreche.

Warum und wie Seelen zur Erde kommen

In New-Age-Kreisen wird vielfach behauptet, alle Menschen hätten sich freiwillig auf der Erde inkarniert. Erkenntnisse aus Rückführungen widerlegen dies. Nur ein gewisser Prozentsatz der Seelen ist aus freien Stücken hier. Andere wurden von mit Licht getarnten Wächtern des Frequenzzauns durch das In-Aussicht-Stellen faszinierender Abenteuer in die Inkarnationsfalle gelockt. Den neugierigen Seelen wurde suggeriert, die Erde sei ein wundervolles Spiel. Ein grandioser Urlaubsspaß. Ein unvergessliches Erlebnis. Ein spannendes, aufregendes Experiment. Ein noch nie da gewesenes Vergnügen usw. Nicht nur humanoide Seelen, sondern auch zahlreiche Lichtwesen und Sternensaaten von anderen Planeten sind hier auf der Erde gestrandet. Wir sind ein „illusterer Haufen", ein „buntes Potpourri".

Viele von uns wurden ausgetrickst, hypnotisiert und kurzerhand auf die Erde verfrachtet. Immer noch unter Hypnose stehend, wurden wir dazu gedrängt, Inkarnationsverträge zu unterzeichnen. Unser Aufenthalt war auf einige Wochen oder Monate, höchstens aber auf eine Inkarnation begrenzt, zumindest glaubten wir das. Unsere Amnesie hält uns jedoch seit hunderten oder gar tausenden von Jahren auf diesem Planeten gefangen. Die hypnotische Trance ist eine der hinterlistigsten Werkzeuge der Archonten. Sie macht die Seele willenlos und zur leichten Beute. Manche von uns wurden durch einen angeblichen Hilferuf der Erdenbewohner herbeigelockt. Dazu ein Beispiel:

Isabella A. Greene[59] lebte auf einem roten Planeten. Dort fühlten sich alle Bewohner freudig, leicht und frei. Es war ein unglaublicher Seinszustand, mit nichts zu vergleichen, was wir auf der Erde kennen. Eines Tages erhielten sie einen Notruf der Erdenbewohner. Sie verspürten großes Mitgefühl und beschlossen zu helfen. In ihrer Realität kannten sie keine Not. Ihre Welt war friedlich, ruhig und sorgenfrei. Isabella war sich ihrer Fähigkeiten sicher und frei von Ängsten. Es kam ihr nicht in den Sinn, dass ihr auf der Erde irgendetwas zustoßen könnte. Es wäre eine willkommene Abwechslung. Vielleicht ein lustiges Abenteuer, eine neue Erfahrung. In dem Moment, in dem sie entschied, sich freiwillig zu melden, wurde sie aus ihrer Welt abgezogen. Ihr blieb keine Zeit zwischen ihrer Entscheidung und ihrem Eintreffen auf der Erde. Sie verlor sich im Zyklus der Reinkarnationen.

Vermeintliche Notrufe der Menschen werden von den Archonten fingiert, um neue Seelen herzulocken. Seelen, die inkarnieren, um die Erde zu „reparieren" und alles zum Guten zu wenden, scheiterten bislang alle an den Matrixfallen. Es gibt nichts zu „reparieren", solange dämonische Kräfte den Planeten beherrschen. Sie erschufen die Matrix bewusst so, wie sie ist – als Gefängnis zur Versklavung und energetischen Ausbeutung der Menschheit.

Wie Rückführungen enthüllen, werden interessierte Seelen von den Archonten über mögliche Widrigkeiten auf der Erde aufgeklärt. Ihr Körper könnte „Ausfallerscheinungen" zeigen, so hieß es. Sie würden Schmerzen erleiden und könnten für einige Zeit erkranken. Es gäbe Kriege, Konflikte und Armut auf der Erde, manchmal auch Naturkatastrophen usw. Die erstaunten Seelen wissen mit diesen Aussagen nichts anzufangen. Keine von ihnen hat je zuvor Krankheit, Schmerz oder Not erlebt. Für die Seelen hört sich alles spannend an. Die meisten scheinen naturgemäß arglos und vor allem über die Maßen neugierig zu sein. Alles, was sie nicht kennen, erregt ihre Aufmerksamkeit. Ihre unbedarfte Wissbegierde wird ihnen zum Verhängnis. Sie wird als Zustimmung zu einem Erdenaufenthalt gewertet. Kaum wurden die Widrigkeiten grob skizziert, zeigten die archontischen Recruiter den interessierten Seelen einen Film über alle Schönheiten dieser Welt.

Wundervolle Landschaften mit bezaubernder Flora und Fauna. Blühende Dörfer, pulsierende Städte. Feiernde, glückliche Menschen – kurz, all die Freuden und Annehmlichkeiten, die unser Planet zu bieten hat.

„Und ja", hieß es dann weiter, „ein Leben kann auch mal schwierig werden. Du wirst zunächst deine Erinnerungen an deine jetzige Existenz und deine multidimensionalen Fähigkeiten verlieren, damit du dich besser auf das ‚Spiel' einlassen kannst. Möchtest du auf der Erde inkarnieren?" In freudiger Erwartung stimmen die Seelen zu und gehen in die Falle. Sie ahnen nicht, was es bedeutet, ihr Gedächtnis, ihr spirituelles Wissen und sämtliche schöpferischen Fähigkeiten zu verlieren. Sie wissen nicht, wie es ist, in einem dichten Körper eingesperrt zu sein. Sie kennen die Bedeutung des Begriffs „Leiden" nicht. Sie haben nicht die leiseste Ahnung, wie es ist, einen Krieg zu erleben, lebensgefährlich zu erkranken oder geliebte Menschen sterben zu sehen. Sie haben keine Vorstellung davon, wie sehr sie sich in den Matrixillusionen verlieren werden und welche Torturen auf sie warten. Sie werden mutwillig getäuscht. Aufgrund ihrer Amnesie haben sie nicht die geringste Chance, die Erde wieder zu verlassen. Woher auch immer wir stammen, wir sind göttliche Wesen. Gefangen in einem limitierenden Körper haben wir unsere Schöpferkräfte eingebüßt. Wir alle leiden unter einem amnesiebedingten spirituellen „Totalausfall", der verhindert, dass wir unserer Versklavung entkommen.

Seele, göttlicher Funke und „seelenlose Menschen" (Statisten)

Die Individualseele

Während ihrer Rückführungen ins Zwischenleben in newtonscher Tradition treffen Klienten mitunter auf Seelen, die sie persönlich kennen und die noch auf der Erde inkarniert sind. Oder auf solche, die angeben, gerade ein Erdenleben zu leben. Wie ist das möglich? In spirituellen Kreisen herrscht weitgehender Konsens darüber, dass wir nur mit einem bestimmten Prozentsatz unserer Seelenenergie, unserer „Individualseele", inkarnieren. Je nachdem, welche Aufgaben eine Seele in ihrer Inkarnation zu bewältigen hat, kann sie sich dazu entscheiden, einen Anteil ihrer selbst, etwa 10 bis zu 30 Prozent, auf der Lichtebene zurückzulassen. Dieser Seelenanteil wird angeblich in astralen Universitäten spirituell geschult, während die inkarnierte Hauptseele ihr Karma bereinigt und irdische Lektionen lernt.

Das Zurückhalten der Anteile einer Seele hat in Wahrheit andere Gründe. Der lebende Mensch kommt nicht in seine volle Schöpferkraft, wenn ihm Teile seines Seelenlichts fehlen. Mit reduziertem Schöpferpotenzial hat er geringere Chancen, spirituell zu erwachen und das archontische Spiel zu durchschauen. In Rückführungen entdeckten meine Klienten und ich Seelenlichter, die auf der Astralebene in Käfigen eingesperrt waren, um die inkarnierte Hauptseele zu schwächen. Aus Clearings wissen wir, dass Dämonen Seelenanteile lebender Menschen entführen. Sie werden in dunkle Kerker oder Räume verschleppt, gefangen gehalten, negativ programmiert und ähnlich wie Voodoo-Puppen malträtiert, um ihre Besitzer zu quälen. Beispielsweise durch das Zufügen von Schmerzen, durch das Eingeben destruktiver Gedanken, Stimmen, Gefühle und Halluzinationen, zur Restimulierung vergessener Traumata usw. Es ist möglich, über den Seelenanteil auf den Menschen zuzugreifen, da er durch ein energetisches Band mit seiner Hauptseele verbunden ist. Es ist m. E. denkbar, dass auf der Astralebene verbliebene Seelenanteile ebenfalls in irgendeiner Form manipuliert werden.

„Komponenten" der Seele

Rückführungen ins Zwischenleben zeigen, dass Menschen aus drei unterschiedlichen „Bestandteilen" bestehen. Wir besitzen eine Seele, die wiederum über den „Seelenverstand", d. h. ein Bewusstsein verfügt. Darüber hinaus sind viele Menschen mit einem „göttlichen Funken" ausgestattet, der im Herzchakra lokalisiert ist. Er ist unsere „Herzensflamme", unsere spirituelle Essenz. Gleichwohl gibt es auch Seelen ohne Funken. Der metaphische Forscher Wes Penre geht ebenfalls von einem Seelenkomplex aus, der über 3 „Einheiten" verfügt. Was ich „Funke" nenne, bezeichnet er als „Spirit Body", als „spirituellen oder Geistkörper", mit dem nicht jede Seele ausgestattet ist. Der spirituelle Körper ist von den feinstofflichen Körpern umgeben, die bei der Inkarnation in den menschlichen Körper eintreten. Letzterer beinhaltet die DNA, d. h. licht-encodierte Informationen, die es dem Seelenkomplex ermöglichen, mit seiner Umgebung zu interagieren. Die Seele folgt dem Bewusstsein, ihrem „Soul-Mind", das unsere Persönlichkeit bildet. Dank dieser 3 Einheiten können wir sowohl in den höchsten spirituellen Sphären als auch in den dichtesten materiellen Bereichen existieren.[60] Es mag sich befremdlich anhören, aber neben beseelten gibt es auch seelenlose Menschen. Man bezeichnet sie als „Non Player Charakter", „Nicht-Spieler-Charaktere" (NPCs) oder als „Statisten".[61] In Computerspielen sind NPCs Figuren, die nicht vom Spielenden gesteuert werden. Sie denken nicht eigenständig, sie sind Mitläufer.

Menschen mit dem göttlichen Funken gehören zur ersten Generation der Humanoiden. Sie lebten vor langer Zeit auf der ursprünglichen Erde, Tiamat, in paradiesischen Zuständen und wurden als bedeutsames „Experiment" von der höchsten Schöpferkraft erschaffen. Das „Experiment" bestand darin, dass der „göttliche Funke" oder „Spirit Body" unserer Seelengruppe bereits bei unserer „Geburt" verliehen wurde. Üblicherweise müssen sich Sternensaaten den Funken erst im Laufe ihrer spirituellen Evolution und Reifung verdienen. Er versetzt uns in die Lage, mit purer Gedankenkraft etwas aus dem Nichts heraus zu kreieren – das gilt für den Astralbereich. Seelen ohne Funken sind ebenfalls Schöpfer. Sie können jedoch nur etwas Neues kreieren aus dem, was bereits existiert. Da viele Sternensaaten auf der Erde gestrandet sind, leben hier auch Menschen ohne Funken. Als Seelen mit Spirit Body waren wir bereits Schöpfergötter, als die außerirdischen Invasoren den Planeten kaperten und uns genetisch limitierten.[62] Letztlich verfügen alle Seelen über Schöpferkräfte. Sie können den Funken nach dem Verlassen der Matrix im freien Universum erlangen. Es ist kein Problem, ihn nicht zu haben. Jeder beseelte Mensch kann erwachen und nach seinem Ableben durch die Löcher im Frequenzzaun in die Freiheit gehen.

Sowohl Menschen mit als auch ohne Funken können unangenehme Zeitgenossen sein. Eine Person, die keinen besitzt, kann spirituell weiter entwickelt sein als eine, deren Funke schläft. Die göttliche Essenz in uns muss erst erwachen, damit wir sie bewusst zum Einsatz bringen können. Ob mit oder ohne Funken, niemand ist „besser" oder „schlechter" als der andere. Wir sollten vermeiden, in hierarchischen Kategorien zu denken. Wir müssen unsere Kräfte vereinen. Wir sitzen alle im selben Boot. Angeliki Anagnostou[63] schlägt vor, die Ur-Quelle um den Funken zu bitten. Meiner Erfahrung nach ist das nicht möglich. Derartige Bitten haben bei Klienten nicht gefruchtet. Wahrscheinlich lässt die Ur-Quelle nicht zu, dass weitere göttliche Essenz in die Matrix gelangt, hier gefangen bleibt und energetisch missbraucht wird.

Findet ein Mensch keinen Funken in seinem Herzchakra, bedeutet dies noch nicht, dass er keinen besitzt. Funken und Anteile unseres Seelenlichts können auf der Astralebene gefangen gehalten werden. Meist haben Betroffene Verträgen zugestimmt, die das Zurückhalten erlauben. Werden diese annulliert, kehren beide Komponenten zu ihrem Besitzer zurück. In den meisten Fällen schläft der göttliche Funke friedlich in unserer Brust. Wir ahnen nicht einmal, dass er existiert. Unser Funke ist zu jeder Zeit mit der Ur-Quelle verbunden, denn er ist ein Teil von ihr. Er hilft uns bei der Lösung physischer und psychischer Probleme und belastender Gefühle. Mit seiner Hilfe können wir manifestieren, was wir uns im Leben wünschen. Es ist erstaunlich, was wir mit Funken und Seelenlicht bewerkstelligen können, wenn wir bewusst mit ihnen arbeiten; dazu später mehr.

Statisten – seelenlose Menschen

Die dritte Gruppe, die seelenlosen Statisten, sind ein Spezialfall. Dieses Thema ist für viele Menschen herausfordernd, schwierig und emotionsgeladen. Die meisten wollen nicht glauben, dass sie existieren. Sie sehen so aus wie wir. Sie verhalten sich wie wir. Sie kommunizieren, essen, schlafen, lachen, weinen so wie wir. Dennoch haben sie keine wahrnehmbare Seele. Die Gnostiker beschrieben sie bereits vor 2.000 Jahren als „künstlichen Spirit" oder „künstliche Seelen", die keinen Zugang zur Spiritualität und einem höheren Bewusstsein haben. Ihnen fehlt jegliches Potenzial, sich höher- oder weiterzuentwickeln. Statisten werden von den Archonten auf uns angesetzt, um uns das Leben schwer zu machen, uns Kummer zu bereiten und unseren Loosh-Output zu maximieren. Sie können emotionalen Schmerz empfinden oder zumindest oberflächlich imitieren. Ihr Leid ist jedoch bei Weitem nicht so tief, umfassend und lang anhaltend wie bei beseelte Menschen. Wahrscheinlich generieren sie kaum oder gar kein Loosh, ganz im Gegensatz zu uns, die wir eine Seele haben, ob mit oder ohne Funken. Wie die Gnostiker berichten, wurden Statisten vom Demiurg aus Materie erschaffen, als Kopien des „göttlichen Menschen". Sie sind von beseelten Menschen kaum bis gar nicht zu unterscheiden.

Wer über ausgeprägte Hellsinne verfügt, vermag sie zu erkennen. Sie besitzen wie wir alle einen biologischen Körper. Ihr Astralkörper ist mit programmierten Energien versehen. Sie sind nicht in der Lage, außerhalb der Matrix zu existieren. Viele NPCs sind von Dämonen besetzt, die ihr Verhalten steuern. Mein Team und ich haben herausgefunden, dass stets eine größere Anzahl NPCs auf eine einzige Seele mit Funken angesetzt wird, um ihre Schöpferkraft und ihr spirituelles Wirken zu torpedieren. Sie tauchen zu verschiedenen Zeitpunkten in unserem Leben auf. Verlässt ein NPC unser Lebensumfeld, findet sich der nächste ein. Ihre tatsächliche Anzahl variiert je nach Lebensplan. Wie wir aus Clearingsitzungen wissen, lösen sich Statisten nach dem körperlichen Tod vollständig auf. Der Klient nimmt eine vermeintliche Seele wahr, die dämonisch infiltriert ist. Entfernt man die Dämonen, ist alles, was bleibt, eine leere Hülle. In solchen Fällen äußern die Klienten: „Seltsam, die Seele scheint sich aufgelöst zu haben, sie ist weg. Ich kann nur noch Nebel erkennen." Vielfach herrscht die Meinung vor, ein Körper könne ohne Seele nicht existieren. NPCs scheinen über eine diffuse, neblige Energie zu verfügen. Eine komplette Seele oder aber Seelenanteile sucht man in ihrem Inneren vergeblich.

Die Programmierung der NPCs ist stets systemkonform. Schätzungen zufolge sind zwischen 50 und 90 % der Menschen Statisten. Ich gehe von circa 75 % aus, zumindest habe ich das während meiner Rückführungen wahrgenommen. NPCs bilden die Masse. Sie sind es, die während der C-P(l)andemie Masken trugen und jene verbal abstraften, die sich aus guten Gründen weigerten. Es waren vornehmlich Statisten, die sich impfen ließen. Aber das haben auch Seelen mit und ohne Funken getan. Die Archonten können NPCs vollständig kontrollieren, ganz im Gegensatz zu uns beseelten, kritischen und unberechenbaren Menschen. Sie sind wichtige Stützpfeiler des archontischen Herrschaftssystems. Sie lassen unsere Realität komplexer erscheinen, als sie tatsächlich ist.

Das Denken der Statisten scheint auf das Materielle beschränkt zu sein. Bei näherer Betrachtung wirken sie oberflächlich und starr. Alles Spirituelle und Metaphysische ist ihnen suspekt. Sie haben kein Verständnis für das, was jenseits der fünf Sinne liegt. Sie befolgen das Diktat der Herrschenden und der Mainstream-Medien – und sei es noch so absurd. Sie gehorchen, ohne zu hinterfragen. Das haben die Jahre ab 2020 eindrücklich bewiesen. Statisten sind Programme auf zwei Beinen. Ohne Seele können sie nicht erwachen. Das mag eine Erklärung dafür sein, dass es trotz unermüdlichen Einsatzes zahlreicher engagierter Menschen und alternativer sozialer Medien nicht gelungen ist, die breite Masse über Genmanipulationen durch Vakzine und ihre Gefahren aufzuklären.

Das bedeutet ebenfalls, dass ein Großteil der Weltbevölkerung niemals erwachen wird. Mit einem Anteil von 50 bis 90 % NPCs ist dies unmöglich. Es wird niemals Weltfrieden und Liebe auf unserem Planeten herrschen, worauf so viele Menschen hoffen. Darauf sind Statisten nicht programmiert. Wir sind nicht alle eins. Es sei denn, die Globalisten schaffen es, unser aller Bewusstsein im Transhumanismus mit einem Supercomputer zu verschmelzen. Das viel gepriesene „Eins-Sein" ist New-Age-Propaganda. Statisten werden den Transhumanismus widerspruchslos und freudig akzeptieren, und was immer sonst noch kommen mag. Aufgrund ihrer biologischen Ausstattung sind sie in der Lage, Kinder zu zeugen und zu gebären. Da die Seele erst nach der Zeugung in den Körper eintritt, können ihre Nachkommen sowohl seelenlos als auch beseelt sein. Beseelte Menschen können Seelenlose lieben und zum Partner oder als Kinder haben. Potenziell kann es in allen Familien Statisten geben.

Ich möchte an dieser Stelle eine Warnung aussprechen: Bitte verzichten Sie darauf, jemanden als NPC zu stigmatisieren, nur weil die Beschreibung in Teilen passt oder Sie Probleme mit dieser Person haben. Behandeln Sie alle Menschen mit Respekt. Wenn Sie jemanden, der Sie verletzt oder Ihnen Schwierigkeiten bereitet, als NPC einstufen, distanzieren Sie sich von dieser Person. Aber verzichten Sie darauf, ihr in irgendeiner Weise zu schaden. Und bitte bedenken Sie, auch Seelen mit Funken können üble Zeitgenossen sein, uns das Leben schwer machen und abscheuliche Verbrechen begehen.

Statisten als spirituelle Lehrer oder Gurus

Statisten sind im Gegensatz zu beseelten Menschen nicht spirituell, so heißt es jedenfalls. Dennoch gibt es etliche von ihnen, die in der New-Age-Szene als weise, hoch spirituelle Lehrer, Führer und Gurus etabliert wurden. Man mag es nicht glauben, aber so ist es. Mit den Hellsinnen kann man die Leere in ihrem Inneren erkennen. Viele sind innerlich nicht nur hohl, sondern auch dunkel, d. h. von Dämonen besetzt. Diese Kreaturen greifen über den Lehrer auf die Energien seiner Follower zu. Die Gurus propagieren das falsche Licht, versprechen Aufstieg und Erwachen. Es ist bekannt, dass manch ein spiritueller Lehrer oder „Guru" mit den Archonten paktiert. Sie fordern ihre Anhänger dazu auf, sich in den Lichttunnel zu begeben und ihr Karma abzutragen. Sie haben ihre Seele verkauft, um zu profitieren. Ihre Belohnung sind ein hoher Bekanntheitsgrad, eine riesige Anhängerschar, übervolle Seminare, Bestseller und ein außergewöhnlicher finanzieller Erfolg.

Andere spirituelle Lehrer wiederum haben die besten Absichten. Sie glauben an das Licht und werden benutzt. Vor einiger Zeit startete ich mit Gleichgesinnten, die ebenfalls über Hellfähigkeiten verfügen, ein Experiment. Wir betrachteten unabhängig voneinander spirituelle Gurus auf der energetischen Ebene und fanden zahlreiche NPCs. Dass ausgerechnet diese programmierten Individuen uns den Weg zur Erleuchtung weisen sollen, zeigt, wie tiefgreifend und umfassend die Matrix-Täuschungen tatsächlich sind. Auf der Erde und im Licht sind wir umgeben von Fake-Kreaturen. Millionen Menschen folgen seelenlosen Lehrern, die sie niemals hinterfragen. Spirituelle Statisten verbreiten und repetieren das „Alles-ist-Liebe-und-Licht-Narrativ". Die Menschen sehnen sich verzweifelt nach einer heilen Welt. Sie lassen sich von jedem ködern, der diese verspricht. Lehrer, die Statisten sind, stellen für die Archonten keinerlei Risiko dar. Sie sind biologische Maschinen, die stets ihrer Programmierung folgen. Beseelte Menschen sind hingegen gefährlich. Ihre Handlungen lassen sich nicht vorhersagen. Sie können jederzeit in Scharen erwachen – das Schreckensszenario schlechthin für die Archonten.

Um ein tatsächliches Erwachen der Menschheit zu vermeiden, riefen die Eliten in den 60er-Jahren die New-Age-Bewegung ins Leben. Sie sollte ein Fake-Erwachen herbeiführen, das die Anhänger nicht als solches erkennen. Ihr Plan ist aufgegangen. Millionen Menschen glauben, bestens über die spirituellen Dimensionen informiert zu sein. Spirituelle Gurus werden gehypt und verehrt. Ihre Lehren verbreiten sich wie ein Lauffeuer. Abermillionen Menschen folgen ihnen. Nicht alle spirituellen Lehrer sind Statisten, das dürfte klar sein. Dennoch sollten wir aufmerksam und kritisch betrachten, wem wir folgen und von welchen Botschaften wir uns leiten lassen. Dazu bedarf es eines klaren, wachen Verstandes und eines differenzierten Urteilsvermögens. Wachsamen Auges erkennen wir beispielsweise, dass wir nicht aufsteigen. Wir hören nur seit Jahrzehnten, dass es so sei. Je öfter die Aufstiegslüge wiederholt wird, desto stärker ist ihr subjektiv empfundener Wahrheitsgehalt. Viele New-Age-Begeisterte sind herzensgute, wohlmeinende, empathische Menschen, die sich für ihre Mitmenschen engagieren. Sie glauben, erwacht und hoch spirituell zu sein. In Wahrheit sind sie meilenweit davon entfernt.

Dank der New-Age-Lehren haben sie sich zutiefst in die Matrixlügen verstrickt. Stolz nennen sie sich „Lichtarbeiter" und treiben ihre Mitmenschen unwissentlich in die Fänge der Archonten – ein Trauerspiel.

Da sich die meisten Statisten problemlos in die Masse einblenden, werden sie auch als „Hintergrundmenschen" bezeichnet.[64] Sie schwimmen mit dem Mainstream und verhalten sich regierungstreu. Sie sind das, was viele als „Schlafschafe" bezeichnen. Die C-Jahre haben bewiesen, dass es keinen Sinn macht, programmierte „Schafe" wecken zu wollen. Tun wir uns lieber mit anderen erwachenden Seelen zusammen. Da sich die feinstofflichen Körper der NPCs nach dem Ableben auflösen, haben wir niemals Karma mit ihnen. Sie werden vor jeder Inkarnation mit ähnlichen Programmen, Energien und Aufträgen neu erschaffen und auf ein und dasselbe Opfer angesetzt. So kann in Rückführungen der Eindruck entstehen, der Klient wäre mit einem bestimmten Menschen karmisch verstrickt. Tatsächlich aber handelt es sich um einen seelenlosen Statisten. Es gibt kein Karma, das wir ausgleichen müssten, es sei denn, wir glauben daran. Karma ist eine Erfindung der Archonten. Wäre es tatsächlich ein universelles Gesetz, würden unsere Peiniger seit Jahrtausenden in der Hölle schmoren.

Die Vorstellung seelenloser Menschen ist irritierend, das ist mir bewusst. Dennoch muss dieses Thema angesprochen werden. Möglicherweise sind etliche NPCs darauf programmiert, Chaos zu verbreiten und Verbrechen zu begehen, um die Loosh-Ernte zu steigern. Wundern Sie sich bitte nicht, liebe Leser, dass ich nicht näher erkläre, wie man NPCs erkennt. Die Wahrscheinlichkeit eines Irrtums ist immer gegeben. Mein Team und ich sichern uns mehrfach ab, ehe wir jemanden als Statisten bezeichnen. Es wäre kontraproduktiv, hinter jeder unbequemen Person einen Statisten zu vermuten. Ganz so einfach ist es dann doch nicht. Es geht letztlich darum, uns von Menschen zu verabschieden, die übergriffig sind, uns schaden, uns respektlos behandeln und verletzen. Wir müssen uns mit Gleichgesinnten umgeben, die uns ebenso lieben wie wir sie. Ich habe mich lange gesträubt, NPCs als gegeben hinzunehmen. Meine Erfahrungen und die meiner Klienten sowie die Erlebnisse vieler Forscher anderer Disziplinen haben mich jedoch eines Besseren belehrt. Sie, liebe Leser, sollten selbst recherchieren, um sich Ihre eigene Meinung zu bilden.

Nachfolgend noch ein wichtiger Hinweis: Seelen mit Funken sind nicht nur Übergriffen durch NPCs ausgesetzt. Als Zielpersonen stehen wir unter steter Überwachung und Beschuss der Archonten. Sie müssen mit allen Mitteln verhindern, dass wir erwachen und ihr System gefährden. Aufgrund unserer tiefen Empfindungsfähigkeit bieten wir eine beträchtliche Angriffsfläche und generieren das meiste Loosh. Daher erfahren Seelen mit Funken besonders viel Leid. Entsprechende Klauseln sind in den Karmaverträgen festgelegt. Häufig nehmen die Traumatisierungen bereits in der frühen Kindheit ihren Anfang. Von vernachlässigenden bis gewalttätigen und missbrauchenden Eltern oder Erziehungsberechtigten ist alles vertreten. Später übernehmen toxische, abwertende Partnerschaften oder Beziehungslosigkeit, Einsamkeit oder Erfolglosigkeit eine traumatisierende Funktion. Vielfach werden die Betroffenen massiv von dämonischen Kreaturen angegriffen und besetzt. Lebensprobleme in mehreren oder nahezu allen Lebensbereichen – Beruf, Gesundheit, Finanzen etc. – sind die Folge. Psychische Erkrankungen wie Depressionen, Angststörungen, Psychosen oder auch Süchte entstehen. Wie Rückführungen zeigen, sind Letztere häufig Bestandteil des Inkarnationsplans und werden den Seelen im Zwischenleben einprogrammiert. Seelen mit Funken stehen während ihrer gesamten Lebenszeit im Fokus der Archonten. Wenn es uns „zu gut geht" oder wir erwachen, greifen sie kurzerhand destruktiv in unser Leben ein. Das Leid kann ein Ende nehmen, wenn wir den Funken gezielt einzusetzen wissen, um uns von Besetzungen und energetischen Attacken zu befreien, unsere Traumata zu heilen und unsere Karmaverträge zu annullieren.

Kapitel 5: Rückführungen ins Zwischenleben

Bislang haben wir unterschiedliche Disziplinen betrachtet und tiefe Einblicke ins nachtodliche Leben und die Geschehnisse auf der Lichtebene erhalten. Wenden wir uns nun den Rückführungen zu, die enthüllen, auf welche Weise manipulative Inkarnations- und Karmaverträge zustande kommen. Beleuchten wir die Strategien, mit denen die Archonten Seelen in die jeweils nächste Inkarnation zwingen.

Rückführungen zur Lichtebene als „heilsame spirituelle Erfahrung"

Der amerikanische Psychologe und Regressionstherapeut Dr. Michael Newton[65] führte mehr als 7.000 hypnotisierte Patienten ins Zwischenleben zurück. Sie alle berichteten von berührenden Erfahrungen mit wundervollen Lichtwesen, die Newton in seinen Büchern einer breiten Öffentlichkeit zugänglich machte. Sie wurden in mehr als 30 Sprachen übersetzt und erreichen heute noch Abermillionen von Lesern. Rückführungen ins „Leben zwischen den Leben", wie Newton sie nannte, erfreuen sich großer Beliebtheit. Als Pionier auf seinem Gebiet bildete er tausende Rückführungstherapeuten in seiner Methodik aus. Auch ich habe die Ausbildung in Deutschland absolviert und die Rückführung selbst durchlaufen, sodass ich weiß, wovon ich spreche.

Zahlreiche Rückführungsleiter folgten Newtons Beispiel. Sie publizierten Bücher, die ebenfalls sehr erfolgreich wurden. Ausnahmslos alle Hypnotisanden berichten von überwältigend schönen Begegnungen mit hohen Lichtwesen, die die Menschheit bedingungslos lieben. In tiefer Hypnose werden sie nach einem strukturierten Ablaufplan zu vorgegebenen Stationen im Licht geführt. Dort treffen sie angeblich auf ihre Geistführer, geliebte Verstorbene und ihre Seelenfamilie. Die Fake-Lichtwesen sind während der gesamten Rückführung präsent, gestalten und kontrollieren die Szenerie und halten steten Kontakt zu den Hypnotisanden. Als Meister der visuellen Illusion sind sie in der Lage, imposante Szenarien zu kreieren, die dazu dienen, die Rückgeführten von ihrer wundervollen Fake-Lichtwelt zu überzeugen. Die Klienten befinden sich bereits in einer tiefen Trance, dem Theta-Zustand, den die Entitäten mit technologisch erzeugten hypnotischen Frequenzen noch weiter verstärken. Eingelullt von einer trügerischen, manipulativen Hypnose und trunken vor Glückseligkeit glauben die Betroffenen alles, was sie sehen. Wir erinnern uns: Die Kreaturen nutzen Hypnose als Waffe gegen die Seelen, um ihr kritisches Denkvermögen auszuschalten und sie suggestibel und gefügig zu machen.

Einer der Höhepunkte ist die Zusammenkunft mit dem Ältestenrat. Dieses Gremium, bestehend aus drei bis sieben, manchmal auch zwölf Lichtwesen, beurteilt den spirituellen Fortschritt und die Leistungen der Seele wohlwollend, aber streng. Der Ältestenrat ist die höchste spirituelle Autorität, der die verstorbene Seele auf der Lichtebene begegnet. Der Hypnotisand stellt ihm Fragen, die er vor der Sitzung notiert hat. Ziel der newtonschen Reise ist es, das bisherige Leben mit allen seinen Schwierigkeiten und den karmischen Sinn des Erlebten besser zu verstehen. Der Reisende wird zu seinem göttlichen Ursprung zurückgeführt, wo er eine allumfassende Annahme, Liebe und Heilung erfährt. Newton fragte seine Patienten, ob sie Gott wahrnehmen könnten. Sie verneinten, sprachen jedoch von einer anderen höheren Präsenz, die im Hintergrund spürbar war.

Im Zwischenleben werden die Seelen in Schulungs- und Klassenräumen je nach Entwicklungsstand in Gruppen unterrichtet. Sie werden auf ihre kommende Inkarnation und weiterführende spirituelle Aufgaben vorbereitet, immer unter Anleitung und Aufsicht mehrerer Geistwesen. Seelen, die sich in der Ausbildung zum Geistführer befinden, lernen beispielsweise, kürzlich Verstorbene durch den Lichttunnel zu geleiten und für ihr müheloses Eingewöhnen zu sorgen. Alle Ankömmlinge werden freudig von geliebten Verwandten begrüßt und planen mit Zustimmung der jeweiligen Geistführer ihre nächste gemeinsame Inkarnation.

Die Lichtebene beherbergt eine riesige Bibliothek, die Akasha-Chronik, in der die Seelen ihre Vorleben studieren, um besser über ihre spirituelle Entwicklung im Bilde zu sein. Alle Abläufe sind auffallend durchstrukturiert und gleichen denen auf der Erde. Seelen werden geboren, gehen in den Kindergarten und die Schule. Sie studieren, besuchen Workshops und Seminare – unter steter Kontrolle der Entitäten. Nach der Sitzung sind die Hypnotisanden euphorisch und überwältigt von der bedingungslosen Liebe, der Freude und der Glückseligkeit, die auf der Lichtebene herrschen.

Die Rückgeführten ahnen nicht, dass sie auf betrügerische Kreaturen getroffen sind, deren Job es ist, sie für das luziferische Licht zu begeistern. Nach ihrem Ableben werden sie sich freudig dorthin begeben – und werden recycelt. Die Hypnotisanden kennen die Anzeichen nicht, die einen mit Licht getarnten Dämon entlarven. Mir selbst war während meiner Ausbildung nicht bewusst, dass ich in Kontakt mit Dämonen getreten war. Etliche Unstimmigkeiten, die mir aufgefallen waren, sollten sich erst Monate später aufklären. Mein angeblicher Geistführer hatte keine Augen. Unter seiner lichtvollen Oberfläche war er dunkel. Seine Ausstrahlung war streng, dominant und unnahbar, alles andere als liebevoll. Ich fragte nach der Ursache eines Traumas in meinem heutigen Leben. Der Ältestenrat zeigte mir den Film einer angeblichen früheren Inkarnation, nur dass das Geschehen in jenem Vorleben für mich extrem unglaubwürdig war. Es war nicht meines. Es gab etliche weitere Indikatoren, die mich aufhorchen ließen und mich stutzig machten. Enttäuscht und ernüchtert sah ich davon ab, meine Klienten nach dieser Methode zurückzuführen. Newtons Rückführungen wurden für archontische Zwecke gekapert. Sie waren und sind Aushängeschild der New-Age-Propaganda. Neben Abermillionen von Nahtoderfahrungen werden sie seit Jahrzehnten als Premium-Werbung für das falsche Licht missbraucht.

Die weltweiten Verkaufszahlen der Bücher über Rückführungen ins Zwischenleben sind imposant. „Liebe-und-Licht-Bestseller" boomen. Sie bedienen die Sehnsucht der Menschen nach einer Anbindung an das Göttliche. Dieses tief in uns verankerte Bedürfnis lässt sich nicht unterdrücken. Dem Wunsch nach einer liebevollen spirituellen Welt wird durch die ausschließlich positiv ausgerichtete Literatur entsprochen. Die Menschen ahnen nichts von der Täuschung, der sie unterliegen. Die New-Age-Bewegung dient dazu, unsere Spiritualität in kontrollierbare Bahnen zu lenken. Der liebende Schöpfer und wahre Lichtwesen existieren, jedoch außerhalb der Erdenmatrix im freien Universum, zu dem wir keinen Zugang mehr haben.

Rückführungen zur Lichtebene zur Lösung von Lebensproblemen

Die newtonschen Rückführungen sollen den Reisenden wundervolle spirituelle Erfahrungen ermöglichen und sie an ihr göttliches Zuhause erinnern. Daher herrscht stets eitel Sonnenschein. Alles verläuft positiv und nach einem vorgegebenen Ablaufplan. Es herrscht die unumstößliche, wenn auch unausgesprochene Annahme, dass im Licht nichts Negatives geschehen kann. Die Klienten erwarten Gutes. Die Rückführung dauert ca. drei Stunden und findet einmalig statt. Der Reisende tritt in tiefer Hypnose, im sogenannten Theta-Zustand, in unmittelbaren Kontakt mit den Wesenheiten.

Im Gegensatz dazu führe ich meine Klienten „klassisch" zurück. Sie gehen nicht in direkten Kontakt mit den Entitäten, sondern rufen ihre *Erinnerungen* an das nachtodliche Geschehen ab. Ich arbeite ohne Hypnose und überwiegend non-direktiv. Eine der wichtigsten Fragen, die ich stelle, lautet: „Was geschieht gerade?" Und: „Was geschieht weiter?" Die Klienten decken die Verträge auf, die sie für die aktuelle Inkarnation mit Fake-Lichtwesen oder Dämonen oder beiden geschlossen haben. Die Erinnerungen an diese Begegnungen sind alles andere als positiv. Bislang ist mir kein Klient begegnet, der nicht auf manipulative Weise in widrige oder traumatische Lebensumstände gedrängt worden wäre.

Ich nehme die Ereignisse im Zwischenleben nicht vorweg, indem ich die Klienten zu festgelegten Stationen führe, zum Geistführer, zum Ältestenrat usw. Ich suggeriere keine „wundervollen" Begegnungen, wie es bei Rückführungen im newtonschen Stil der Fall ist. Die Intention meiner Rückführungen ist eine völlig andere, nämlich das Erinnern und Lösen der Ursachen von Lebensproblemen. Diese gehen auf belastende Erlebnisse zurück, nicht auf „wundervolle" spirituelle Erfahrungen. Es gilt herauszufinden, was nach dem Verlassen des Körpers mit der Seele geschieht. Manche Klienten landen auf der Lichtebene, andere in dunklen astralen Gefilden. Sie erinnern sich daran, wie sie von den Kreaturen in Panik versetzt und ausgetrickst wurden. Kraft ihres freien Willens widerrufen sie alle Vereinbarungen, Absprachen und Verträge, die ihnen im heutigen Leben Probleme bereiten.

Alle Klienten waren in der Lage, die vermeintlichen Lichtwesen anhand ihrer Augen zweifelsfrei als Dämonen zu identifizieren. Klienten, die im newtonschen Stil zurückgeführt werden, verfügen nicht über dieses Wissen, das ihnen erlauben würde, die Kreaturen zu entlarven. Ahnungslos und unbedarft erliegen sie der Täuschung. In der gängigen Literatur wird sogar explizit darauf hingewiesen, dass das Gesicht und somit die Augen der Entitäten nie zu erkennen wären. Alle hätten jedoch eine liebevolle Ausstrahlung[66] – die, wie wir wissen, ein Fake ist. Die Hypnotisanden erwarten, auf göttliche Entitäten zu treffen, und erkennen die Dunkelheit hinter der lichtvollen Fassade nicht. Auch Abermillionen verstorbener Seelen bemerken nicht, dass der Ältestenrat aus Dämonen besteht. Sie lassen sich vom falschen Licht blenden. Seelen, die auf Dämonen treffen, die ihre wahre Gestalt nicht verbergen, sind verzweifelt und der Überzeugung, ihnen nicht entkommen zu können.

Dr. Newton hat den Archonten unwissentlich einen großen Dienst erwiesen. Zig Millionen seiner Leser und Anhänger werden sich nach ihrem Ableben aus freien Stücken in die Reinkarnationsfalle begeben. Er selbst ahnte nichts Böses, glaubte an das vermeintlich göttliche Licht. Seine Arbeit wurde für schändliche Zwecke missbraucht. Es ist ein Muss, dass spirituelle Rückführungen die Hypnotisanden in Begeisterung und Überschwang versetzen, andernfalls funktioniert die Falle nicht. Sie sind bis ins letzte Detail durchstrukturiert und planvoll geführt. Unverhofftes oder Negatives ist durch die ständige Präsenz der Kreaturen ausgeschlossen. Den Archonten ist kein Aufwand zu groß, um uns in der Matrix zu halten – ohne unsere Lebensenergien verenden sie.

Wenn die Archonten das Publizieren eines Buches torpedieren

In meinem ersten Buch „Befreiung von Fremdenergien und Einflüssen der dunklen Seite" (2022) veröffentlichte ich im 4. Kapitel 22 Fallbeispiele über die erschreckenden Erfahrungen meiner Klienten im falschen Licht. Das Buch umfasst insgesamt 110 Fälle, die sich auf Clearingsitzungen beziehen. Mein Ziel war es, 45 Rückführungen zur Lichtebene zu beschreiben. In den letzten drei Monaten vor Fertigstellung meines Buches hatte ich noch genügend Zeit, diese Gesamtfallzahl zu erreichen – dachte ich. Von jetzt auf gleich kamen jedoch keine Klienten mehr, die ich ins Zwischenleben hätte rückführen können. Die Ursachen ihrer Probleme waren fremdenergetisch bedingt, lagen in der Vergangenheit dieses Lebens, im Ahnensystem oder auch in Vorleben, aber nie im nachtodlichen Bereich. Offensichtlich war den dämonischen Kräften sehr daran gelegen, die Anzahl meiner Fallbeispiele zu begrenzen. Genervt von dieser Einschränkung verkündete ich ihnen, dass 22 Beispiele viele ihrer Machenschaften offenlegen würden und dass das Buch in jedem Fall veröffentlicht wird.

Kaum befand sich mein Buch im Korrektorat, kontaktierten mich wieder zahlreiche Klienten, deren Probleme auf manipulativen Inkarnations- und Karmaverträgen beruhten. Zu meinem Erstaunen waren ihre Erlebnisse deutlich gravierender als jene, die ich veröffentlicht hatte. Weitere Recherchen und die Erfahrungen meiner Klienten enthüllten etwas Entscheidendes, von dem ich zuvor nichts gewusst hatte: die Brutalität des Recyclingprozesses durch den Einsatz massiver Elektroschocks sowie die grausame Fragmentierung der Seelen. Ich war fassungslos. In meinem ersten Buch bat ich die Leser, den freien Willen der Seelen im Clearing zu achten und ihnen die Wahl zu lassen, sich für das Licht oder das freie Universum zu entscheiden. Damals sah ich noch einen gewissen Sinn in den Karma- und Amnesie-Konzepten, obgleich ich bereits damit haderte. Mittlerweile steht außer Zweifel, dass sie einzig der Versklavung der Menschheit und der Vertuschung der schwerwiegenden archontischen Verbrechen dienen. Seither führe ich erdgebundene Seelen nicht mehr ins Licht. Stattdessen kläre ich sie im Clearing über das brutale Recycling auf – Elektroschocks, Identitätsverlust und Seelenfragmentierung – und informiere sie über ihre Möglichkeiten im freien Universum. Der entscheidende Punkt ist, dass sie sich dort an alle früheren Existenzen erinnern sowie sämtliche multidimensionalen Fähigkeiten wiedererlangen werden – und fortan wieder als freie, souveräne, selbstbestimmte Seelen agieren können. Mit wenigen Ausnahmen entscheiden sich alle dazu, die Matrix zu verlassen. Ich fordere Seelen, die in der Umgebung verweilen und zuhören, auf, sich anzuschließen – und sie kommen in Scharen. Die Menschen müssen die Wahrheit über die barbarischen Geschehnisse im Licht erfahren. Daher entschloss ich mich, ein zweites Buch zu schreiben – Sie lesen es gerade.

Das vorliegende Buch scheint eines der ersten zu sein, das negative Erfahrungen in Rückführungen zur Lichtebene thematisiert. Im deutschen und englischen Sprachraum konnte ich trotz intensiver Recherche keine weitere Literatur finden. Mit Sicherheit gibt es Rückführungsleiter, deren Klienten ähnliche Erlebnisse hatten wie meine. Nur, dass sie keine Bücher schreiben und sich auf ihren Webseiten nicht dazu äußern. Falls Sie, liebe Leser, mit Klienten arbeiten und ähnliche Erfahrungen haben oder jemanden kennen, auf den dies zutrifft, nehmen Sie gerne Kontakt zu mir auf. Mit vereinten Kräften und gebündeltem Wissen können wir unsere Klienten noch besser unterstützen.

Wenn Rückführungstherapeuten Fake-Lichtwesen channeln

Mittlerweile ist es Usus, dass viele bekannte Rückführungstherapeuten die falschen Lichtwesen über ihre hypnotisierten Klienten channeln. Sie erhoffen sich Antworten auf wichtige spirituelle Sinnfragen. Die Kreaturen nutzen diese Gelegenheit zur Vertiefung und Verbreitung weiterer Lügen. Die nichts ahnenden Therapeuten geben sie in ihren Büchern an eine große Leserschaft weiter. Ihre Reichweite und Bekanntheit wird benutzt, um möglichst viele Menschen zu indoktrinieren und für das falsche Licht zu gewinnen. Sie dienen als Multiplikatoren. Die meisten Rückführungsleiter sind sich dieser Tatsache nicht bewusst. Sie publizieren ihr Wissen im guten Glauben, dass es sich um spirituelle Wahrheiten handelt. Und so repetieren sie das gängige Werbe-Narrativ: „Geht nach eurem Tod ins Licht! Seid tapfer und inkarniert so lange, bis ihr euer Karma bereinigt habt."

Nachfolgend werfen wir einen Blick auf Falschinformationen, die verbreitet werden. Beginnen wir mit der hanebüchenen Lüge, die Menschheit stamme von primitiven, affenähnlichen Wesen ab. „Großherzige", „hoch spirituelle" Außerirdische, so heißt es im Buch einer Rückführungstherapeutin, hätten sich der Humanoiden angenommen, um sie Spiritualität zu lehren. Einzig aus diesem Grund, mit den besten Absichten und zu unserem höchsten Wohle hätten sie uns genetisch verändert. Durch ihre Eingriffe und das Hinzufügen ihrer eigenen Gene habe unsere primitive DNA eine erhebliche Aufwertung erfahren. Die Aliens hätten uns „veredelt". Ohne die Eingriffe dieser „liebevollen" Außerirdischen hätten wir als Menschheit nicht den Hauch einer Chance gehabt, uns spirituell zu entwickeln. Mit anderen Worten, wir wären bis in alle Ewigkeit primitive, affenartige Geschöpfe geblieben. Dazu einige Aussagen der falschen Lichtkreaturen:

„Als die erste Alienrasse vor tausenden von Jahren (genetische) Modifikationen vornahm, war es schwierig für sie, irgendeinen spirituellen Aspekt in den Humanoiden zu entdecken. Als die zweite außerirdische Rasse zur Erde kam (tausende Jahre später), konnten sie bereits feststellen, dass die Humanoiden Denkfähigkeiten entwickelt hatten und spirituelle Tendenzen zeigten. Sie sahen immer noch wie Affen aus, ihr Verhalten war jedoch weniger affenähnlich.“[67] Diese Aussagen sind eine dreiste Verdrehung der Tatsachen. Die ursprünglichen Humanoiden waren hoch spirituelle Wesen und innig mit den göttlichen Dimensionen verbunden. Dies nahm ein jähes Ende, als Außerirdische die Erde kaperten und die Menschheit genetisch „kastrierten“, um uns unsere Schöpferkraft zu nehmen. Wir wurden mehrfach spirituell degradiert.

Nicht nur die gnostischen Schriften beschreiben, dass wir inkarnierte Lichtwesen sind und aus der Ur-Quelle stammen. Zahlreiche Rückführungen in die Zeit vor den Erdinkarnationen bestätigen dies. Sie zeigen, dass wir in den Lichtdimensionen zu Hause waren. Darwins Evolutionstheorie kommt unseren Unterdrückern gut zu Pass. Sie gibt ihnen Gelegenheit, sich als Wohltäter aufspielen und uns weiszumachen, sie wären uns spirituell haushoch überlegen. Tatsächlich ist es umgekehrt. Wir sind die Schöpfergötter. Die Archonten sind uns technologisch weit überlegen, ansonsten in keiner Weise. Nur mithilfe ihrer Technologien konnten sie uns versklaven und recyceln. Sie selbst verfügen über keinerlei Schöpferkraft. Schlüssige Beweise für die Evolutionstheorie fehlen bis heute. Sie wird uns im Kindesalter in den Schulen eingebläut, damit wir sie als gegeben hinnehmen und als Erwachsene nicht hinterfragen.

In Atlantis, so heißt es weiter im Buch der Rückführungsexpertin, waren die Menschen spirituell hoffnungslos unterentwickelt. Diese „unspirituellen“, „entarteten“ Humanoiden waren letztlich schuld am Untergang des Kontinents. Die „wundervollen“, „hoch spirituellen“ Aliens hingegen hätten alles nur Erdenkliche getan, um die Menschheit zu retten. Tatsächlich wurden Gedanken, Emotionen und Verhalten der Atlanter über Mikroimplantate nahezu vollständig kontrolliert. Der unverantwortliche Einsatz von Technologien, die missglückten genetischen Experimente der Archonten und ihre zerstörerischen Waffen waren verantwortlich für den

Untergang, nicht die „unspirituelle“, leidende und zutiefst versklavte Bevölkerung.

Die Fake-Lichtwesen erklärten ferner: „Die Außerirdischen waren ‚göttlich inspiriert‘, die spirituelle Evolution der Menschheit zu beschleunigen …“ „Es wurden genetische Eingriffe an den Menschen vorgenommen, um jenen Bereich im Gehirn zu vergrößern, den die Aliens mit Spiritualität in Verbindung brachten.“[68] Kann jemand ernsthaft glauben, Spiritualität sei im Gehirn angesiedelt? Und wieso wissen die angeblich so spirituellen Aliens nicht, wie Spiritualität entsteht und wo sie entspringt? Tatsächlich ist sie in unserer DNA angelegt. Das war den Außerirdischen bestens bekannt. Aus diesem Grund inaktivierten sie 10 unserer 12 DNA-Stränge und blockierten unsere Verbindung zu unserem wahren Schöpfer. Sie unterbanden unsere Hellsinne sowie unsere psychischen Fähigkeiten wie Telepathie, Teleportation usw.

Die Menschheit wurde mehrfach ausgelöscht und neu „aufgelegt“, um sie unter Kontrolle zu halten.[69] Unsere angebliche Evolution ist nicht im Sinne einer Höherentwicklung zu verstehen. Wir haben eine Abwertung und Herabstufung erfahren, die uns von spirituellen Bestrebungen ablenken soll. Sie lässt uns nur noch das Materielle sehen. Angeliki Anagnostou-Kalogera spricht von mindestens vier humanoiden Rassen, die jeweils zerstört, genetisch modifiziert und neu erschaffen wurden.[70]

Eine Klientin fragte einmal ein Medium, was es mit dem Frequenzzaun auf sich habe. Sie erfuhr, dass diese Barriere künstlich errichtet worden sei. Sie diene zur Quarantäne und zum Schutz der Menschheit, damit unsere Evolution ohne äußere Einmischung durch höher dimensionale Wesen stattfinden kann.[71] War das Herumpfuschen an unserer DNA durch Außerirdische keine Einmischung? Um Ausreden sind die Kreaturen nie verlegen. Sie lassen uns an einen primitiven Ursprung glauben, um uns von unserer göttlichen Identität und unseren spirituellen Wurzeln zu trennen. Möglicherweise halten die Lichtkreaturen aufgrund ihrer Programmierung die Lügen, die sie verbreiten, selbst für wahr.

Viele Rückführungskollegen sind ebenso wie zig Millionen andere Menschen auf die Fake-Lichtkreaturen hereingefallen. Es gibt allerdings auch „schwarze Schafe", die sich wissentlich als Seelenfänger betätigen. Wer auch immer Lichtwesen channelt und uns rät, ins Licht zu gehen, mit den Kreaturen zu sprechen und Karma zu begleichen, wer den Aufstieg propagiert und nicht auf einen möglichen Ausstieg hinweist, hat sich täuschen lassen oder ist selbst ein Agent des falschen Lichts.

Wählen wir unsere irdischen Erfahrungen selbst aus?

In New-Age-Kreisen wird vielfach behauptet, wir alle hätten uns freiwillig auf der Erde inkarniert. All unsere Erfahrungen seien selbst gewählt und abgesprochen. Alles, was uns begegnet, diene dem spirituellen Wachstum und der Höherentwicklung unserer Seelen. Dies gilt ebenso für alle schmerzvollen Erfahrungen, Verluste, schwere oder tödliche Erkrankungen, qualvolle Lebenskrisen, Traumata sowie für körperliches und seelisches Leid jeder Art – so heißt es. Wir haben all den Verletzungen, Entbehrungen und all dem Elend, das uns widerfährt, zugestimmt, um daraus zu lernen. Ja, wir wollten es so! Alles hat einen höheren Sinn, wir haben ihn nur vergessen. Niemand hat uns gedrängt, es war unser freier Wille! Die Kernaussage lautet demnach: Ihr seid selbst schuld, wenn ihr leidet!

Die Arbeit mit meinen Klienten zeigt, dass dies eine infame Lüge ist. Schicksalsschläge werden den Seelen aufgrund ihres angeblich verwerflichen Karmas aufgezwungen und in manipulierten Inkarnations- und Karmaverträgen festgehalten. Viele Seelen werden so lange bedroht, drangsaliert und genötigt, bis sie die Verträge unterschreiben. In anderen Fällen werden Traumata im Kleingedruckten festgehalten, d. h. in Vertragsklauseln, von denen die Seele keine Kenntnis hatte, als sie dem Vertrag zustimmte.

Wer kann bei kritischer Betrachtung glauben, dass traumatische Erfahrungen wie sexueller Kindesmissbrauch, Vergewaltigungen, elterliche oder partnerschaftliche Gewalt, missbräuchliche Beziehungen etc. der spirituellen Höherentwicklung unserer Spezies dienen? Niemand will derartige Abscheulichkeiten begehen oder erleben. Würden Sie sich eine solche Erfahrung aussuchen? Das Argument, die betroffenen Seelen würden sich opfern, damit ein anderer die Erfahrung machen kann, wie es ist, einem anderen Menschen zu schaden, hinkt gewaltig. Wie kann man an Gräueltaten wachsen? Auch die Annahme, Menschen, die Missbrauch und Gewalt erleben, hätten in Vorleben selbst jemanden missbraucht oder wären üble Verbrecher gewesen, ist nicht hinzunehmen. Die Kreaturen lügen wie gedruckt, um uns in der nächsten Inkarnation größtmögliches Leid zufügen zu können.

Pädophilie und Missbrauch sind ein gewaltiges Problem auf dieser Erde und mit nichts zu entschuldigen. In Deutschland wird jedes 4. Mädchen sexuell missbraucht und jeder 6. bis 7. Junge. Die Dunkelziffer liegt weit höher. Was zeigt uns das? Es entlarvt die zutiefst sadistische, inhumane Natur unserer Peiniger, die ein solches Verhalten und derartige Erlebnisse durch entsprechende Programmierungen und manipulative Verträge im Zwischenleben forcieren. Traumatisierungen, egal welcher Art, fördern spirituelles Wachstum nicht. Sie verhindern oder verunmöglichen es. Betroffene benötigen Jahrzehnte, um ihre seelischen Verletzungen zu heilen.

Viele fühlen sich ein Leben lang als Opfer und gelangen nicht in ihre Schöpferkraft – was neben der Loosh-Produktion Sinn der Sache ist.

Der New-Age-Glaube, dass wir zu 100 % verantwortlich sind für all das Traumatische, das wir erleben, hat massive Konsequenzen für Betroffene, die Hilfe suchen. Häufig bekommen sie von New-Age-affinen Behandlern zu hören, sie hätten negatives Karma angehäuft und müssten aus diesem Grund Leid ertragen. Sie sollten sich gefälligst zusammenreißen. Oder sie hätten in ihrem Seelenvertrag all den „Schicksalsschlägen“ zugestimmt und wären somit selber schuld. Das ist eine vom New Age bewusst propagierte Opfer-Täter-Umkehr. Hier wird das Opfer beschämt und beschuldigt, nicht der Verbrecher. Das Verhalten des Täters wird entschuldigt. Die Betroffenen stoßen auf taube Ohren und Ablehnung, anstatt die Unterstützung und den Zuspruch zu erhalten, die sie so dringend benötigen, damit ihre Seele heilen kann. Die Zurückweisung und das Unverständnis ihres Umfeldes wirken massiv traumatisierend – und das nur, weil die Menschen unfähig sind, die New-Age-Dogmen kritisch zu reflektieren und zu hinterfragen.

Wie Dämonen Seelen im Zwischenleben drangsalieren

Der Schöpfer hat uns einen freien Willen geschenkt. Wir haben das Recht und die Macht, eigenverantwortliche Entscheidungen zu treffen, die von anderen zu respektieren sind. Aus diesem Grund benötigen die Archonten unsere Zustimmung zur Inkarnation und zu den entsprechenden Lebensumständen. Wie Erfahrungen meiner Klienten zeigen, kann von einer „freien“ Willensentscheidung keine Rede sein. Zahlreiche Verstorbene stranden in dunklen Astralbereichen, andere im Licht. Wer wo landet, hängt nicht von zuvor begangenen guten oder schlechten Taten ab, sondern scheint vielfach willkürlich zu sein. In beiden Fällen werden die Seelen genötigt, neue Inkarnationsverträge zu schließen.

Viele meiner Klienten wurden geängstigt, erpresst und bedroht, bis sie am Ende ihrer Kräfte allen karmischen Belastungen zustimmten, die die Kreaturen ihnen aufbürden wollten. Im Zuge dessen erlitten sie massive Traumata, die sich im heutigen Leben als Angststörungen, Depressionen und Psychosen äußern. Die Dämonen begehen keine Kavaliersdelikte, sondern schwerwiegende Verbrechen an der gesamten Menschheit. Sie traktieren die Seele gnadenlos, bis sie befürchtet, den Verstand zu verlieren, falls sie nicht einwilligt in das, was die Kreaturen von ihr verlangen. Völlig erschöpft und verzweifelt muss sie falsche Schuldbekenntnisse und haarsträubende Verpflichtungserklärungen ablegen, die unweigerlich zu gravierenden Lebensproblemen führen.

Da sich die Seelen der Macht ihres freien Willens nicht bewusst sind, haben die Dämonen leichtes Spiel. Wir werden zu Lebzeiten darauf getrimmt, Autoritäten zu gehorchen. Diese Konditionierung erzeugt Gefühle der Ohnmacht und Hilflosigkeit. Die Seelen glauben, sie müssten sich den Lichtkreaturen beugen, um zu Gott zu gelangen – eine fatale Fehleinschätzung. Sie ahnen nichts von der bevorstehenden Recyclingprozedur. Sie nehmen weder ihr inneres Seelenlicht noch ihren göttlichen Funken wahr. Sie fühlen sich klein, sündig, wertlos und schwach. Blinder Gehorsam, Unwissenheit, falsche religiöse Konditionierungen, die großen New-Age-Lügen sowie das Nichtwissen um die eigene Schöpferkraft besiegeln das Schicksal der Seelen seit tausenden von Jahren.

Wenn sich Klienten in der Rückführung an Begegnungen mit Dämonen erinnern, höre ich immer wieder: „Ich bin von grauenhaften Gestalten umgeben. Sie sind stärker als ich. Sie lassen mich nicht in Ruhe. Ich kann ihnen nicht entkommen. Sie quälen mich. Ich komme hier nicht raus. Sie lassen nicht locker. Es sind zu viele. Sie hören nicht auf. Ich kann mich nicht befreien. Ich kann nicht mehr. Ich will nicht inkarnieren, aber ich muss, damit dieser Horror ein Ende hat!" Seelen, die sich trotz allem kontinuierlich weigern, werden in eine Art Hölle katapultiert, wo sie das Gefühl haben zu verbrennen. Oder sie werden auf unterschiedliche Weise gefoltert. Sobald sie die Hölle wieder verlassen haben, setzen ihnen die Kreaturen die Pistole auf die Brust: „Entweder du inkarnierst oder du schmorst auf ewig in der Hölle" – und die Seelen entscheiden sich für die Reinkarnation.

Die Kreaturen weiden sich an der Angst und der Hilflosigkeit der Seelen. Unverhohlen zeigen sie eine abartige, sadistische Freude, während sie ihr Opfer verhöhnen. Sie jauchzen und jubilieren und lachen sich kaputt! Manche Klienten hätten allem zugestimmt, nur um der Folter zu entkommen. Sobald sie ihre Zustimmung gegeben hatten, ließen die Kreaturen von ihnen ab. In einem Fall wurde eine Klientin über längere Zeit unerbittlich von Dämonen bedrängt: „Gib zu, dass du Schuld hast. Gib es zu! Gib zu, dass du das getan hast! Gib es endlich zu! Du warst es! Du warst es! Sag es! Gib es endlich zu! Dann lassen wir dich in Ruhe, dann bist du frei." Das Karma, das der Klientin zur Last gelegt wurde, war nicht ihres, sondern das einer dunklen Seele, die mit den Dämonen gemeinsame Sache machte. Häufig wälzen die Entitäten ihre eigenen Gräueltaten auf unschuldige Seelen ab. Nachdem die Klientin in höchster Not erklärt hatte, schuldig zu sein, wurde sie in lichtvollere Sphären entlassen, wo sie zur Ruhe kam, bevor sie in den Mutterleib geschossen wurde. Die Strategien der Fake-Lichtwesen sind deutlich weniger brutal als die der Dämonen, gleichwohl nicht minder niederträchtig und erpresserisch. Das dämonische Gebaren löst jedoch stärkere Ängste aus und wirkt hochgradig traumatisierend.

Die explizite Zustimmung einer Seele zu einer weiteren Inkarnation ist nicht zwingend erforderlich. Auch das Ausbleiben von Gegenwehr, stillschweigende Hinnahme, Duldung und Resignation werden als Einverständnis gewertet. Wenn sich eine Seele heftig gegen das Karma wehrt, das man ihr aufzuzwingen versucht, und schließlich völlig erschöpft erklärt: „Nein, ich will nicht. Ihr könnt machen, was ihr wollt", hat sie den Wesen mit ihrer letzten Aussage unwissentlich eine Blankovollmacht erteilt. Obgleich die Seele etwas anderes gemeint hatte, nämlich: „Ihr könnt machen, was ihr wollt, ich stimme nicht zu", wird der letzte Satz „Ihr könnt machen, was ihr wollt" wörtlich genommen. Immerhin hat sie kundgetan, dass die Dämonen mit ihr verfahren können, wie es ihnen beliebt. Sie hat es selbst gesagt! Alle Anwesenden haben es gehört! Es ist ihr freier Wille, so die Argumentation. Die meisten Seelen erkennen das Ausmaß der Verzerrung ihrer Aussagen nicht. Sie ahnen nicht, welches Lebensleid sich aus ihren Äußerungen ergibt. Nur wenige Seelen lehnen „ihr" Karma ab und bleiben bei ihrem Nein. In solchen Fällen verwerfen die Kreaturen die intendierte Bestrafung. Stattdessen präsentieren sie die nächste drakonische Maßnahme oder platzieren Flüche: „Du wirst X ertragen. Dir wird Y geschehen. Du wirst Z erleiden." usw. Diese Verfluchungen realisieren sich im Leben.

Nehmen wir an, der Seele wird ein Verbrechen vorgeworfen, für das sie büßen soll. Sie wehrt sich heftig. Sie erinnert sie sich nur vage an ihr vergangenes Leben. Dennoch spürt sie intuitiv, besagte Untat nicht begangen zu haben. Nun reden die Kreaturen massiv auf sie ein, bis sie zu zweifeln beginnt: „Vielleicht habe ich ja doch etwas Unrechtes getan. Möglicherweise bin ich ja doch schuldig." Aufkeimende Schuldgefühle und Zweifel an ihrer Unschuld treiben die Seele schließlich dazu, einer Wiedergutmachung in der nächsten Inkarnation zuzustimmen. Setzt sich eine Seele unbeirrt zur Wehr, ändern die Kreaturen ihre Taktik. Sie bieten ihr einen Deal

an, den sie nicht ausschlagen kann, z. B.: „Du wirst dein Karma ab-
büßen. Aber du wirst finanziell abgesichert sein und keine Not leiden." Oder: „Okay, du wirst diese Strafe auf dich nehmen. Aber du
wirst ein langes Leben haben und gesund sein" und Ähnliches. Aus
Angst, dass dieses eine gute Angebot wieder zurückgezogen wird,
stimmt die Seele zu.

Bedauerlicherweise sind viele Seelen davon überzeugt, ihre Lei-
densfähigkeit wäre gottgefällig. Sie erklären den Kreaturen unauf-
gefordert, „Böses" getan und Strafe verdient zu haben. Sie bekunden aus freien Stücken, im nächsten Leben dafür büßen zu wollen.
Sie erschaffen ihr eigenes Leid, um Gott würdig zu sein, und katapultieren sich selbst in schlimmste Lebensumstände.

Ist sich eine Seele ihrer Schöpferkraft und ihres freien Willens bewusst und lässt sie ihren göttlichen Funken strahlen (dazu später
mehr), reagieren die Kreaturen irritiert und überfordert. Sie zeigen
deutliche Anzeichen von Stress und Panik und schrumpfen sicht-
lich in sich zusammen. Sie werden kleinlaut, stammeln oder flüch-
ten, so schnell sie können. Ihr übles Spiel ist aus. Eine wissende
Seele ist in der Lage, sich zu wehren. Sie braucht die Dämonen
nicht zu fürchten und kann ihnen Einhalt gebieten. Mit einem solchen Verhalten rechnen die Kreaturen nicht. Auch wenn unser
freier Wille im Zwischenleben mit Füßen getreten wird, er ist
unser Geburtsrecht. Zu Lebzeiten können wir ihn nutzen, um alle
Verträge und Vertragsklauseln zu annullieren. Den Kreaturen
bleibt keine andere Wahl, als unsere Entscheidung zu akzeptieren.

Erinnerungslücken bei Rückführungen zur Licht-
ebene

In Rückführungen sind 98 % meiner Klienten in der Lage, Zugang
zu ihren Vor- und Zwischenleben zu finden. Sie rufen ihre Erinne-

rungen ab und decken dabei Verträge, Absprachen und Vereinbarungen auf, die ihre Probleme verursachen. Eine Rückführung ins Zwischenleben kann mit oder ohne Hypnose erfolgen. Die Klienten erinnern sich für gewöhnlich an ihre Lebensrückschau und die Absprachen, die sie mit dem Ältestenrat oder anderen Entitäten für das heutige Leben getroffen haben. Unmittelbar nach ihrer Zustimmung zur Inkarnation fanden sie sich im Leib ihrer heutigen Mutter wieder. Das war der bisherige Standardablauf.

Irgendwann stellte sich die Frage, was mit den Seelen in der Zeit nach ihrer Zustimmung zur Inkarnation und vor ihrer Ankunft im Mutterleib geschah. Wir hatten es mit einer Erinnerungslücke zu tun. Mit einem Zeitraum, in dem vieles passiert sein konnte. Die meisten Klienten erinnerten sich daran, abwärts auf die Erde geschossen worden zu sein, an mehr jedoch nicht. Irgendwann gelang es einer Klientin zu beschreiben, was in diesem Zeitraum geschehen war. Sie sprach von einem Tunnel, Wirbel oder Strudel, durch den sie in den Mutterleib gelangte. Während ihrer Passage wurde sie mit Vertragsklauseln programmiert und erhielt hypnotische Befehle. Die exakten Inhalte waren zunächst nicht klar auszumachen, da sie in Blitzgeschwindigkeit durch den Tunnel schoss. Kurzerhand begab sich die Klientin ganz langsam, Schritt für Schritt durch den Strudel, und das mehrfach. Bei jedem Durchgang tauchten weitere Erinnerungen auf. Im Mutterleib angekommen war sie amnestisch. Sie prägte den Begriff „Strudel des Vergessens". Seither führe ich alle Klienten hindurch und helfe ihnen, ihre Programmierungen aufzudecken.

Eine weitere typische Erinnerungslücke findet sich in der Zeitspanne zwischen der Ankunft der Seele im Lichttunnel und ihrer Lebensrückschau. In den Rückführungen nach newtonscher Tradition heißt es, dass sich die Seelen auf der Lichtebene zunächst von ihrem anstrengenden Erdenleben erholen. Sie treffen auf geliebte Verstorbene, werden von liebevollen Lichtwesen umsorgt und erfahren Heilung. Tatsächlich werden sie schnellstmöglich vor den Ältestenrat gezerrt, der ihre künftige Inkarnation beschließt.

Remote Viewer des Farsight Instituts[72] fanden heraus, dass die Erinnerungen der Seele unmittelbar nach ihrer Ankunft im Lichtbereich mit Elektroschocks gelöscht werden, anscheinend noch bevor die Lebensrückschau beginnt. Bestückt mit fremden Erinnerungsdaten und desorientiert steht die Seele vor dem Ältestenrat. Sie erinnert sich nur noch vage an ihr gerade beendetes, geschweige denn an frühere Leben. In dieser Verfassung sieht sie sich genötigt, einem Vertrag für eine weitere Inkarnation zuzustimmen. Die Seele ist willenlos, kann nicht mehr folgerichtig denken. Und so stimmt sie widrigen Lebensbedingungen und völlig inakzeptablem Karma zu. Dieses Szenario erklärt, warum viele Klienten in der Rückführung fassungslos sind, wenn sie entdecken, welche karmischen Belastungen sie hingenommen haben. Und warum sich die meisten Seelen nicht oder kaum gegen die üble Behandlung wehren konnten. Da sie nicht im Vollbesitz ihrer geistigen Kräfte und energetisch ausgelaugt waren, stimmten sie letztlich allen Inkarnationsbedingungen zu.

Meiner Erfahrung nach werden nicht alle Seelen unmittelbar nach Betreten des Tunnels elektrogeschockt. Viele irren Monate, Jahre oder Jahrzehnte lang als Erdgebundene umher, bevor sie den Kreaturen in die Hände fallen. Nach langer Erdgebundenheit ist mit einem ausgeprägten Erinnerungsverlust und Desorientierung zu rechnen. In diesen Fällen werden die Seelen erst nach ihrer Zustimmung zu einer erneuten Inkarnation elektrogeschockt, fragmentiert, mit fremden Seelenanteilen bestückt und im Astralbereich deponiert.

Das Recycling-Verfahren scheint größtenteils automatisiert und durch künstliche Intelligenz gesteuert zu sein, so das Farsight Institut.[73] Es ist höchst unwahrscheinlich, dass sich die dämonischen Kreaturen um jede einzelne Seele kümmern. Es sieht vielmehr nach einer „Massenabfertigung" aus, was bei Millionen von Seelen nicht verwundert. Fassen wir die übereinstimmenden Erkenntnisse aus Nahtoderfahrungen, Astralreisen, dem Remote Viewing und Rückführung zusammen, entsteht ein völlig anderes Bild der nachtodlichen Geschehnisse als jenes, das uns das New Age glauben machen will. Die Evidenz ist aussagekräftig und überzeugend. Halten wir das Folgende fest:

Seelen werden nicht von Lichtwesen und geliebten Verwandten begrüßt, das ist eine Mär. Alle Seelen, die nicht als Erdgebundene umherirren und sich ins Licht begeben, werden schnellstmöglich recycelt. Unmittelbar nach ihrer Zustimmung zur Inkarnation werden sie in ein elektromagnetisches Feld geleitet und mit Elektroschocks traktiert. Ihre Persönlichkeit wird ausgelöscht. Die herzzerreißenden Begrüßungsszenarien, von denen in Nahtoderfahrungen die Rede ist, sind pure New-Age-Propaganda. Eine spektakuläre Show, um unser Vertrauen zu erwecken. Wenn überhaupt eine Begrüßung stattfindet, dann durch Dämonen, die in Gestalt Verstorbener erscheinen oder durch holografische Projektionen von Verwandten, die bereits elektrogeschockt und gefügig gemacht wurden.

Der Ältestenrat besteht ebenfalls aus Hologrammen. Das Reinkarnationsprogramm für eine Seele wird mithilfe künstlicher Intelligenz zusammengestellt. Es beruht auf Daten, die für die jeweilige Seele aus der Akasha-Chronik abgerufen werden. Die angeblich spirituelle Funktion der Akasha ist ein Fake, eine Coverstory, die uns davon abhalten soll, ihren wahren Verwendungszweck zu erkennen – die Manipulation, Überwachung und totale Kontrolle jedes einzelnen Erdenbürgers. Die Seele hat kein oder kaum ein Mitspracherecht bei der Planung ihrer nächsten Inkarnation. Sie wird getäuscht und betrogen.

Verstorbene verleben keine schönen Erholungs- oder Heilungsphasen in paradiesischen Gefilden. Sie werden in ihre „Bestandteile" zerlegt und bis zur nächsten Inkarnation im Astralbereich abgestellt. Oder sie fristen ihr Dasein in düsteren astralen Städten. Engel, die am Totenbett eines Menschen erscheinen, sind getarnte Dämonen, die sich das Vertrauen der Sterbenden erschleichen, um sie in den Lichttunnel und damit in die Recyclingfalle zu locken.

Jenseitskontakte sind nicht, was sie scheinen. Nur wenn die jeweilige Seele das Licht gemieden hat, ist ihre ursprüngliche Persönlichkeit erhalten geblieben. Alle im Licht befindlichen Verstorbenen sind gehirngewaschen – ausnahmslos. Der Einfachheit halber übernehmen Dämonen ihre Rolle, um die Hinterbliebenen davon zu überzeugen, dass es der Seele wohlergeht. Sie lesen die Gedanken, Wünsche, Sehnsüchte und Gefühle des Fragenden aus. Sie werden ihm erzählten, was er sich zu hören wünscht.

Stutzig machen sollte die Tatsache, dass ein immer gleicher Sermon übermittelt wird: „Hier im Licht ist es wunderbar. Hier herrscht bedingungslose Liebe. Mir geht es gut. Ich liebe euch alle. Ich vermisse euch. Ich habe euch alles verziehen. Bitte verzeiht mir, wenn ich euch verletzt habe. Macht euch keine Sorgen, alles ist gut. Habt ein schönes Leben. Ich warte auf euch" usw. Die Hinterbliebenen werden nach ihrem Ableben freiwillig in die Lichtfalle gehen, um bald wieder mit dem geliebten Verstorbenen vereint zu sein. Es ist möglich, Kontakt zu freien Seelen aufzunehmen, die sich in den Astralebenen vor den Dämonen und dem falschen Licht verstecken. Die üblichen Jenseitskontakte sind jedoch mit Vorsicht zu genießen. Sie sind Teil der großen New-Age-Show: „Im Licht ist alles gut! Wir werden uns alle wiedersehen!"

Kommen wir zurück zu den typischen Erinnerungslücken, die sich in Rückführungen bemerkbar machen. Sie weisen u. a. auf traumatische Geschehnisse im Recycling-Ablauf hin. In solchen Fällen dissoziiert man den Klienten, damit er die Ereignisse aus einer sicheren Distanz beobachten kann, ohne retraumatisiert zu werden. Er konzentriert sich auf die Zeitspanne und schreitet im Zeitlupentempo voran. Falls nötig, wird der Klient wiederholt durch den Zeitraum geführt. Bei dieser Vorgehensweise tauchen regelmäßig unschöne Erinnerungen auf, die tiefe Einblicke in den Recycling-Prozess gewähren. Die Annullierung der Amnesieverträge des Klienten zu Beginn der Rückführung kann den Erinnerungsabruf erleichtern.

Inkarnationsverträge und Programmierung der Seele

Die Brutalität, mit der Dämonen hilflose Seelen behandeln, wurde bereits beschrieben. Nun schauen wir uns den Prozess der Vertragsunterzeichnung an, den die Seele im Kontakt mit den Fake-Lichtkreaturen durchläuft. Sie trifft auf den Ältestenrat, der sie grob über die Inhalte ihres Inkarnations- und Karmavertrages informiert. Sie wird in Kenntnis gesetzt über positive wie negative Ereignisse, die sie erleben wird. Dabei werden ihr jene Vertragsklauseln und Lebensbedingungen vorenthalten, die ihr das stärkste Trauma und den größten Schmerz bereiten werden. Die Behauptung, die Seele könne sich ihr künftiges Leben selbst aussuchen, ist nicht wahr. Sie hat in den seltensten Fällen ein Mitspracherecht. Bestenfalls wird ihr offeriert, zwischen zwei oder drei Lebensentwürfen zu wählen, die alle ähnlich leidvoll sind – was die Seele jedoch nicht ahnt, da sie die Vertragsklauseln nicht kennt. So entsteht die Illusion, die Seele hätte die Wahl und ihr freier Wille würde geachtet. Die einzige Wahl, die sie hat, ist die zwischen Pest und Cholera. Es kommt zudem vor, dass weise, sehr lichtvolle Seelen nicht in die versprochene liebevolle Familie inkarniert werden, sondern in eine fremde Blutlinie, in der sie Vernachlässigung, Gewalt, Missbrauch und andere Traumatisierungen erfahren, um ihr spirituelles Erwachen und Wirken einzudämmen. In anderen Fällen ist die Adoption in eine fremde Familie im Inkarnationsplan vorgesehen, von der die Seele nichts weiß und wo ihr ähnliche Misshandlungen widerfahren.

Während die Seele von den Lichtkreaturen über ihr zukünftiges Leben informiert wird, notieren dunkle Gestalten im Hintergrund völlig unbemerkt von der Seele üble Klauseln, die die jeweiligen vertraglich vereinbarten Punkte ergänzen. Der Ältestenrat erklärt beispielsweise: „Du wirst die große Liebe erleben." Gleichzeitig fügen die Dämonen die folgende Klausel hinzu: „Und du wirst deine große Liebe wieder verlieren. Dein Liebeskummer wird quälend sein. Du wirst keine neue Liebe finden. Du wirst dein Leben lang um deine verlorene Liebe trauern." Die Seele erfährt nur, dass sie die große Liebe erleben wird, von den Klauseln ahnt sie nichts. Sie ist hoch erfreut und einverstanden – und stimmt somit auch den Klauseln zu. Ein weiteres Beispiel: „Du hast im Vorleben Geld gestohlen, daher wirst du im nächsten Leben eine finanzielle Durststrecke erleiden." Einsichtig und schuldbewusst stimmt die Seele zu. Die Dämonen fügen nun schriftlich hinzu: „Die finanzielle Durststrecke wird kein Ende nehmen. Du wirst dein Leben lang in Geldnot sein. Du wirst niemals gut verdienen. Dir steht nur das Nötigste zu" u. Ä.

Auffällig ist, dass kaum eine Seele Einblick in den gesamten Vertrag verlangt. Die meisten lesen das Kleingedruckte nicht und begehen den fatalen Fehler, den Kreaturen zu vertrauen. Ist der Zeitpunkt der Inkarnation gekommen, begibt sich die Seele in den Strudel des Vergessens, um zur Erde zu gelangen. Während sie in schnellem Tempo abwärts durch den Tunnel schießt, wird sie mit sämtlichen Klauseln programmiert. Mehrere Stimmen manipulieren sie durch Suggestionen und hypnotische Befehle. Es ist der Seele unmöglich, die Sätze voneinander zu unterscheiden, da sie in schneller Folge oder gleichzeitig gesprochen werden. Viele in kaum hörbaren Frequenzen oder unverständlicher Sprache. Mannigfache auditive, visuelle und energetische Programmierungen sinken ungefiltert und tief in das Unterbewusstsein der Seele ein.

Problematische Bilder ihres zukünftigen Lebens blitzen in Sekundenschnelle auf. Sie werden ebenfalls im Unbewussten verankert. Dazu gehören alle negativen und traumatischen Erfahrungen, die die Seele erleben wird. Sie sieht die Menschen, die künftig eine bedeutende Rolle spielen werden wie Großeltern, Eltern, Kinder, Freunde, Partner usw. sowie die Konflikte, die durch die Beziehungen entstehen. Alles Programmierte wird sich im Leben manifestieren. Die Programmierung geschieht in einem rasanten Tempo. Selbst wenn die Seele wollte, ihr bleibt keine Zeit, irgendetwas zurückzuweisen. Da sie elektrogeschockt wurde, herrscht in ihrem Kopf gähnende Leere, während ihr Energiefeld bearbeitet wird. Die Seele wird nicht nur mit persönlichen Informationen und Daten „bestückt". Auch Energien, die durch Notstände und Krisen dieser Welt entstehen, wie Hungersnöte, Kriege, Natur- und andere Katastrophen, werden ihr eingeprägt. Ihr Schwingungsniveau wird dem der Erde angepasst. Die Kreaturen präsentieren der Seele alles, was ihr widerfahren wird, ohne dass sie darauf reagieren könnte. Auf diese Weise können sie behaupten, die Seele hätte gewusst, was auf sie zukommt, und nicht widersprochen. Nach dem Kleingedruckten hat sie nicht gefragt! Sie hat den Vertrag nicht lesen wollen! Ihr geschah nach ihrem freien Willen! Sie wurde bestmöglich informiert!

Viele Seelen werden im Strudel des Vergessens mit Flüchen belegt. Ihre feinstofflichen Körper werden mit dunklen Energien gefüllt und mit energetischen Blockaden versehen. Einer Klientin wurde ein energetischer Kloß im Hals platziert, um ihre Kommunikationsfähigkeit einzuschränken. Tatsächlich litt sie unter Artikulationsproblemen. Anderen wurde ein metallischer Helm über den Kopf gestülpt, um ihre spirituelle Wahrnehmung zu behindern. Vielfach werden feinstoffliche Geräte und Apparaturen eingesetzt, um die Hellsinne zu blockieren. Eine Klientin erinnerte sich an die Unterhaltung zweier Kreaturen, die sie durch den Tunnel schickten: „Die darf nicht aufwachen. Die ist zu lichtvoll. Wir müssen sie von anderen Menschen isolieren. Wir müssen sicherstellen, dass sie nicht erwacht. Wir werden uns viele üble Dinge für sie ausdenken!" Die Klientin war in ihrem Leben massiv traumatisiert worden und hatte Jahrzehnte der Einsamkeit erfahren. Gleichwohl war das geschehen, was die Kreaturen befürchtet hatten, sie war trotz allem erwacht. Alle Seelen werden mit visuellen, auditiven und energetischen Dateien sowie mit Implantaten ausgestattet. Am Ende des Tunnels angelangt, sind sämtliche Erinnerungen an den Recycling- und Programmierungsprozess ausgelöscht. Orientierungslos gelangen die Seelen in den Mutterleib oder in den Körper eines gerade geborenen Babys.

In der Rückführung erinnern sich die Klienten an die hypnotischen Befehle und Interventionen. Da sie sich gleichzeitig in „Vergessenenergien" begeben, fällt ihnen das Erinnern eher schwer. In diesen Fällen ist die Aktivierung des göttlichen Funkens und des Seelenlichts von entscheidender Bedeutung, da sie den Erinnerungsabruf begünstigt. Man kann den Klienten anweisen, sich oberhalb des Strudels zu platzieren, den Tunnel mit Funken- und Seelenlicht auszuleuchten und in Zeitlupe mit allen Sinnen wahrzunehmen, was im Inneren geschieht. Der Muskeltest zeigt an, ob alle Programmierungen gefunden wurden oder ob wesentliche fehlen. Im

Endeffekt kann der Klient sämtliche Verträge inklusive der unbewussten Klauseln Kraft seines freien Willens vollständig widerrufen. Keiner meiner Klienten erinnerte sich an positive Befehle, Suggestionen, Bilder oder Energien. In einem Fall hatten die Dämonen einer Klientin etwas Schönes versprochen, damit sie der Reinkarnation zustimmte. Im Strudel wurde dieses Versprechen von den hinterlistigen Kreaturen widerrufen. Die Programmierungen der Seele sind entweder allgemeiner Natur oder spezifisch. Erstere beeinflussen das gesamte Leben. Letztere verursachen konkrete Probleme und Schwierigkeiten in einem bestimmten Lebensbereich.

Beispiele für Programmierungen

„Wir werden dich endlos leiden lassen. Du wirst unglücklich sein. Du sollst kein Glück haben. Wir machen dich fertig. Wir verfolgen dich. Du entkommst uns nicht. Du gehörst uns auf ewig, du hast einen Vertrag mit uns geschlossen. Du tust, was wir dir sagen. Wir lassen dich niemals in Ruhe. Du wirst immer unsere Stimmen hören. Du hast kein schönes Leben verdient. Gutes steht dir nicht zu. Du bist vom Pech verfolgt. Nichts wird dir gelingen. Du wirst bereuen, auf die Welt gekommen zu sein. Niemand wird dich lieben. Alles, was du tust, misslingt. Du wirst ein Außenseiter sein. Du wirst dein Leben lang krank sein. Alles, was du beginnst, wird scheitern. Du bist nichts wert. Du bist minderwertig. Du bist Dreck. Klein und dumm. Du wirst ständig an dir zweifeln. Du bist ein schlechter Mensch. Du hast schlimme Dinge getan, für die du büßen musst. Du wirst deiner Familie schaden. Du wirst dich für alles, was andere dir antun, schuldig fühlen. Dein Leben ist die Hölle. Du sollst in Armut leben. Du wirst beruflich erfolglos sein. Du wirst dich hassen. Du wirst dein Leben hassen. Deine Freundschaften werden zerbrechen. Du wirst deine Berufung vergeblich suchen. Du wirst dem Alkohol verfallen" usw.

Die folgenden Programmierungen sind spezifisch: „Du wirst zwei Fehlgeburten haben. Du wirst dein erstes Kind abtreiben lassen müssen und keine weiteren Kinder haben können. Dein Mann wird dich betrügen. Du wirst in jeder Führungsposition versagen. Du wirst an Gewicht zunehmen und deinen Körper hassen. Du wirst unter Migräne leiden" usw. Hypnotische Befehle, die alle Seelen erhalten, sind folgende: „Du wirst alles vergessen. Du wirst dich an nichts mehr erinnern. Du hast keine Vergangenheit. Nach dem Tod kehrst du ins Licht zurück. Das Licht ist gut. Du wirst dich im Licht wohlfühlen. Egal, was auch geschieht, du begibst dich immer ins Licht" u. Ä.

Die Seele hat vor der Passage durch den Strudel des Vergessens allen Vertragsdetails und -klauseln zugestimmt, ob es ihr bewusst ist oder nicht. Auch mit dem Löschen ihres Gedächtnisses war sie einverstanden. Das enge Frequenzband der Erde begünstigt unsere Amnesie ebenso wie Vergessensimplantate in unseren feinstofflichen Körpern. Dennoch sind die Archonten nicht in der Lage, all unsere Erinnerungen dauerhaft zu eliminieren. Sie bleiben im Unterbewusstsein und der DNA erhalten. Im Rahmen einer Rückführung lässt sich daher vieles aufdecken. Das Widerrufen der Knebelverträge kann familiäre, partnerschaftliche, finanzielle, berufliche, gesundheitliche und andere Belastungen des Klienten lösen. Das Eintreten weiterer Unglücke und Krisen wird verhindert.

Übergeordnete Inkarnationsverträge

Viele Nahtodreisende mussten Verträge unterzeichnen, die sie wieder vergaßen. Andere erinnerten sich an Vereinbarungen, die Schwierigkeiten, Elend, Krankheiten und Notstände zum Inhalt hatten. Zahlreiche Nahtodreisende wurden von den Kreaturen ermahnt, dass sie bestimmte Bedingungen ihres Inkarnationsvertrages noch nicht erfüllt hätten und daher zur Erde zurückkehren müssten. Alle Verträge, Absprachen und Vereinbarungen machen uns zu Sklaven der Archonten. Wenn wir freie, souveräne Seelen sein wollen, müssen wir uns von allen Einflüssen der dunklen Seite und des falschen Lichts befreien.

Aus Rückführungen wissen wir, dass vor jeder Inkarnation neue Kontrakte geschlossen werden. Viele „alte", meist übergeordnete Verträge, die allgemeine oder für alle Inkarnationen geltende Konditionen enthalten, behalten ihre Gültigkeit weiterhin. Dazu gehören die Zustimmung zum Karma-Gesetz, der Amnesie, der Reinkarnationen und somit auch zum Recycling. Viele Seelen werden gezwungen, der ewigen Verdammnis zuzustimmen. Damit erteilen sie den Dämonen eine Generalvollmacht, die es ihnen erlaubt, die Betroffenen zu Lebzeiten energetisch anzugreifen, sie willkürlich zu programmieren und ihnen schweres Unheil zuzufügen – welcher Art auch immer. Und das in allen Inkarnationen. Viele Seelen werden genötigt, sich von der Ur-Quelle loszusagen und sich für alle Ewigkeit an die dunkle Seite zu binden. Sie müssen schwören, niemals göttliche Hilfe in Anspruch zu nehmen, was im Leben der Betroffenen desaströse Konsequenzen haben kann.

Übergeordnete Vereinbarungen können bereits zu Beginn der Inkarnation einer Seele auf der Erde geschlossen worden sein, also vor zig Tausenden von Jahren. Sie überschatten alle Lebensbereiche und führen dazu, dass sich untergeordnete Probleme nicht oder nur temporär lösen lassen. Die Seelen stimmen ebenfalls zu, so lange zu inkarnieren, bis sie ihr Karma vollständig abgetragen haben, was selbst in Tausenden Erdenleben unmöglich ist. Alle Endlosversprechen, d. h. Verträge, Eide, Schwüre, Gelübde etc., sind inkarnationsübergreifend gültig und müssen explizit widerrufen werden. Es lohnt, in Rückführungen nach allen übergeordneten Vereinbarungen zu forschen, die die Seele generell an die Archonten, aber auch an einzelne Dämonen binden. Manchmal ist ein

Klient durch Verträge gebunden, die einer seiner Ahnen vor Generationen im Rahmen schwarzmagischer Vereinbarungen mit den Dunkelmächten geschlossen hat. In diesem Fall hat der Ahne seine eigene Seele sowie die seiner Nachfahren sprichwörtlich an den Teufel verkauft und den Dämonen erlaubt, seine Nachkommen zu belästigen, in welcher Form auch immer. Der Klient hat aufgrund seines freien Willens das Recht, alle Absprachen, auch Ahnenvereinbarungen, für null und nichtig zu erklären, ohne dass die Kreaturen dies verhindern könnten. Frei von Knebelverträgen kommen die Menschen wieder in ihre Schöpferkraft und sind in der Lage, ihr Leben nach ihren eigenen Vorstellungen zu gestalten.

Inkarnationsverträge lösen und was man nicht tun sollte

Viele meiner Klienten mussten in der Rückführung mehrere Verträge widerrufen. Häufig waren die Inhalte unleserlich, verblasst, unsichtbar oder in einer anderen Sprache verfasst worden. Durch die Aktivierung des göttlichen Funkens und die Rücknahme der Zustimmung zum Erinnerungsverlust konnten die Vertragsinhalte aufgedeckt werden. Selbst wenn die Klienten nach der Annullierung mehrerer Verträge keine weiteren finden konnten, zeigte der kinesiologische Muskeltest zuverlässig an, dass es dennoch weitere gab. Die Kontrakte werden mehrfach abgesichert und unkenntlich gemacht, um ihre Auflösung zu verhindern. In einem Fall hatte das Blatt, auf dem der Vertrag geschrieben stand, mehrere Schichten mit jeweils unterschiedlichen Klauseln. In anderen Fällen wurden die Klienten von hellen oder dunklen Energien eingehüllt, die ihnen die Sicht auf die Kontrakte versperrten. Es zeigten sich Kreaturen, die sich weigerten, die Verträge herauszugeben, da es ihnen angeblich verboten sei. Oder sie behaupteten dreist: „Du hast zugestimmt und kannst nicht mehr zurück. Ohne unsere Zustimmung kannst du den Vertrag nicht lösen. Der Vertrag ist unkündbar" usw.

Auf solche Manöver darf man nicht hereinfallen. Diese Wesen haben kein Recht und keine Mittel, die Kündigung zu verhindern. Ein Vertrag kommt durch eine beiderseitige Willenserklärung zustande. Zieht eine Partei ihre Zustimmung zurück, ist die Vereinbarung obsolet. D. h., es gibt keinen Grund, mit den Kreaturen zu verhandeln. Wir müssen noch nicht einmal die Vertragsinhalte kennen. Unser freier Wille ist Gesetz!

In einem Probedurchlauf ließ ich mich selbst rückführen und verhandelte mit den Dämonen, um meine Verträge zu annullieren. Ich forderte die Herausgabe und sie weigerten sich. Ich wies sie an, die Vertragsklauseln offenzulegen und sie lehnten ab. Nach einigem Hin und Her und beständigem Fordern bekam ich die Verträge zu sehen. Ich bestand auf der Löschung und wieder weigerten sie sich. Die gesamte Verhandlung zog sich zäh in die Länge. Ich nahm zwei Wesen wahr. Während ich mit dem einen kommunizierte, machte sich das zweite eifrig Notizen. Die beiden tauschten wiederholt bedeutungsvolle Blicke aus. Als ich den Schreiber aufforderte, offenzulegen, was er notiert hatte, zeigte er mir das Blatt, auf dem oben geschrieben stand: „Einverstanden". Einige Zeilen darunter war zu lesen: „Verarscht!" Da wurde mir klar, dass wir nicht mit den Kreaturen verhandeln müssen, um einen Vertrag zu annullieren. Ich besann mich auf meinen Funken und bekundete meinen freien Willen: „Ich erkläre alle Verträge für null und nichtig und unwirksam, ob sie mir bewusst sind oder nicht. Dazu benötige ich euer Einverständnis nicht. Ich weiß, ihr könnt nichts dagegen tun." Die Wesen waren angesäuert, wichen aber ängstlich zurück und flüsterten: „Oh, sie hat es herausgefunden." Der Vertrag zerfiel zu Asche.

Dämonen haben keine Macht über uns, es sei denn, wir gestehen sie ihnen zu. Und das tun wir, wenn wir ihnen ein Mitspracherecht einräumen, indem wir mit ihnen verhandeln. Wenn sie etwas notieren, bejahen oder verneinen, entstehen neue Verträge und Verbindlichkeiten. Damit geben wir ihnen die Chance, uns erneut zu überlisten. Wir können sämtliche Verträge jederzeit annullieren. Dazu benötigen wir die Zustimmung der Kreaturen nicht. Wir sind souveräne Seelen. Kraft unseres freien Willens können wir einmal getroffene Entscheidungen revidieren, wenn wir dies im vollen Bewusstsein unserer Schöpferkraft tun. Sobald wir Verträge für null und nichtig erklären, sind sie obsolet. Es bedarf keiner neuen Abmachungen, um auf der Erde weiterzuleben. Dieser Planet gehört uns. Die Archonten haben ihn unrechtmäßig in ihre Gewalt gebracht. Wir haben jedes Recht, hier zu sein. Unter uns leben viele Seelen, die direkt in den Mutterleib inkarnierten, ohne die Lichtebene durchlaufen und Kontrakte unterzeichnet zu haben.

Wir benötigen nicht einmal wohlwollende, positive Verträge. Die hinterhältigen Kreaturen werden sie ins Gegenteil verkehren. Nach Vertragslöschung manifestieren wir unser weiteres Leben unserem freien Willen entsprechend und mithilfe unseres Seelenlichts und unseres göttlichen Funkens. Wir bestimmen, was wir erleben wollen und was nicht. Es ist unser Geburtsrecht, uns unbehelligt zu entfalten. Das heißt nicht, dass die Dämonen nicht weiterhin versuchen werden, uns energetisch zu attackieren oder uns das Leben anderweitig schwer zu machen. Wie man solche Übergriffe verhindern kann, wird später erläutert.

Um das Wesentliche festzuhalten: Verhandeln Sie niemals mit Entitäten, egal ob sie als Lichtwesen oder Dämonen daherkommen. Sie sind keine Autoritäten, denen wir Folge leisten müssten, es sei denn, wir gestehen ihnen diesen Status zu. Wenn wir mit ihnen verhandeln, negieren wir unsere Schöpferkraft und geben ihnen Raum, uns zu übervorteilen. Selbst wenn wir ihnen lediglich erlauben, mit uns zu kommunizieren, ihnen Fragen stellen oder beantworten, gewähren wir ihnen Einfluss auf unser Leben. Die Kreaturen können uns nur dann manipulieren, ängstigen und täuschen, wenn wir es zulassen. Verträge bestehen nur so lange, wie wir glauben, an sie gebunden zu sein. Wir sind die wahren Schöpfer, nicht diese entarteten Psychopathen. Wir allein bestimmen, wann wir das Matrix-Spiel beenden wollen.

Wenn wir alle Verträge, Vereinbarungen, Absprachen etc., die wir jemals mit den Archonten geschlossen haben, *unverzüglich* annullieren können, ohne ihre jeweiligen Inhalte oder den Kontext zu kennen, wozu braucht es dann noch Rückführungen zur Aufdeckung der Vertragsinhalte? Die Antwort ist simpel, aber bedeutsam: Die Klienten haben nie zuvor erlebt oder gespürt, über welch gewaltige Schöpfermacht sie verfügen. Viele wurden Wochen oder Monate lang von Dämonen energetisch attackiert, bevor sie zu mir ins Clearing kamen. Sie hatten Angst vor den Kreaturen. Immer wenn sie versuchten hatten, sich zu wehren, waren sie noch stärker angegriffen worden. Die Klienten fühlten sich hilflos, ohnmächtig und ausgeliefert. Sie sahen sich als Opfer, das keinen Einfluss auf seine Peiniger hat. In dieser psychischen Verfassung glauben Klienten nicht, Macht über die Kreaturen zu haben. Sie bezweifeln stark, dass das Annullieren ihrer Inkarnationsverträge die Angriffe beenden kann.

Sobald sie jedoch sowohl im Clearing als auch in der Rückführung Zeuge werden, wie die Dämonen in Panik geraten und fliehen, wenn sie ihren freien Willen geltend machen und ihr Seelenlicht und ihren Funken strahlen lassen, erleben sie erstmals ihre eigene Macht über die Entitäten. Sie wechseln aus der Opferrolle in den Schöpfermodus. Rückführungen und die Arbeit mit unserem göttlichen Funken sind lebensverändernde Erfahrungen. Die Klienten zweifeln nicht länger, dass sie einflussreiche Schöpfer und den Kreaturen weit überlegen sind. Sie staunen über das, was sie bewirken können und verlieren ihre Angst. Eine Ausnahme bilden Menschen mit einer komplexen, seit Jahren bestehenden Angststörung oder starken Traumatisierungen. Ein einmaliges Erfolgserlebnis reicht nicht aus, um ihre Ängste zu lösen. Sie bedürfen einer therapeutischen Begleitung über einen längeren Zeitraum hinweg.

Erkenntnisgewinn durch Rückführungen und die Arbeit mit dem göttlichen Funken

Selbsterkenntnis und Bewusstheit erlangt man nicht durch angelesenes, sondern erlebtes Wissen. In Rückführungen erleben die Klienten selbst, wie und aus welchem Grund sie zur Erde kamen. Ob allein oder gemeinsam mit Seelengefährten. Sie finden heraus, ob sie freiwillig hier sind oder ob sie manipuliert und getäuscht wurden und auf welche Weise. Die Klienten decken die Verträge auf, die sie für dieses Leben geschlossen haben. Sie entdecken die Klauseln, die man ihnen auf der Zwischenebene vorenthalten hat und die ihr Leben maßgeblich bestimmen. Ihnen wird klar, wie sehr sie im Zwischenleben drangsaliert, bedroht, geängstigt und erpresst wurden, damit sie erneut inkarnieren. Sie annullieren alle bestehenden Verträge, die fortan keine Auswirkungen mehr auf ihr Leben haben.

Die bedeutsamste Erfahrung, die Klienten machen können, ist festzustellen, dass die Dämonen in Panik vor ihrem göttlichen Funken weichen, weil sie ein mächtiges Schöpferwesen sind. Auch wenn Klienten keinen Funken besitzen – sobald sie ihr Seelenlicht erstrahlen lassen und ihren freien Willen unbeirrt bekunden, ziehen sich die Dämonen zurück. Wer einmal die innere göttliche Energie gespürt hat, wird immer wieder in dieses Gefühl eintauchen wollen. Wer gelernt hat, Probleme mithilfe des Funkens und/oder des Seelenlichts zu lösen, fühlt sich nicht länger als Opfer der Umstände, sondern als wissender, souveräner Schöpfer. Dieses innere Erkennen und Erleben wird als „Gnosis" bezeichnet. Wir spüren, dass wir in unserer Essenz unantastbar sind. Dass wir wundervolle Wesen sind und es immer schon waren. Wir wurden als liebevolle, freie und perfekte Lichtwesen erschaffen, nur dass man uns auf der Erde unsere gesamte Schöpferkraft vorenthält. Aus diesem Grund binde ich die Arbeit mit dem göttlichen Funken und dem Seelenlicht in die Clearing- und Rückführungsarbeit mit ein. Auch wenn ich Seelen ins freie Universum führe, mache ich sie mit ihrem inneren Licht, d. h. mit ihren wundervollen göttlichen Fähigkeiten vertraut. Sobald alle anwesenden Seelen durch ein Loch im Gitterzaun ins freie Universum geschlüpft sind, weise ich sie auf ihr Seelenlicht in der Mitte ihres Bauchraumes sowie auf ihren göttlichen Funken in ihrem Herzchakra hin. Dann bitte ich sie, sich bei den Händen zu fassen, ihre Lichter auszudehnen und maximal strahlen zu lassen. Viele reagieren mit großer Freude. Sie geben an, sich unglaublich stark und selbstbewusst zu fühlen. Sie sind tief berührt und voller Dankbarkeit, wenn ich ihnen erkläre, dass sie nun mit ihrer göttlichen Essenz, ihrer vollen Schöpferkraft verbunden sind, die ihnen helfen wird, sicher im freien Universum zu navigieren.

Ahnen- und Fremderinnerungen in Rückführungen

Viele „Wahrheitssuchende" oder spirituell Interessierte sind der Meinung, dass Rückführungen wenig bis gar keinen Sinn ergeben. Da wir Fremd- und Ahnenerinnerungen tragen, könnten die Klienten diese nicht von den eigenen unterscheiden, so die Argumentation. Abgesehen davon können auch „Deckerinnerungen", sogenannte „Screen Memories", eine Rolle spielen. Dabei handelt es sich (meist, aber nicht immer) um positive Erinnerungen, die negative überdecken. Wie unterscheidet man diese Erinnerungen voneinander? Ihre Inhalte sind mit den dazugehörigen traumatischen Emotionen im Energiesystem, möglicherweise in Implantaten, im Unterbewusstsein und in der DNA des Klienten gespeichert. Sie verursachen physische und psychische Probleme jeder

Art. Die jeweiligen Gefühle müssen neurologisch entkoppelt, d. h. aus dem System des Betroffenen gelöscht werden. Dabei spielt es keine Rolle, ob es sich um eigene oder Fremdgefühle handelt. Mit unterschiedlichen Methoden lässt sich dies zügig und nachhaltig erreichen. Es würde zu weit führen, sie in diesem Buch zu erläutern. Ich gebe sie in den Rückführungsseminaren an meine Teilnehmer weiter.

In der Tat gibt es im Rahmen von Rückführungen einiges zu beachten. Beginnen wir mit etwas Grundlegendem. Ist ein Klient durch eine Seele besetzt, besteht die Gefahr, dass er ihr vergangenes Leben sieht und nicht sein eigenes. Dämonische Wesenheiten in der Aura können die visuelle Wahrnehmung blockieren. Werden diese Entitäten nicht entdeckt, bleibt das Problem des Klienten ungelöst. Eine möglicherweise stundenlange Rückführung war völlig umsonst. Abhilfe schafft hier der kinesiologische Muskeltest. Er zeigt an, ob der Klient sein eigenes früheres Leben wahrnimmt oder nicht. Davon abgesehen gibt es eindeutige Anzeichen, die auf eine fremde Inkarnation hinweisen:

Der Klient springt von einer Situation und Altersstufe zur nächsten. Er taucht nur oberflächlich oder gar nicht in das Erleben ein, findet keinen Zugang zu seinen Gefühlen. Er erlebt sich als unbeteiligter Außenseiter, der von den anderen Charakteren nicht wahrgenommen wird. Das Vorleben zeigt keinerlei Zusammenhang mit dem Problem des Klienten. Verstirbt der Betroffene in jenem früheren Leben und geht die Seele nicht ins Licht oder in den Astralbereich und besetzt stattdessen einen anderen Menschen, so handelt es sich nicht um die Seele des Klienten. Es ist wesentlich für den Erfolg einer Rückführung, im Vorfeld ein sorgfältiges Clearing durchzuführen. Sollte der Klient keine energetische Reinigung wünschen, muss der Rückführungsleiter in der Lage sein, zumindest die Entitäten, d. h. Seelen und Dämonen, für den

Zeitraum der Sitzung zu entfernen. Auch während einer Rückführung können störende Wesenheiten auftauchen, die man wegleiten muss. Glücklicherweise nimmt die Anzahl der Rückführungstherapeuten zu, die eine Clearing-Ausbildung absolviert haben und um diese Phänomene wissen.

Das Beschriebene gilt für *Vorleben*. Bei einer Rückführung ins *Zwischenleben* muss der Klient ebenfalls frei sein von Fremdenergien. Bislang hat sich noch kein Klient an fremde Verträge erinnert. Sollte dies geschehen, so hätten sie keinen Bezug zu seinen Lebensproblemen. Jeder Seele wird im Zwischenleben Karma aufgebürdet. Um festzustellen, ob es sich dabei um Fremdkarma handelt, führt man den Klienten kurz in jenes Vorleben zurück. Anhand der geschilderten Kriterien und seiner Intuition erkennt er sehr schnell, ob seine Seele es wirklich gelebt hat oder nicht. Das Gefühl und die Wahrnehmung eines Klienten sowie sein unbewusstes Wissen sind ernst zu nehmen. Fremderinnerungen fühlen sich „anders", „nicht richtig", „unecht", „komisch", „surreal" oder „befremdlich" an. Sie „gehören nicht zu ihm". Manche Klienten zweifeln das Vorleben, das sie gerade sehen, nicht an, da sie nicht wissen, dass es sich um ein fremdes handeln könnte. Man bittet sie, sorgfältig hinzuspüren. Ist sich der Klient sicher, dass es sich um eigene Erinnerungen handelt, ist es in 98 % aller Fälle so. Sicherheitshalber überprüft der Behandler ihre Authentizität mit dem kinesiologischen Muskeltest.

Auf „Deckerinnerungen" sind meine Klienten bei ihren Rückführungen ins Zwischenleben noch nicht gestoßen, was nicht heißt, dass es nicht möglich wäre. Bei Entführungsopfern Außerirdischer sieht die Sache anders aus. Hier sind Screen Memories die Regel. Sie verdecken die inhumanen Machenschaften und Experimente der Aliens. Tatsache ist: Egal, ob es sich um eigene oder fremde Erinnerungen handelt, sie sind im System des Klienten gespeichert. Werden sie nicht gelöscht, bereiten sie ihm oder ihr weiterhin Schwierigkeiten. Hat man traumatische Emotionen aus dem System entfernt, kann das Trauma durch kritische Lebensereignisse nicht erneut getriggert werden.

Viele Menschen sind zutiefst frustriert und desillusioniert, wenn sie ihre Ziele trotz aller Anstrengung nicht erreichen und ihre Träume nicht verwirklichen können. Sie haben das Gefühl, mit angezogener Handbremse durchs Leben zu gehen. Als ob eine höhere Macht ihnen ein schönes Leben verweigert. Die meisten ahnen nicht, wie nahe sie der Wahrheit mit solchen Gedanken kommen. Sie geben sich selbst die Schuld an ihrem Scheitern, an ihrer scheinbaren Unfähigkeit, erfolgreich zu sein. „Warum gelingt mir das nicht? Andere schaffen es doch auch." Hadern, Selbstvorwürfe oder gar Selbsthass erübrigen sich, sobald sie in der Rückführung erkennen, dass ihnen übelst mitgespielt wurde. Die Betroffenen sind in der Lage, den Auswirkungen von Vertragsklauseln, die sich bereits in ihrem Leben abzeichnen, gezielt entgegenwirken. Andere Klauseln haben sich noch nicht realisiert. Ihr Eintreten wird durch das Annullieren der Verträge rechtzeitig und dauerhaft verhindert. Der Klient kann nun ganz bewusst das positive Gegenteil manifestieren. Rückführungen ins Zwischenleben sind ein äußerst wichtiges Tool. Sie bieten Menschen die Chance, die Ursachen ihrer Lebensprobleme aufzudecken, zu verstehen und dauerhaft zu lösen.

Kann man sich die Ereignisse in einer Rückführung ausdenken?

Nicht wenige Menschen glauben, man könne sich ein Vor- oder Zwischenleben ausdenken. Und dass der Klient in Hypnose willenlos und ausgeliefert sei. Beides ist Unsinn. Wäre der Klient nicht im Vollbesitz seiner geistigen Kräfte, könnte er nicht mit dem Behandler kommunizieren. Zudem funktioniert eine Rückführung auch ohne Hypnose. Ich führe meine Klienten aus dem In- und Ausland seit langen Jahren auch telefonisch zurück. Ich induziere eine Trance, jedoch keinen tiefenhypnotischen Zustand. Während sich der Klient auf seine innere Wahrnehmung fokussiert, rutscht er automatisch in eine immer tiefere Trance hinein – und befindet sich irgendwann in einer Entspannungstiefe, die man als Hypnose bezeichnet.

Um sich jemanden, etwas oder einen Ablauf vorzustellen, bedarf es einer aktiven Imagination der entsprechenden Szenerien und Bilder. Visualisierung ist stets mit einer bewussten Anstrengung verbunden. Erinnerungen hingegen zeigen und entwickeln sich im Laufe der Rückführung Schritt für Schritt. Sie tauchen aus dem Nichts auf. Ohne jegliches Zutun, ohne Bemühen, von selbst und ganz spontan. Der Klient muss nichts weiter tun, als die Bilder, die sich ihm zeigen, zu betrachten. Er erkennt intuitiv und mit hoher Treffsicherheit, ob es sich um die eigenen Erinnerungen handelt. Fremderinnerungen lösen Irritationen aus, wie oben bereits beschrieben. Niemand ist in der Lage, den gesamten Handlungsstrang einer zwei- bis dreistündigen Rückführung zu erfinden. Selbst jene Menschen nicht, die über eine äußerst rege Fantasie verfügen. Und warum sollte ein Klient dies tun? Schließlich zahlt er für die Sitzung und hat die Absicht, seine Probleme zu lösen. Jeder ist in der Lage, aktiv Imaginiertes von spontan auftauchenden Eindrücken zu unterscheiden. Anfänglich auftauchende Erinnerungen mögen unglaublich oder unerklärlich erscheinen. Im Laufe der Rückführung ergeben sie jedoch stets einen Sinn. Am Ende der Sitzung steht ein vollständiges und nachvollziehbares Bild der Ereignisse.

Inkarnations- und Karmaverträge limitieren unsere Manifestationsfähigkeit

Kommen wir zurück zu den Inkarnations- und Karmaverträgen und ihren massiven Einfluss auf unser Leben. Haben Sie schon einmal versucht, Gewünschtes beim Universum zu bestellen? Haben Sie „The Secret“, das Gesetz der Anziehung, ausprobiert? Haben Sie sich in „lichtvolle“ Energien einweihen lassen, um Ihrem Leben eine positive Richtung zu geben? Arbeiten Sie mit Symbolen der „heiligen Geometrie“? Abermillionen Menschen haben dies getan und tun es immer noch. Anfänglich begeistert von den angeblichen „Wundermethoden“ des New Age geben sie ihr Bestes, um ihr Leben zu verändern, nur um festzustellen, dass letztlich all ihre Hoffnungen scheitern. Schuld an den Misserfolgen ist nicht etwa die Unfähigkeit der Betroffenen. Zum einen sind es die Halbwahrheiten, auf denen die Methoden basieren. Zum anderen die Klauseln der Karmaverträge, die jeden Versuch, das Leben positiv zu verändern, blockieren. Jene Verträge, die wir im Zwischenleben geschlossen haben und an deren Inhalte wir uns nicht mehr erinnern können.

Keine wie auch immer geartete Manifestationstechnik wird Erfolge zeigen, wenn der Inkarnationsvertrag Gegenteiliges bestimmt. Sieht Ihr Vertrag beispielsweise finanzielle Probleme oder gar Armut vor, können Sie keinen Reichtum manifestieren. So lange die Kontrakte bestehen, wird das Geld knapp sein. Allenfalls stellen sich kleinere, temporäre Verbesserung ein. Haben Sie diversen Krankheiten zugestimmt, ist es nahezu unmöglich, auf längere Sicht gesund zu bleiben. Haben Ihnen die dämonischen Wesen eine Sucht aufgebürdet, werden Sie wahrscheinlich nur unter Schwierigkeiten abstinent bleiben können. Alle Suchtprogrammierungen, Suchtenergien und Zellerinnerungen an die Sucht müssen entfernt werden, damit Betroffene wieder in ihre Kraft kommen und nicht länger von ihrer Abhängigkeit dominiert werden. Sieht der Lebensplan Beziehungslosigkeit vor, bleibt die ersehnte Partnerschaft aus usw. Unsere Inkarnations- und Karmaverträge schränken nicht nur unser Leben, sondern auch unsere Manifestationsfähigkeit erheblich ein. Unglücklichsein ist schließlich eine der begehrtesten Loosh-Quellen der Archonten.

Und dennoch lockt das New Age mit den Methoden von Rhonda Byrne, Esther Hicks und vielen weiteren Autoren, mit denen angeblich alles möglich sei. „Manifestiere und erfülle dir deine Wünsche". „Lass all deine Träume wahr werden." „Wunscherfüllung für Eilige." „Ziehe das Glück in dein Leben". „In nur einem Jahr zum Millionär" und Ähnliches wird dort versprochen. Die Literatur vermarktet die Illusion, wir könnten die Welt verändern und verkauft sich fantastisch. „The Secret" und Co. wurden erschaffen, um verzweifelte Menschen mit falschen Hoffnungen zu füttern und sie bei der Stange zu halten. Die Methoden sollen uns ablenken von dem ganzen Elend, das auf unserer Erde herrscht. „Ja doch! Wir können alles erreichen, wenn wir es nur richtig anstellen!" lautet die Botschaft. Funktioniert es nicht, so liegt es an unserem Unvermögen. Wir haben bei der Anwendung der Methode etwas falsch gemacht. Oder aufgrund unseres schlechten Karmas kein besseres Leben verdient. Misserfolge sind unsere eigene Schuld – so einfach ist das. Es ist unglaublich, wie sehr wir vom New Age vorgeführt und zum Narren gehalten werden.

Die einzigen, die profitieren, sind die Autoren, die die Methoden publizieren. Ihre Seminare, Ausbildungen und Workshops sind überlaufen. Die zahlenden Leser und Seminarteilnehmer gehen hingegen leer aus. Sie bleiben enttäuscht, desillusioniert und noch verzweifelter zurück, als sie es zuvor waren. Solange karmische Verträge bestehen, können wir unser Leben nicht durchschlagend verändern. Annullieren wir sie und arbeiten wir mit unserem Seelen- und Funkenlicht, entwickeln wir uns zu erfolgreichen Schöpfern. Unsere wahre Macht liegt in unserem Inneren, nicht im Außen, in der Anwendung dubioser Methoden. Erklären wir alle Verträge für null und nichtig, die unseren Zielen entgegenstehen, ist bereits viel gewonnen. Kraft unseres freien Willens können wir nun die Lebensumstände kreieren, die wir präferieren. Keine Methode dieser Welt toppt die immense, uns innewohnende Schöpferkraft.

Wie die Archonten unsere Manifestationskraft zur Umsetzung ihrer Pläne missbrauchen

Bereits vor langer Zeit entzog die Ur-Quelle den Archonten sämtliche schöpferischen Kräfte. Seither sind sie darauf angewiesen, die Menschheitsfamilie durch Panik, Terror und Notstände in einen möglichst hohen Loosh-Output zu treiben. Dazu nutzen sie die „Problem-Reaktion-Lösungs-Strategie", wie David Icke sie nennt. Nehmen wir an, die Überwachung der Bevölkerung soll erhöht werden. Die Menschen protestieren. Nun erschaffen die Eliten ein Problem, z. B. den Terroranschlag auf die Zwillingstürme vom 11. September. Die Bevölkerung reagiert mit Angst. Die Eliten offerieren nun die Lösung, die sie von Anfang an umsetzen wollten: Eine noch rigidere Überwachung, der die Menschen ohne den Anschlag niemals zugestimmt hätten. Durch den Terror (absichtlich herbeigeführtes Problem) wurde die durch Angst ausgelöste Zustimmung der Bevölkerung (Reaktion) zur stärkeren Überwachung (erwünschte Lösung) erzwungen.

Wir, die Erdbevölkerung, sind diejenigen, die die Wunsch-Realität unserer Peiniger unbewusst erschaffen. In völliger Unwissenheit erzeugen wir eine unerwünschte Zukunft, kollektiv wie individuell. Wir nehmen aus Angst vor (erfundenen?) Gefahren eine immer stärkere Überwachung und Einschränkungen unserer Freiheiten und Rechte in Kauf. Die Horror- und Schreckensszenarien, mit denen uns die Mainstream-Medien ohne Unterlass beschallen, spielen hierbei eine entscheidende Rolle. Sie zeichnen eine düstere Zukunft für die Menschheit, die durch die Schöpferkraft des Kollektivs mental und emotional genährt wird, sodass sie sich verwirklichen kann. Man spricht auch von „predictive programming", „vorhersagender Programmierung". Bestes Beispiel ist die seit Jahren propagierte Klimakatastrophe. Sie dient u. a. dazu, dem Steuerzahler noch tiefer in die Tasche zu greifen. Die Temperaturen waren vor Jahrzehnten ebenso hoch oder um einiges höher als heute. Die Älteren unter uns können dies bestätigen. In zwei bis drei Jahrzehnten wird es diese Zeitzeugen jedoch nicht mehr geben. Die Menschen werden glauben, ein Hitzelockdown ab 30 Grad wäre eine notwendige Schutzmaßnahme. Die Archonten haben einen langen Atem, wenn es darum geht, ein Lügennarrativ zu implementieren, mit dem sie die Menschen noch stärker beherrschen können.

Die Archonten und ihre elitären Lakaien können nichts erschaffen. Sie benötigen unsere kollektiven Energien, um ihre wahnhaften Vorstellungen einer totalitären Kontrolle der Menschheit zu realisieren. Wäre uns allen klar, über welche Macht wir verfügen, würden wir unsere Aufmerksamkeit nicht mehr auf vermeintlich bevorstehende Katastrophen lenken, sondern auf eine lebenswerte Zukunft. Stattdessen nähren die Massen, ohne es zu wollen, die Horrorszenarien der Mainstream-Medien und damit die Agenda der Archonten.

In zahllosen Science-Fiction-Filmen präsentiert Hollywood Milliarden von Menschen genau das, was in Zukunft umgesetzt werden soll. Das Geschehen prägt sich tief in das individuelle und kollektive Unterbewusstsein der Weltbevölkerung ein, die auf diese Weise programmiert wird. Die Archonten können nun argumentieren, wir hätten ihre Pläne gekannt. Sie hätten uns in den Filmen ausreichend informiert. Da wir keinerlei Einspruch gegen derartige Vorhaben erheben, weil wir sie nicht für real halten, sind wir, wenn auch unbewusst, mit dem zukünftigen Schicksal der Menschheit einverstanden.

Kapitel 6: Der göttliche Funke

Wie wir den göttlichen Funken einsetzen können

Verschiedene religiöse Richtungen verweisen auf die Existenz des göttlichen Funkens. Welche enorme Bedeutung er für uns hat, erläutern sie wohlweislich nicht. Recherchiert man den Begriff im Internet, erhält man erstaunlich viele Treffer. Der Funke findet Erwähnung auf den Webseiten kirchlicher Institutionen, auf alternativen und esoterischen Seiten sowie auf Informationskanälen der New-Age-Szene. Wie wir ihn nutzen können, erfahren wir jedoch nicht. Ich möchte dieses Thema vertiefen und aufzeigen, was wir mit seiner Hilfe bewirken können. Wie wir wissen, ist er Teil der göttlichen Ur-Quelle, der wir alle entstammen. Aus dem Indischen kennen wir das Namaste-Ritual, das man übersetzen kann mit: „Das Göttliche in mir grüßt das Göttliche in dir." Oder auch: „Der göttliche Funke in mir grüßt den göttlichen Funken in dir." Laut Sanskrit ist der Namaste-Gruß die höchste Würdigung und Respektbezeugung, die man einem Menschen zollen kann. Man führt die Handflächen vor dem Herzchakra zusammen und verneigt den Kopf vor dem Gegenüber. Die Geste dient als Begrüßung, Verabschiedung und als Dankeschön.

Man kann den Funken auch als „Spirit" oder „göttlichen Geist" bezeichnen. Er hat seinen Sitz in unserem Herzchakra, in der Mitte der Brust. Solange wir keine bewusste Notiz von ihm nehmen, befindet er sich im Schlaf. Bisweilen ist er verkapselt oder von einer dunklen Kruste umgeben, die verhindert, dass er sich ausdehnen, strahlen und aktiv werden kann. Wenn wir die Verkrustung im Clearing sprengen, kann der Klient ihn meist deutlich spüren. Manch einer entdeckt seinen Funken sofort, andere benötigen ein wenig Zeit und Geduld, um ihn wahrzunehmen. Schenkt man ihm liebevolle Aufmerksamkeit und bittet man ihn, sich zu zeigen oder sich auf irgendeine Art und Weise bemerkbar zu machen, erwacht er zum Leben. Die meisten Menschen verspüren in diesem Moment ein Kribbeln, eine freudige Erregung oder eine wohltuende Wärme, die sich über die Brust ausbreitet und den gesamten Körper erfasst.

Haben Sie Ihren Funken schon einmal bewusst in Ihrem Herzchakra wahrgenommen? Mit ihm gesprochen? Vermutlich nicht. Es ist eine Sache, um seine Existenz zu wissen, aber eine ganz andere, seine intensive Präsenz zu spüren. Eine Klientin entdeckte den Funken während ihrer Rückführung in ihrer Brust. Sie verhandelte gerade mit Dämonen, als sie den Funken in ihrem Herzchakra wahrnahm. Als sie ihn fokussierte, erstrahlte er und wurde größer. Gleichzeitig aktivierten sich die Funken anderer anwesender Seelen – als hätten sie sich gegenseitig erkannt und würden gerade gemeinsam erwachen. Eine wundervolle Kettenreaktion entstand und Erstaunliches geschah. Einige der Dämonen erschraken heftig, reagierten mit Panik und flohen. Andere irrten entnervt umher auf der Suche nach den Seelen, die zwar immer noch anwesend, für sie jedoch nicht mehr sichtbar waren.

Was für eine unglaubliche Entdeckung! Dämonische Kreaturen fürchten sich, wenn wir unser göttliches Licht ausdehnen und strahlen lassen. Sie verlieren jegliche Überheblichkeit und Arroganz. Wie ein Häufchen Elend schrumpfen sie in sich zusammen. Die Energie des Funkens bringt uns in unsere volle Schöpferkraft, das wissen die Wesen. In diesem Seinszustand vermögen sie uns nicht mehr zu beherrschen, aber wir sie. Solange wir als Seelen oder lebende Menschen über einen Funken verfügen, ihn aber nicht bewusst nutzen, sind uns die Kreaturen überlegen.

Erst das bewusste Aktivieren unseres göttlichen Lichts signalisiert ihnen, dass wir um unsere spirituelle Überlegenheit wissen. Befinden wir uns in der Funkenenergie, haben sie keinen Zugriff mehr auf uns. Die Mehrheit der verstorbenen Seelen ahnt nichts von ihrem göttlichen Funken. Die Dämonen sind nicht darauf gefasst, dass sie ihn nutzen. Tut es eine Seele dennoch, ist das eine böse Überraschung für die Kreaturen. Über unseren Funken sind wir mit der Ur-Quelle verbunden. Wir sind in der Lage, Körper und Energiesystem mit Ur-Quellen-Licht anzufüllen. Diese kraftvolle spirituelle Anbindung verursacht den Dämonen Panik. Sie wissen, in diesem Seinszustand können sie nichts gegen uns ausrichten. Allein, wenn man den Begriff „Ur-Quelle" erwähnt, beginnen sie zu zittern und reagieren kopflos. Seit jenem denkwürdigen Tag bringe ich den Funken im Clearing und in Rückführungen zum Einsatz. Freunde, Klienten und ich haben ein Team gebildet, um weitere Einsatzmöglichkeiten zu explorieren – bislang mit bemerkenswerten Resultaten.

Jeder Funke gehört zu einer individuellen Seele – und nur zu ihr. Der Demiurg erschuf den fleischlichen Körper und die Matrix, um unsere göttliche Essenz einzusperren und als Energiequelle zu nutzen. Der Funke ist sich seiner selbst häufig nicht oder nur vage bewusst. Sobald er bemerkt, dass wir ihn wahrnehmen, läuft er zur Höchstform auf und dient uns auf vielfältige Weise. Die Gnostiker lehren, dass Gnosis, die innere Erkenntnis der wahren Zusammenhänge, das Erwachen und die Befreiung des göttlichen Funken bewirkt.[74] Meine Arbeitsgruppe und ich können dies bestätigen. Mit seiner Hilfe sind wir nicht nur in der Lage zu manifestieren. Er hilft uns, emotionale Wunden zu heilen, Fremdenergien zu entfernen, dämonische Einflüsse abzuwehren und aufzulösen, uns zu schützen und vieles mehr. Wir sind noch dabei herauszufinden, was dieses göttliche Licht vermag. Erwachte Funken sind in der Lage, ihre jeweiligen Besitzer anzuleiten und vor Schaden zu bewahren, selbst dann, wenn es ihnen nicht bewusst ist. Unsere Essenz wirkt u. a. durch die innere Stimme oder Intuition, die uns auf die richtigen Menschen, Methoden, Bücher, Informationen etc. treffen lässt. Lernen Sie Ihren Funken kennen, lassen Sie sich spielerisch auf ihn ein. Eine Übung finden Sie weiter unten. Wenn Sie ihn nicht wahrnehmen können, erkunden Sie die Fähigkeiten Ihres Seelenlichts.

Befreiung von gefangenen Seelenlichtern und göttlichen Funken

Viele Autoren sind sich einig, dass nicht jede Seele über einen göttlichen Funken bzw. Spirit verfügt. Angeliki Anagnostou-Kalogera schlägt vor, die Ur-Quelle um einen Funken zu bitten.[75] Nach den bisherigen Erfahrungen mit meinen Klienten ist dies nicht möglich. Die Ur-Quelle scheint keine weitere göttliche Essenz in unsere Gefängnismatrix entsenden zu wollen. Tatsächlich kann man mit dem kinesiologischen Muskeltest überprüfen, ob eine bestimmte Person über eine Seele und/oder einen Funken verfügt oder ob es sich um einen Statisten handelt. Meine Arbeitsgruppe und ich sichern uns zusätzlich mit weiteren Strategien ab, um kein Fehlurteil zu fällen. Daher warne ich an dieser Stelle nochmals davor, Menschen unkritisch in eine Schublade zu stecken. Gleichwohl ist es wichtig zu wissen, dass seelenlose Personen existieren. Die Archonten scheinen zahlreiche Statisten zu benötigen, um die spirituellen Kräfte eines einzigen „befunkten" Menschen im Zaum zu halten. Falls jemand kein Licht im Herzchakra findet, kann es dafür eine simple Erklärung geben.

In Rückführungen stießen meine Klienten und ich auf Käfige, in denen Seelenlichter und Funken eingesperrt waren. Sie sahen aus wie „Glühbirnen", „Wunderkerzen" oder „Lichtkugeln". Sie wurden im Astralbereich gefangen gehalten, während ihre Besitzer mit geschwächtem Schöpferpotenzial inkarniert waren. Je nach Art der „vereinbarten" karmischen Belastungen wird eine Person mit mehr oder weniger Seelenlicht geboren. Sie tritt – ob bewusst oder aufgrund von Manipulation – einen mehr oder weniger großen Anteil ihres Seelenlichts ab. Anderen wird der vollständige Funke entzogen. In Rückführungen verlangten die Dämonen immer wieder: „Gib uns dein Licht! Gib uns wenigstens etwas von deinem Licht! Komm schon! Mach das!"

Mehrere Klienten erklärten in ihrer Rückführung, dass uns der Funke temporär, d. h. für die Dauer einer Inkarnation, genommen werden kann. Da ihm eine unglaublich starke göttliche Strahlkraft innewohnt, die kaum zu bändigen ist, wird er kurzerhand „einbetoniert". Damit verhindern die Kreaturen, dass er entfliehen und zu seiner Seele zurückkehren kann. Schafft es ein Funke, sich aus seinem Gefängnis zu lösen oder wird er befreit, kehrt er zu seinem inkarnierten oder desinkarnierten Besitzer zurück. Er findet seine Seele, wo auch immer sie sich befinden mag. Funken sind nicht austauschbar. Wohl aber ist es möglich, im Rahmen energetischer oder ähnlicher Heilarbeiten die Funken anderer Seelen um Unterstützung zu bitten. Ruft man sie, eilen sie in Scharen herbei. Es ist ihnen eine Freude zu helfen – insbesondere Menschen, die über keine eigene Herzensflamme verfügen. Haben Klienten beispielsweise schwere dämonische Besetzungen, bitte ich alle verfügbaren Funken herbei.

Energetische Attacken aufgrund der Befreiungsarbeit

Während der Rückführungen konnten mein „Funkenteam" und ich etliche Seelenlichter und Funken befreien. Wir ließen unsere eigenen Funken erstrahlen und riefen weitere zur Verstärkung hinzu. Die Käfige lösten sich binnen Sekunden vor unseren Augen auf. Die Seelenlichter und die Funken waren frei und kehrten zu ihren Besitzern zurück. Im Anschluss an diese Sitzungen mussten wir feststellen, dass unsere Befreiungsaktionen von den Dämonen nicht unbemerkt geblieben waren. Wir wurden energetisch attackiert, und zwar sehr heftig. Durch bedrohliche Träume, in denen wir von dunklen Gestalten verfolgt wurden, Schmerzen, Verkrampfungen im Herzen, Stressreaktionen sowie Spannungen im gesamten Körper.

Wir litten an plötzlich auftretendem Tinnitus, Kopf- und Zahnschmerzen, Durchfall und Reizblase. Manche von uns wurden von Dämonen besetzt, die uns üble Laune, ungewohnte Aggressionen und depressive Verstimmungen bescherten. Bei allen Teammitgliedern wurden längst vergessene oder überwunden geglaubte Traumata reaktiviert, mit allen zugehörigen belastenden Emotionen und Gedanken – was uns gehörig alarmierte. Immer wieder fanden wir Dämonen in unserer Aura, die wir entfernen mussten. Weitere, äußerst unangenehme Angriffe auf unser Energiesystem erfolgten aus der Ferne. Die Archonten verfügen über Frequenzwaffen, mit denen sie unsere Energien gezielt beeinträchtigen können, was u. a. befremdliche, negative Gedanken auslösen kann. Einige von uns hatten Gedächtnisaussetzer. Sie klagten über Verwirrung und Leere im Kopf und das plötzliche Abreißen wichtiger Gedankengänge. Jeder von uns hatte angstbasierte Gedanken wie: „Die Arbeit mit dem Funken ist zu gefährlich. Die Angriffe hören nicht auf." „Ich habe Angst, dass die Dämonen mir und meiner Familie, meinen Kindern etwas antun." „Was, wenn sie uns krank machen oder töten wollen, weil wir ihnen ins Handwerk gepfuscht haben?" Wir alle standen unter starker Anspannung und erheblichem emotionalem Stress. Immer wieder erfolgten Übergriffe, vor allem aus der Ferne. Praktikable Lösungen mussten her, und zwar schnell.

Eines zeigen die feigen energetischen Attacken in aller Deutlichkeit: Mit unserem göttlichen Funken sind wir eine erhebliche Bedrohung für die Archonten. Unser Funkenlicht nimmt ihnen ihre

Macht. Wären wir keine Gefahr für sie, hätten sie sich nicht die Mühe gemacht, jeden einzelnen von uns massiv zu attackieren. Wir alle entschieden uns, weiterhin und alle gemeinsam mit unseren göttlichen Funken zu arbeiten. Wir sind den dämonischen Kreaturen keineswegs hilflos ausgeliefert, wie viele glauben. Der größte Fehler, den wir begehen können, ist, Angst zu haben und zu glauben, die Kreaturen wären uns überlegen. Auf diese Weise senken wir unser Schwingungsniveau, gleichen es ihrem an und sie gewinnen die Oberhand. Das gilt ebenso für Seelen ohne Funken. Wir müssen uns auf unseren freien Willen und unsere Schöpferkraft besinnen. So ärgerlich die hinterhältigen Angriffe für uns waren, sie haben uns auf Schwachstellen und Probleme hingewiesen, die wir mithilfe des Funkens lösen konnten. Die Kreaturen haben uns letztlich dazu verholfen, über uns hinauszuwachsen. Sie waren nicht auf unsere Gegenwehr und Beharrlichkeit gefasst und nicht in der Lage, unsere erstaunlichen Lerneffekte vorauszuahnen – Pech für sie.

Sobald wir in unsere Funkenenergie eintauchen, schwingen wir so hoch, dass uns selbst Frequenzwaffen nicht mehr erreichen. In diesem besonderen Zustand sind wir uns unserer göttlichen Kräfte ohne jeden Zweifel bewusst. Wir haben die innere Gewissheit, dass wir souveräne Seelen und unantastbar sind – unerreichbar für Astralparasiten und geschützt. Wir sind in unserer Herzensenergie. Wir fühlen Liebe, Frieden und Zuversicht. Jede Angst ist gewichen. Es ist schwierig, diese Erfahrung mit Worten zu beschreiben, man muss sie selbst erleben. Würden wir alle unsere Seelenlichter und Funken gemeinsam erstrahlen lassen, würde unsere hohe Schwingung den Frequenzzaun sprengen. Wir wären frei. Alle Seelen mit oder ohne Funken müssen zusammenwirken. Wenn dies geschieht, haben die Matrixkräfte verloren – das wissen sie. Wir sind wundervolle, hoch spirituelle Wesen. Unsere Essenz ist unendliche

Liebe und Mitgefühl. Auf Erden und im Astralbereich werden wir unserer göttlichen Kräfte beraubt und mit Angst gefügig gemacht, damit wir das archontische System nicht gefährden.

Ich kann Ihnen, liebe Leser, im Rahmen dieses Buches keine vollständige Anleitung zur Arbeit mit dem Funken anbieten. Wir experimentieren noch ausgiebig in unserer Arbeitsgruppe. Allerdings haben wir aufgrund der zahlreichen energetischen Attacken etwas Wesentliches herausgefunden. Die Ur-Quelle hat uns einen Schutz verliehen, um unsere damals noch junge, mit dem Funken ausgestattete Seelengruppe vor Übergriffen zu schützen. Dieser Schutz aktiviert sich von selbst, wenn man um ihn weiß – wie von Zauberhand und dauerhaft. Diese Erkenntnis hat uns alle überrascht und beflügelt. Seither sind nennenswerte Übergriffe auf unser Team ausgeblieben. Sollte sich dennoch ein Dämon in unsere Aura verirren, dehnen wir den Funken in unserem Körper und Energiefeld maximal aus und lassen ihn strahlen. Die Ausdehnung verdrängt die Kreaturen.

Anmerkung zur Arbeit mit dem göttlichen Funken

Es ist schwierig, diese Art von energetischer Arbeit ausschließlich schriftlich zu erklären. Die meisten Menschen benötigen Anweisungen und Erklärungen, während sie in ihr Herzchakra hineinspüren, um den Funken zu finden. Viele haben Fragen. Wer jedoch einmal die Kraft des Funkens erlebt hat, kann sie künftig selbst erforschen. Mein Team und ich bleiben dran. Möglicherweise stelle ich Anleitungen auf meiner Webseite ein oder konzipiere ein Online-Seminar. Eine kraftvolle „Funkenübung" finden Sie weiter unten in diesem Buch.

So adressieren Sie Ihre Gebete richtig

Menschen beten zu Gott, Jesus, den Heiligen, Aufgestiegenen Meistern, Engelwesen usw. Dabei lassen sie ihre eigene innere Macht ungenutzt. Sie unterwerfen sich äußeren Mächten und hoffen auf ihren Beistand, in der irrigen Annahme, selbst klein, sündig, unwürdig und machtlos zu sein – die Religionen haben uns bestens konditioniert. Da der Demiurg der „Gott" aller Religionen ist, fließen ihm die Anbetungs-, Dankbarkeits- und Lebensenergien aller Gläubigen zu. Ohne es zu ahnen, stärken sie seine Machtposition und nähren sein dämonisches System. Viele Menschen beten in der Not, wenn sie bedürftig sind. Traurig, entmutigt, hilflos, ohnmächtig, hoffnungslos, verzweifelt. Oder wenn es scheinbar keinen Ausweg aus ihrer misslichen Lage gibt. Die emotionalen Energien, die das Gebet begleiten, verschaffen den parasitären „Gebetsempfängern" einen kolossalen Rausch. Die wenigsten wissen, dass wir differenzieren müssen zwischen unserem wahren Schöpfer und jenem üblen Charakter, der die materielle Welt erschuf. In seiner unglaublichen Arroganz und Überheblichkeit fordert er stete Demut, Unterwürfigkeit und Anbetung von der gesamten Menschenfamilie. Wir sollten sie ihm versagen.

Unser wahrer Schöpfer benötigt weder Verehrung noch unsere Lebensenergien. Er hat uns unsere spirituellen Fähigkeiten nicht verliehen, damit wir sie verkümmern und uns von dämonischen Mächten lenken lassen. Da wir um die göttliche Essenz in unserem Inneren wissen, sollten wir uns nach innen wenden. Im Herzraum sind wir stets mit dem Göttlichen verbunden. Die Ur-Quellen-Energie befindet sich in uns. Wir adressieren den „richtigen" Empfänger. Wir sind das Seelenlicht, wir sind der Funke. Wir sind Teil von „Allem, was ist". Wir nutzen unsere Schöpferkraft, indem wir unseren freien Willen äußern und Taten folgen lassen, um ihn zu realisieren. Hilfloses Betteln, Jammern und Flehen hat nicht das

Geringste mit Beten zu tun. Es hält uns klein. Wir sollten klare Aussagen treffen, die das Problem und die angestrebte Lösung beschreiben. Wenn wir keinen Ausweg sehen, können wir um Gnade und Hilfe bitten. Nicht aus einer Opferhaltung heraus, sondern in dem Bewusstsein, ein souveränes, göttliches und lichtvolles Geschöpf zu sein, dessen freier Wille gehört und geachtet wird. Auf diese Weise konzentrieren wir uns auf Lösungen und schneiden die Archonten von unserem Energiefluss ab. Als ich mein erstes Gebet nach innen richtete, fühlte es sich seltsam an. Inzwischen ist es selbstverständlich geworden. Alles geschieht in uns. Wenn Sie sich im Inneren mit der Ur-Quelle verbinden, werden Sie spüren, dass alle Kraft und Stärke in Ihnen bleibt. Sie manifestieren genau das, was Sie benötigen und wünschen. Wir sind alles andere als sündige, machtlose Wesen. Wir sind würdige Schöpfer – und waren es immer schon.

Kapitel 7: Auswege aus der Matrix

Zu welchem Zeitpunkt können wir die Matrix verlassen?

Unverzüglich nach der Erkenntnis des eigenen Todes

Es ist wesentlich, die Matrix nach dem Ableben so schnell wie möglich über die Löcher im Frequenzzaun zu verlassen. Auf diese Weise bietet man den Archonten keine Gelegenheit zur Intervention. Man geht, noch bevor der Lichttunnel erscheint, und vermeidet den gesamten Recycling-Prozess. Sobald die Seele den Körper verlassen hat, setzt man eine passende Intention: „Seelenlicht und Funkenlicht aktivieren. Jetzt!" Man orientiert sich am zurückgelassenen Körper, der „unten" liegt, schaut nach „oben" und setzt die nächste Intention: „Ich sehe ein Loch im Frequenzzaun, das ins freie Universum führt. Jetzt!" Ist die Sicht verschwommen: „Klarheit. Jetzt!" Oder: „Klare Sicht. Jetzt!" Die Löcher sind dunkel, aber deutlich erkennbar. Und wieder folgt eine Intention: „Ich gehe durch dieses Loch und bin im freien Universum. Jetzt!" Dort angekommen, formuliert man die nächste Absicht: „Ich bin mit dem höchsten Aspekt meiner selbst verbunden, wo alle Erinnerungen wieder hergestellt sind. Jetzt!" Das Wörtchen „Jetzt" ist von großer Bedeutung, da sich die Intention umgehend verwirklichen soll.

Eine detaillierte Anleitung mit vielen hilfreichen Erklärungen finden Sie unter *www.wespenre.com*. Schauen Sie im Blog nach „Exiting The Grid". Das PDF ist nicht nur in Englisch, sondern auch in Deutsch und anderen Sprachen verfügbar. Falls Sie keinen Funken haben, keine Sorge. Sie werden die Matrix in jedem Fall verlassen können. Ihr freier Wille ist Gesetz. Aktivieren Sie Ihr Seelenlicht und gehen Sie vor wie beschrieben.

Lassen Sie sich beim Ausstieg von nichts und niemandem ablenken oder aufhalten. Konzentrieren Sie sich auf Ihre Intentionen. Die Entscheidung zum Verlassen der Matrix sollte bereits zu Lebzeiten klar und unmissverständlich getroffen werden. Sollten geliebte Verwandte, frühere Partner oder Kinder erscheinen, um Sie aufzuhalten, sind es höchstwahrscheinlich gestaltwandelnde Dämonen. Sollten es Seelen sein, so wurden sie bereits gehirngewaschen. Sie sind nicht mehr jene Menschen, die Sie kannten und liebten. Viele Seelen werden sich von der Sorge um ihre Hinterbliebenen einnehmen lassen – und bleiben in der Matrix gefangen. Mit gelöschtem Gedächtnis können Sie niemandem helfen. Möglicherweise ergeben sich im freien Universum ungeahnte Möglichkeiten. Ihre zurückkehrenden Erinnerungen werden Ihnen einen spirituellen Überblick verschaffen. Sie werden in der Lage sein, weisere Entscheidungen zu treffen. Wir müssen alle irdischen Anhaftungen loslassen, um der Matrix zu entkommen. Wenn wir in Sicherheit sind, sehen wir weiter. Lichtwesen, Aufgestiegene Meister, Engel, Jesus, Gott oder andere religiöse Figuren sind stets ein Fake. Sollte Ihnen irgendjemand Hilfe anbieten, lassen Sie ihn links liegen. Oder sagen Sie „Nein!" Was oder wer auch immer erscheinen mag, es wird vermutlich eine Falle sein, um Ihren Ausstieg zu vereiteln. Das schnellstmögliche Verlassen der Matrix hat Top-Priorität. Am besten ignorieren Sie alles und jeden und bleiben auf den Ausstieg fokussiert.

Wenn man sich im Lichttunnel oder auf der Lichtebene wiederfindet

Wer sich unmittelbar nach dem Ableben durch die Löcher im Frequenzzaun ins freie Universum begibt – und dies sollte der Plan sein – kommt gar nicht erst in die Verlegenheit, dem Lichttunnel oder dem Ältestenrat zu begegnen. Für den Fall, dass dies dennoch geschieht, nachfolgend einige Hinweise.

Wenn der Lichttunnel auftaucht, weisen Sie ihn zurück: „Nein. Geh weg! Geh jetzt!" Und es wird geschehen. Denken Sie sich in die entgegengesetzte Richtung. Wenn Sie bereits in den Tunnel geraten sind, sagen Sie: „Nein! Lass mich frei. Ich bin frei. Jetzt!" Es gibt etliche Nahtodreisende, die der Lichttunnel aufgrund ihrer Ablehnung und Gegenwehr nicht ansaugen konnte oder aber wieder „ausspucken" musste. In einer Rückführung jagte der Tunnel einer Klientin so lange hinterher, bis sie ihn entschlossen anwies zu gehen. Er ließ prompt von ihr ab und verschwand. Wenn Sie sich bereits im Tunnel befinden, gehen Sie nicht in die Angst. Werden Sie nicht aggressiv, sonst könnte es sein, dass der Tunnel seinen Sog verstärkt. Es gilt, die richtige Geisteshaltung einzunehmen: „Ich bin ein Schöpfer: Ich sage Nein." Punkt. Denken Sie daran: Sie haben das Sagen. Ihr freier Wille ist Gesetz!

Entitäten, die man im Lichttunnel antrifft, weist man ebenfalls Kraft des freien Willens zurück. Am besten verbietet man sich jeden Kontakt und jegliche Kommunikation. Falls sie Ihnen etwas vorschlagen oder anbieten, lautet die Antwort: „Nein!" Nein ist ein vollständiger Satz. Will heißen, das kleine Wörtchen „Nein" hat eine immense Kraft. Nähere Erklärungen oder Rechtfertigungen erübrigen sich. Sollten die Wesen auf bestehende Reinkarnationsverträge verweisen: „Ich habe sie bereits alle annulliert (das sollte zu Lebzeiten geschehen sein). Ich verlasse diesen Tunnel jetzt! Ihr könnt mich nicht aufhalten." Egal, was die Kreaturen erwidern, lassen Sie sie links liegen, gehen Sie nicht weiter auf sie ein. Schließen Sie keine neuen Verträge, auch keine vermeintlich positiven. So verlockend sie erscheinen mögen, sie sind eine Falle. Es ist besser, nicht mit den Kreaturen zu kommunizieren oder sie, falls nötig, kurz, knapp und auf das Schärfste zurückzuweisen. Wenn Sie auf die Wesen eingehen, verlieren Sie Zeit. Sie geben ihnen Gelegenheit, Tricks zu ersinnen, um Sie in der Matrix zu halten. Wenn möglich, interagieren Sie gar nicht. Der Tunnel muss Sie freigeben. Ist dies geschehen, setzen Sie die Ausstiegsintentionen und verlassen Sie die Matrix unverzüglich.

Sollten Sie sich vor dem Ältestenrat wiederfinden, verbitten Sie sich jegliche Beurteilung. Verweisen Sie darauf, dass Sie das üble Spiel, all die Lügen, Täuschungen, Manipulationen und Machenschaften durchschauen und nicht gewillt sind, weiter mitzuspielen. Sie stammen aus den göttlichen Sphären. Der Demiurg ist nicht Ihr Schöpfer. Sagen Sie zu allen Angeboten unbeirrbar „Nein". Lassen Sie sich nicht auf irgendeinen Deal ein. Wenn Sie z. B. zulassen, dass die Lichtkreaturen Sie an einen wundervollen Ort bringen dürfen oder Ihnen versichern, dass Sie nicht erneut inkarnieren müssen, bleiben Sie gefangen. Es gilt, die Wesen abzuweisen. Sie werden alles tun und versprechen, um Sie in der Matrix zu halten. Darin sind sie äußerst versiert. Sollten die Wesen handgreiflich oder anderweitig zudringlich werden, aktivieren Sie Seelenlicht und Funken. Die Kreaturen werden weichen. Gegen unser göttliches Licht haben sie keine Chance. Erklären Sie: „Ich verlasse diese Lichtebene jetzt!" Denken Sie daran, dass sich Ihre Gedanken im Astralbereich unverzüglich manifestieren. Lokalisieren Sie ein Loch im Frequenzzaun und gehen Sie schnellstmöglich hindurch.

Noch einmal in Kürze: Seelenlicht und Funken aktivieren. Sich möglichst auf keine Kommunikation einlassen. Nein sagen. Intentionen setzen, die Matrix über ein Loch im Frequenzzaun zu verlassen. Jetzt! Es ist gut zu wissen, wie man reagieren sollte, wenn man auf dämonische Kreaturen trifft. Nichtsdestotrotz sollten wir uns zu Lebzeiten nicht auf mögliche Schwierigkeiten, sondern auf einen zügigen, mühelosen Ausstieg fokussieren.

Sollten wir uns vor dem Ältestenrat auf Jesus berufen?

Angeliki Anagnostou-Kalogera geht davon aus, dass wir uns nach unserem Ableben vor dem Ältestenrat rechtfertigen *müssen*. Dem kann ich nicht beipflichten. Dazu müssten wir uns ins Licht begeben. Nachfolgend dennoch einige Hinweise der griechischen Autorin: Wir müssen wissen, dass wir uns in der Matrix eines gefallenen Halbgottes befinden, der uns, die „göttlichen Menschen", gefangen hält, und nicht im Reich des wahren Schöpfers. Wir müssen bekunden, dass Jesus zur Erde kam, um das Lösegeld für die Befreiung des „göttlichen Menschen" zu zahlen: „Christus starb als Opfergabe am Kreuz, um seine himmlischen Kinder zu befreien. Die Hingabe seines Lebens war das Lösegeld für viele. Damit ist der Mensch, so er dies wählt, frei vom Karma des Karmaverwalters Luzifer."[76] Nur wenn wir uns auf das Lösegeld bzw. Blutopfer Jesu beriefen, würden die Archonten uns erlauben, ins Pleroma zurückzukehren. Weigert sich die Seele, vor dem Ältestenrat zu erscheinen, ohne sich auf das Opfer Jesu zu beziehen, würde sie unter Zwang dorthin gezerrt und müsse erneut inkarnieren, soweit Angeliki Anagnostou.

Bereits die Wortwahl „wir *müssen*" und „nur dann *erlaubt man uns etwas*" zeigt, dass die beschriebene Option kein Ausweg sein kann. Wir vermeiden dieses Szenario, indem wir uns auf den schnellstmöglichen Ausstieg fokussieren. Wir sind zu nichts verpflichtet. Wir müssen niemandem Rede und Antwort stehen, schon gar nicht unseren Geiselnehmern. Wir haben das Recht, die Matrix jederzeit zu verlassen. Die Archonten hingegen haben kein Recht, uns gefangenzuhalten. Wenn Jesus die gesamte Menschheit karmisch „freigekauft" hat, warum wird uns dann weiterhin Karma aufgebürdet? Und was für ein „Opfer" hat Jesus gebracht, wohl wissend, unsterblich zu sein? Hat er tatsächlich geglaubt, die Archonten würden uns freilassen, wenn er für einige Stunden am Kreuz leidet? Die Geschichte ist nicht stimmig. Die Archonten werden sich vor Lachen ausschütteln, wenn sich eine Seele auf Jesus bezieht und ernsthaft glaubt, man würden sie gehen lassen.

Das Christentum etablierte Jesus als Erlöserfigur, um die Gläubigen zu ködern. Er kam, um uns die unglaublichen Fähigkeiten vor Augen zu führen, über die wir alle verfügen – nicht, damit wir ihn auf ein Podest erheben und ihn im Bewusstsein vermeintlicher Sündhaftigkeit demütig anbeten. Was er konnte, können wir ebenfalls – und noch weit mehr. Das war seine Botschaft und sein Geschenk an die Menschheit. Wenn das Christentum uns dazu auffordert, ihn zu glorifizieren, externalisieren wir die uns innewohnenden Schöpferkräfte. Das hält uns davon ab, sie in unserem Inneren zu finden. Unbedeutend, wie wir sind, suchen wir Erlösung im Außen – und zwar vergeblich. Menschen, die im Außen suchen, sind leichter zu kontrollieren, zu manipulieren und zu beherrschen. Möglicherweise gab es einen zweiten, archontischen Jesus. Jenen, der gekreuzigt wurde, auferstand und mit technologischer Hilfe in den „Himmel" fuhr. En.ki aka Luzifer hat einen Sohn namens Marduk, der diese Rolle übernommen haben könnte. Das würde erklären, warum Jesus vom „Vater" spricht. Ist der wahre Schöpfer tatsächlich männlich? Aus welchem Grund sind alle Religionen patriarchalisch? Wir können uns stets mit dem göttlichen Licht in unserem Inneren verbinden. Suchen wir Erlösung im Außen, negieren wir unsere schöpferischen Fähigkeiten – auch das ist ein wesentlicher Aspekt der Erlöserfalle. Alles, was wir benötigen, um etwas zu erschaffen, liegt in uns. Religiöse Lehren unterdrücken unsere Schöpferkräfte. Wecken wir sie auf und erlösen wir uns selbst!

Das Tibetische Totenbuch – Verhalten nach dem Tod

Einige Kulturen überliefern uraltes Wissen an ihre Nachkommen, um sie in die Lage zu versetzen, sicher durch das Leben nach dem

Tod zu navigieren. Das ist der Sinn des Tibetischen Totenbuchs, einer buddhistischen Schrift aus dem 8. Jahrhundert n. Chr. Es enthält Unterweisungen über die Vorbereitung auf das Sterben und die Wiedergeburt. Es beschreibt Möglichkeiten, den Reinkarnationszyklus zu beenden. Unter anderem wird ein Gespräch geschildert, das die Seele führen wird, sobald sie einem sogenannten „Wächter" begegnet. Er wird ihr Fragen stellen, die sie korrekt beantworten muss. Nur auf diese Weise kann die Seele den Reinkarnationskreislauf verlassen und zurückkehren in ihr wahres göttliches Zuhause. Dieses Vorgehen ähnelt dem oben bereits beschriebenen – dieselbe Irreführung. Unsere Freiheit ist unser Geburtsrecht und niemals an Bedingungen geknüpft oder gebunden. Die Archonten können uns nichts vorschreiben, es sei denn, wir lassen es zu.

Die Botschaft des Tibetischen Totenbuchs lautet: „Geh ins Licht! Sprich mit den Kreaturen. Die Beantwortung bestimmter Fragen befreit dich aus dem Teufelskreis der Inkarnationen!" Tatsächlich sollten wir jede Unterhaltung und jeden Deal vermeiden. Die Kreaturen werden uns das Wort im Mund verdrehen. Sie hatten jahrtausendelang Zeit, ihre Manipulationen zu perfektionieren. Die Kommunikation mit den Entitäten ist gefährlich. Damit wir gar nicht erst in eine solche Lage geraten, muss unser Motto lauten: „Ich verlasse die Matrix. Ich gehe nicht ins Licht! Ich verbiete den Kreaturen jeglichen Kontakt. Ich gehe nicht auf sie ein. Ich aktiviere mein Seelenlicht und meinen Funken und gehe durch eines der Löcher im Frequenzzaun ins freie Universum. Jetzt." Das Überleben der Archonten hängt von unseren Energien ab. Können wir ernsthaft glauben, dass sie uns eine ausführliche Anleitung an die Hand geben, ihnen zu entfliehen? Wohl kaum.

Weitere Optionen, den Reinkarnationszyklus zu verlassen

Verstecke im Astralbereich

Manche Seelen verstecken sich im Astralbereich. Sie warten auf geliebte Menschen, um der Matrix gemeinsam mit ihnen zu entfliehen. Mit Gedankenkraft erschaffen sie sich einen sicheren Zufluchtsort, an dem sie die meiste Zeit verweilen. Dennoch müssen sie ständig auf der Hut sein. Scharen von Dämonen patrouillieren im Astralbereich, um abtrünnige Seelen einzufangen. Bei Entdeckung drohen Elektroschocks und Zwangsreinkarnation. Wer auf Hinterbliebene wartet, geht ein großes Risiko ein. Es ist klüger, im freien Universum nach möglichen Lösungen zu suchen. Aus einer sicheren Position heraus, mit intaktem Erinnerungsvermögen und voller Schöpferkraft lassen sich weitere Schritte planen. Außerhalb der Matrix wimmelt es von Lichtwesen und Seelen. Es ist wichtig, sie über die Matrixfallen aufzuklären, damit sie keine weiteren „Hilfskommandos" zur Erde entsenden, die selbst zu Recycling-Opfern werden.

Wie wir von Astralreisenden wissen, gelingt es manchen Seelen, sich in den astralen Städten vor den Dämonen zu verbergen. Die verstorbene Tante einer Klientin hat dies getan. Sie wartet auf ihren noch lebenden Ehemann, um ihn ins freie Universum zu führen. Sie weiß um die Kraft ihres Funkens und hat sich einer Gruppe von Helfer-Seelen angeschlossen, die Verstorbene vor einer erneuten Zwangsinkarnation bewahrt. Sie ist ständig auf der Flucht. Da sich die Gruppenmitglieder dank ihres Funkens unsichtbar machen können, sind sie in der Lage, auf der Lichtebene zu erscheinen. Durch telepathische Anweisungen befreien sie in Bedrängnis geratene Seelen aus den Fängen der Archonten. Sie haben gelernt, sich zu tarnen. Dennoch laufen sie ständig Gefahr, von Dämonen entdeckt zu werden. Halten wir fest: Ja, es ist möglich, im Astralbereich unterzutauchen, aber nicht ohne Risiko.

Aufenthalt in wunderschönen astralen Gefilden – Achtung, Falle!

Im Astralbereich trifft die Seele bisweilen auf wunderschöne Orte. Auf Landschaften, Lichtungen, Seen, auf mit Blumen übersäte Wiesen, blühende Felder, beeindruckende Wälder, imposante goldene Städte und einiges mehr. Beeindruckt und magisch angezogen beschließt die Seele, zu verweilen oder sich dort zu verstecken. Das ist keine gute Idee. Bei diesen faszinierenden Orten handelt es sich um Seelenfallen, die in düstere, dämonische Gefilde führen. Ebenso gefährlich sind Flüsse oder andere Gewässer. Die griechische Mythologie beschreibt den „Fluss des Vergessens". Sobald die Seele hineintaucht, verliert sie ihr Gedächtnis. Desorientiert wird sie zur leichten Beute für Dämonen. Alles, was prächtig wirkt oder eine magische Anziehungskraft verströmt, hält die Seelen davon ab, die Löcher im Frequenzzaun zu entdecken. Alle beeindruckend schönen Orte innerhalb der Matrix sind Täuschungen und Illusionen.

Bewusste Erdgebundenheit

Manch einer schlägt vor, die Seele solle einen lebenden Menschen besetzen, um erdgebunden zu bleiben. In diesem Fall verletzt die Seele den freien Willen einer anderen Person und entzieht ihr Lebensenergie. Durch ihre bloße Präsenz, ihre Gedanken und Gefühle beeinflusst sie, ohne es zu wollen, das Leben ihres Wirts. Wird die Seele in einem Clearing entdeckt, lässt ein gutgläubiger Behandler sie womöglich von „Lichtwesen" abholen, sodass sie letztendlich recycelt wird. Vielfach werden Erdgebundene von Dämonen besetzt, die ihr Verhalten steuern. Clearings zeigen, dass dämonisch infiltrierte Seelen keine oder nur schwache Erinnerungen an ihr letztes Erdenleben haben. Sie sind weitgehend orientierungslos und werden von den Dämonen dazu gezwungen, ihren unfreiwilligen „Gastgeber" zu quälen. Die Seelen sind unfähig, sich dagegen zu wehren und bleiben im Energiesystem ihres Wirts gefangen. Auch eine Seele, die frei ist von dämonischen Besetzungen, kann zu schwach sein, um sich ohne Hilfe wieder aus der Aura zu lösen. Erst wenn ihr unfreiwilliger Gastgeber verstirbt, wird sie freigesetzt und muss sich erneut vor den dämonischen Kreaturen hüten. Erdgebundenheit ist kein Ausweg aus der Matrix, kann vielmehr eine Sackgasse sein. Wenn eine Seele erdgebunden bleiben möchte, dann nur für kurze Zeit, um ihre weiteren Schritte zu planen.

In die „Leere" gehen

Eine Seele hat die Möglichkeit, sich nach dem Ableben in die Dunkelheit bzw. die sogenannte „Leere" zu begeben. Dort kann sie einige Zeit verweilen. Sehr wahrscheinlich wird sie sich bald langweilen und diesen „Ort", der vielmehr ein Seinszustand ist, wieder verlassen. Etlichen Berichten zufolge scheint es eine „Leere" als Schwingungsebene innerhalb der Matrix zu geben. Der Astralreisende Robert Monroe begab sich hinein und vernahm wundervolle, himmlische Musik. Als er nach etlichen Fehlversuchen ein 2. Mal dorthin gelangte, bemerkte er, dass die Musikstücke in der gleichen Reihenfolge gespielt wurden wie bei seinem ersten Besuch. Er war demnach in eine „künstlich inszenierte Leere" geraten, die die Seelen täuschen soll. Ein Aufenthalt in der „Leere" ist lediglich als temporäre Zuflucht geeignet und führt nicht aus der Matrix heraus. Auch hier besteht die Gefahr, von Dämonen aufgespürt zu werden. Sie waren es, die diese „Leere" kreiert und für die Musik gesorgt hatten, die offensichtlich von einem Band abgespielt wurde. Wer sich in die „Leere" *innerhalb der Matrix* begibt, sollte demnach vorsichtig sein.

Vielfach berichten Astralreisende, in den höheren Astralebenen an eine Art kuppelartig gewölbte „gläserne Decke" gestoßen zu sein, die den Ausstieg aus der Matrix verhindert.

Die Astralreisende Isabella A. Greene beschreibt in ihrem Buch „Leaving The Trapp: How to Exit Reincarnation Cycle"[77] diverse Ausstiegsmöglichkeiten. Sie verlässt ihren Körper mithilfe einer „Kundalini-Technik", die sie selbst seit Jahren anwendet und perfektioniert hat. Sie nennt ihre Methode „Quantum Travel". Das Vorgehen ermöglicht es dem Reisenden, so Greene, die Astralebenen zu umgehen – und somit auch „gläserne Decken" und üble Entitäten – und sich unverzüglich in die Leere *außerhalb* der Matrix zu katapultieren. Von dort aus sei alles möglich. Ich kann nicht beurteilen, ob die Methode tatsächlich zielführend ist, aber einen Hinweis darauf geben, sodass sich der interessierte Leser selbst informieren kann. Die Löcher im Frequenzzaun sind definitiv vorhanden und führen mit einer entsprechenden Intention aus der Matrix heraus ins freie Universum. Wer sich selbst ein Bild der Astralebenen und der genannten Möglichkeiten machen will, tut gut daran, das Astralreisen zu erlernen.

Ausstieg durch die Löcher mithilfe des göttlichen Funkens

Der Ausstieg über die Löcher wurde bereits beschrieben. Nun möchte ich Ihnen eine abgewandelte Form präsentieren. Den Ausstieg mithilfe des göttlichen Funkens, zu dem mich die spirituellen Videos einer jungen Frau namens Ava Vertias[78] inspirierten. Sie begab sich auf Astralreise, um die Löcher im Frequenzzaun mit eigenen Augen zu sehen, und fand unendlich viele. Der Ausweg aus der Matrix schien ein Kinderspiel zu sein. Dann besann sie sich jedoch darauf, dass Antworten und Lösungen niemals im Außen liegen. Daher rät sie, vor oder auch kurz nach dem Ableben ins Herz zu gehen. Die Annahme, dass wir den Ausweg aus der Matrix über unser Herzzentrum finden, ist ein starkes Argument. Schließlich ist unser göttliches Licht dort zu Hause.

Es gilt, den Funken unmittelbar nach dem Austritt aus dem Körper zu aktivieren. Hat man dies zu Lebzeiten geübt, geschieht es binnen einer Sekunde. Die Intention lautet: „Funken aktiviert. Jetzt!" Dann fordert man den Funken auf: „Zeig mir den Ausweg aus der Matrix, der ins freie Universum führt. Jetzt!" Die dunklen Löcher im Frequenzgitter werden sichtbar werden. Sollte der Ausweg darin liegen, die Aufmerksamkeit weiterhin auf das eigene Herz zu fokussieren und nicht nach außen, so wird der Funke dies signalisieren. Viele Astralreisende begeben sich tief in ihr Inneres hinein, um ihre Astralreise zu beginnen. Sie orientieren sich nicht im Außen. Sie versenken sich im Herzen, um aus ihrem Körper auszusteigen, daher greife ich diesen Ansatz auf. Die Intentionen könnten lauten: „Ich bin im freien Universum. Verbunden mit dem höchsten göttlichen Aspekt meiner selbst, wo all meine Erinnerungen wiederhergestellt sind. Jetzt!" Dabei wird unsere Individualität nicht mit der Quelle verschmelzen, sondern erhalten bleiben. Die Intentionen müssen klar und spezifisch sein. Sie, liebe Leser, können ein wenig mit den Formulierungen spielen. Wählen Sie die einprägsamsten oder jene, in die Sie das größte Vertrauen haben.

So arbeiten Sie mit Ihrem göttlichen Funken – eine Übung

Viele Menschen nehmen eine innere Wärme, eine kleine Flamme, ein Licht oder Ähnliches wahr, wenn sie ihren Funken im Herzchakra fokussieren. Nachfolgend eine Übung, wie Sie sich bewusst mit ihm verbinden können. Sie erfordert ca. 5 Minuten Zeit und sollte täglich 2-mal durchgeführt werden, um die Verbindung zu stärken. Sie werden bemerken, wie Sie sich dabei entspannen. Der übliche Stress fällt von Ihnen ab.

Legen Sie sich hin oder nehmen Sie eine bequeme Sitzhaltung ein. Schließen Sie die Augen. Nehmen Sie einige tiefe Atemzüge. Richten Sie Ihre Aufmerksamkeit, Ihr inneres Auge auf ihren Herzbereich. Bitten Sie Ihren Funken, sich Ihnen zu zeigen, sich bemerkbar zu machen. Seien Sie sich bewusst, dass Sie gerade einen Teil Ihrer selbst wahrnehmen, der ebenso Teil der göttlichen Ur-Quelle ist. Sprechen Sie mit ihm. Bestätigen Sie ihm, dass Sie sich über seine Präsenz freuen. Danken Sie ihm dafür. Senden Sie ihm Ihre Liebe. Lassen Sie ihn wissen, dass Sie fortan mit ihm in Kontakt bleiben werden.

Warten Sie auf eine Antwort oder Reaktion. Viele Menschen nehmen nun ein Licht wahr. Andere spüren deutlich, wie sehr sich der Funke über die Ansprache freut. Möglicherweise bewegt er sich, als wäre er aufgeregt. Er ist dankbar, dass Sie ihn bewusst wahrnehmen, er hat sehr lange darauf gewartet. Manchmal prickelt es im Herzchakra oder eine wohlige Wärme breitet sich aus. Genießen Sie, was immer geschieht.

Nun bitten Sie Ihren Funken, sich vollständig in Ihrem Körper und Ihrem Energiesystem auszudehnen und maximal zu strahlen. Wenn die Funkenenergie, die gleichzeitig Ur-Quellen-Energie ist, Ihr Sein erfüllt, sind Sie mit Ihrem Selbst, Ihrer wahren göttlichen Natur, Ihrer Essenz verbunden. Sie können den Funken programmieren, indem Sie sich auf Ihr Herzchakra konzentrieren und z. B. laut aussprechen: „Ich bin Liebe. Ich bin ein Souverän. Ich bin eine freie Seele. Ich stamme aus der wahren göttlichen Quelle allen Seins. Mein freier Wille ist Gesetz. Ich bin beschützt. Ich bin unantastbar" usw. Nutzen Sie Formulierungen, mit denen Sie sich wohlfühlen. Wiederholen Sie jeden Satz einige Male, bis Sie fühlen, dass er für Sie wahr und stimmig ist. Auf diese Weise bringen Sie Ihr Schöpferpotenzial zum Einsatz und ermächtigen sich selbst. Wenn Sie Ihren Funken voll und ganz spüren, sagen Sie sich: „Mein

Funke ist ab sofort daueraktiviert und ebenso mein Schutz, den mir die Ur-Quelle verliehen hat."

Mithilfe Ihres Funkens können Sie Erwünschtes manifestieren. Erzählen Sie ihm von Ihren Plänen und erbitten Sie seine Hilfe. Fühlen Sie die positiven Emotionen, die mit dem Erreichen Ihres Wunsches oder Zieles verbunden sind. Freuen Sie sich. Spüren Sie Dankbarkeit. Alles darf leicht und ohne Anstrengung geschehen. Stellen Sie sich das Endresultat vor und wiederholen Sie den Prozess einige Tage hintereinander. Wenn Sie spüren, dass die Programmierung greift, wenn es sich wahr anfühlt, ist es getan. Es kann bis zu drei Wochen dauern, ehe sich die Manifestation in Ihrem Leben zeigt. Es kann aber auch schneller gehen. Bleiben Sie geduldig.

Wenn Sie es nicht beim ersten Mal schaffen, Ihren Funken zu spüren oder auszudehnen, ist das nicht tragisch. Nehmen Sie sich die Zeit, die Sie brauchen. Manche Funken schlafen und müssen mehrfach angesprochen werden, ehe sie erwachen und reagieren. Bleiben Sie auch hier geduldig. Irgendwann sind Ihre Bemühungen von Erfolg gekrönt. Der Kontakt mit dem Funken kann sehr berührend sein. Sie fühlen sich in Dankbarkeit und Liebe mit dem Göttlichen verbunden.

Bitten Sie Ihren Funken, Sie generell in Ihrem Leben zu führen und anzuleiten. Sie können ihn auch um Anleitung in bestimmten Angelegenheiten bitten. Immer wenn ich meinen Funken um Unterstützung beim Schreiben dieses Buches bat, stieß ich auf neue bedeutsame Informationen. Bitten Sie um Heilung, um energetische Reinigung (Entfernen von Fremdenergien, Magie, Implantaten, Dunkelwesen etc.), um Schutz vor energetischen Attacken usw. Stellen Sie Ihrem Funken Fragen. Warten Sie ab, bis Sie seine Antwort vernehmen, auf welche Art auch immer. Ich kann Ihnen nur wärmstens ans Herz legen, immer wieder mit Ihrem Funken zu kommunizieren. Allein 5 Minuten täglich in der Funkenenergie „zu baden" ist wohltuend, ermächtigend und entspannend. Sie werden spüren, dass Sie plötzlich grundlos guter Dinge sind und das Leben viel mehr genießen als je zuvor. Ihre Herzensflamme hilft Ihnen in allen Belangen und Lebensbereichen. Sollten Sie keinen Funken entdecken, arbeiten Sie auf die gleiche Weise mit Ihrem Seelenlicht.

Falls Sie Probleme mit Besetzungen haben: Wenn Sie Ihren Körper und Ihr Energiesystem mit Funken- und Seelenlicht anfüllen, werden Fremdenergien wie erdgebundene Seelen, dämonische und andere Wesenheiten aus Ihrer Aura verdrängt. Sie befinden sich dann vollständig in Ihren eigenen Energien. Wenn Sie die Übung regelmäßig anwenden, bleiben Sie frei von Fremdenergien.

Den göttlichen Funken auf Ausstieg programmieren

Der Funke wird sicherstellen, dass wir das Erdengefängnis verlassen können. Füllen Sie Körper und Aura wie beschrieben vollständig mit seinem Licht und seiner Energie an. Ihr Seelenlicht wird dabei automatisch miteinbezogen. Treffen Sie mit Ihrem Funken die Vereinbarung, Ihre Seele nach dem physischen Tod unverzüglich und auf direktem Weg ins freie Universum oder zur wahren Quelle allen Seins zurückzuführen. Dabei umgehen Sie den Lichttunnel und das falsche Licht. Notieren Sie die Sätze, die sie benutzen und bleiben Sie dabei. Führen Sie die Programmierung zwei bis drei Wochen oder auch länger täglich durch, bis Sie ganz sicher wissen und darauf vertrauen, dass Ihr Funke Sie aus der Matrix geleiten wird. Es kann nicht schaden, den Prozess anfänglich wöchentlich und später monatlich zu wiederholen.

Mit der Zeit werden Sie sich immer schneller mit Ihrem Funken verbinden. Sie werden sich stark, unabhängig, machtvoll und dankbar fühlen. Sobald Sie sich in Ihrer Funkenenergie befinden, spüren Sie Ihre immense Schöpferkraft. Alle Ängste sind gewichen. Nichts und niemand kann Ihnen etwas anhaben. Sie sind unantastbar. Sie sind geschützt. Sie brauchen Ihren Funken lediglich zu instruieren: „Dehne dich in meinem gesamten Körper und Energiesystem aus und strahle maximal" und es geschieht. Sonnen Sie sich täglich in Ihrem Funkenlicht. Ihr Wohlbefinden, Ihre Zuversicht sowie das Vertrauen in Ihre eigenen Fähigkeiten werden wachsen. Sie werden zu einer wahrhaft selbstbestimmten Seele.

Im Internet gibt es eine hilfreiche Video-Anleitung zur Arbeit mit dem Funken.[79] Der Verfasser geht ähnlich vor wie mein Team und ich. Er weist darauf hin, dass der Kontakt mit dem inneren Licht Emotionen triggern kann, die verarbeitet und losgelassen werden müssen. Sie können sich unvermittelt zeigen. Dazu gehören ungelöste Ängste und Traumata, die im physischen und feinstofflichen Körper gespeichert sind. Dies kann erschöpfend oder belastend sein für Menschen, die noch nicht bereit sind, die innere Arbeit zu tun. Tatsache ist, dass der Funken belastende Gefühle auflöst, wenn man ihn anweist, die zugrunde liegende emotionale Verletzung zu heilen. Voraussetzung ist die Bereitschaft, hinzuschauen und hinzufühlen – bevor man den Funken um Auflösung bittet.

Halten wir fest: Alle Seelen, ob mit oder ohne Funken, sind in der Lage, die Matrix mithilfe von Intentionen zu verlassen. Ähnlich wie der Funke, lässt sich auch das Seelenlicht programmieren. Sie kennen nun einige Ausstiegsoptionen. Wahrscheinlich gibt es weitere, die es zu erkunden gilt. Wer recherchiert wird fündig werden und bleibt up to date. Im englischsprachigen Raum gibt es zahlreiche aufklärende Videos und Webseiten. Im Deutschen sieht es leider anders aus. Dennoch lohnt sich auch hier die Recherche. Überprüfen Sie die Informationen und die Menschen, die sie verbreiten. Kenntnisstand, Meinungen und Betrachtungsweisen dürfen divergieren. Sollten Sie auf New Age-Narrative stoßen, ist Vorsicht geboten und ein klares Urteilsvermögen gefragt. Mit der Zeit finden Sie sich im Dschungel der Informationen und Meinungen immer besser zurecht. Irgendwann müssen wir alle unsere eigenen Schlussfolgerungen ziehen. Ich kann Sie nur noch einmal ermutigen, selbst zu recherchieren.

Ausstieg aus der Matrix für Seelen ohne Funken

Sollten Sie keinen Funken im Herzchakra entdecken, machen Sie sich bitte keine Sorgen. Das möchte ich an dieser Stelle noch einmal und von Herzen betonen. Im Clearing begegnen mir regelmäßig erdgebundene Seelen ohne Funken. Sie alle begeben sich mühelos durch die Lücken im Frequenzzaun ins freie Universum. Aktivieren Sie Ihr Seelenlicht und bitten Sie es, sich in Ihrem Körper und Ihrem Energiesystem auszubreiten. Dann arbeiten Sie mit Absichtserklärungen. Sollte Ihre Zeit kommen, die Erde zu verlassen, setzen Sie die Intentionen wie beschrieben ein. Ich habe lange und reiflich überlegt, ob ich überhaupt erwähnen sollte, dass es Seelen unterschiedlicher Ausstattung gibt. Das Thema kann Zündstoff sein für Zwistigkeiten, Missverständnisse und unnötigen Kummer. Es mag Menschen mit Funken geben, die glauben, den anderen überlegen zu sein. Nehmen Sie Abstand von solchen Zeitgenossen. Es ist unerlässlich, zunächst sorgfältig zu prüfen, ob der Funke tatsächlich fehlt. Er könnte in der Brust durch Fremdenergien blockiert oder im Astralbereich gefangen sein. In diesem Fall befreit man ihn und bringt ihn zurück. Ich habe mich dazu entschieden, kein Wissen zurückzuhalten, nur weil es von einigen Menschen falsch gehandhabt werden könnte. Damit ist niemandem geholfen. Auch Klienten ohne Funken – ich betone es noch einmal – können sämtliche Inkarnationsverträge annullieren und ins freie Universum gehen. Entscheidend ist das Vertrauen in die ureigenen göttlichen Fähigkeiten, das eigene Seelenlicht und die richtigen Intentionen. Ob mit oder ohne Funke, wir sind alle lichtvolle Wesen. Gemeinsam sind wir stark.

Navigieren im Astralbereich

Möglicherweise benötigt eine neu verstorbene Seele eine gewisse Zeit, um ihren Tod zu realisieren. Dies gilt insbesondere für unaufgeklärte Seelen, die die nachtodlichen Prozesse und Fallen nicht kennen oder nicht an eine Existenz nach dem Ableben glauben. Wahrscheinlich erliegen sie der verführerischen Anziehung des Lichttunnels und landen im Recycling-Prozess. Anders verhält es sich bei informierten Seelen. Menschen, die vor ihrem Ableben schwer erkranken, unter Demenz, Alzheimer oder Ähnlichem leiden, werden die Matrix ebenfalls verlassen können. Wenn Sie sich bereits zu Lebzeiten für den Ausstieg entschieden haben, sind Sie auf der sicheren Seite. Frei von einem dahinsiechenden Körper gewinnen sie zügig Klarheit über ihre Situation. Sie werden sich daran erinnern, über die Löcher aussteigen zu können. Seelen, die ihren Körper hinter sich gelassen haben, berichten häufig über ein Gefühl der Freiheit und Leichtigkeit. Irdische Sorgen, Nöte sowie Schmerzen fallen von ihnen ab. Alles, was Sie tun müssen, sobald Sie Ihren Tod bemerken, ist eine Lücke im Zaun zu lokalisieren, die Ausstiegsintentionen zu setzen und ins freie Universum zu gehen.

Sie sollten auf Ihre Gedanken achten, da sie sich im Astralbereich unverzüglich manifestieren, insbesondere wenn sie von starken Gefühlen begleitet werden. An etwas zu denken, ist noch keine Intention. Und es ist okay, Angst vor dem Unbekannten zu haben. Hineinsteigern sollte man sich aber nicht. Wenn Sie an Dämonen denken, haben Sie noch keine Absicht gesetzt, aber möglicherweise werden einige zur Stelle sein. Tatsächlich aufmerksam werden diese Kreaturen jedoch erst, wenn eine Seele intensive Angstenergien erzeugt. Bleiben Sie ruhig. Schicken Sie sie weg: „Geht jetzt!" Wenn Sie an Ihre Familie denken und sich wünschen, bei ihr zu sein, ist das eine klare Absicht und Sie werden umgehend dorthin gezogen. Aber auch für diesen Fall gibt es eine Lösung. Tausende erfahrene Astralreisende berichten, dass sie sich zurückdenken können an ihren Ausgangsort: „Zurück zum Ausgangsort. Jetzt!" Konzentrieren Sie sich auf die Löcher und schlüpfen Sie hindurch, mehr braucht es nicht. Wenn Sie zu einem bestimmten Ort reisen wollen, erklären Sie: „Ich bin an Ort XY. Jetzt!"

Wenn sich eine Ablenkung ereignet und Sie neugierig dorthin schauen, verlieren Sie Ihren Fokus und begeben sich eventuell unfreiwillig an diesen Ort. Dann lautet die Intention: „Zurück zum vorherigen Ort. Jetzt!" Hat man etwas Unerwünschtes versehentlich manifestiert, kann man die Manifestation zurücknehmen: „Rückgängig machen. Jetzt!" Oder: „Ungeschehen machen. Jetzt!" Nutzen Sie das Wörtchen „Jetzt" in oder nach jeder Intention. Es macht Sinn, Sätze zu benutzen, die keinen Zeitfaktor beinhalten. Dann begeben Sie sich ohne Zeitverzögerung zum Wunschort. Anstatt: „Ich gehe jetzt zu …", sagen Sie: „Ich bin jetzt … (am gewünschten Ort)."

Im freien Universum können Sie die Erde von oben betrachten. Nach geraumer Zeit kehren Ihr Gedächtnis und Ihr spirituelles Wissen zurück. Sie werden sich wieder daran erinnern, wie Sie im freien Universum navigieren können. Sollten Ängste aufkommen, dass der Ausstieg misslingen könnte, arbeiten Sie daran. Und machen Sie sich klar, dass Ihnen das Fokussieren einer klaren, möglichst kurzen Intention stets weiterhilft. Wes Penre hat ein Video verfasst, das den Weg zwischen dem Moment des Todes und dem

Ausstieg über die Löcher im Frequenzzaun sowie das Navigieren im Astralbereich ausführlich beschreibt.[80]

Sind Sie bereit, die Matrix zu verlassen?

Viele tun sich verständlicherweise schwer mit dem Gedanken, geliebte Menschen, insbesondere Familie, Partner und Kinder, in der Matrix zurückzulassen. In Clearingsitzungen bringen erdgebundene Seelen, die sich nach einer entsprechenden Aufklärung für das freie Universum entscheiden, immer wieder zum Ausdruck, wie belastend und bedrückend es ist loszulassen. Ich höre Sätze wie: „Ich möchte meinen Hinterbliebenen nahe sein. Ich habe solche Sehnsucht nach ihnen. Am liebsten würde ich warten, bis sie mit mir gehen. Kann ich meine Lieben vom freien Universum aus kontaktieren? Wenn meine Familienangehörigen ins Licht gehen und ich ins freie Universum, dann sehen wir uns nicht wieder. Was soll ich nur tun?" Usw. Möglichkeiten, sich innerhalb der Matrix zu verstecken, wurden bereits beschrieben. Wird jemand entdeckt und recycelt, ist seine Chance, im nächsten Leben erneut zu erwachen, äußerst gering – dafür werden die Archonten sorgen. Seelen, die sich in naher Zukunft wieder verkörpern, werden dem Transhumanismus nur schwerlich entkommen, dazu später mehr. Der Ausstieg aus der Matrix nach der aktuellen Inkarnation scheint die beste Option zu sein, die wir haben. Aufgrund der globalen Vernetzung durch Internet und Co. sind wir erstmals in der Lage, dieses Wissen weitläufig zu verbreiten und zu nutzen. Die Menschen, die vor hunderten oder tausenden Jahren lebten, hatten diese Chance nicht.

All die geliebten Menschen, die Sie verloren haben, sind vermutlich ins Licht gegangen. Sie haben nun eine andere Persönlichkeit. Sie sind nicht mehr die Menschen, die Sie liebten und kannten. Nach heutigem Kenntnisstand vermögen wir nicht genau zu sagen, was uns im freien Universum erwartet. Möglicherweise können wir von dort aus mehr für unsere Lieben tun, als wir derzeit wissen. Klären Sie die Menschen auf, die Ihnen am Herzen liegen. Jene, die offen und bereit sind, Ihnen zuzuhören, werden sich womöglich ebenfalls für den Ausstieg entscheiden und Sie werden sich wiedersehen. Ich habe Klienten, die bereits jetzt damit beginnen, ihre Kinder spielerisch an die Thematik heranzuführen. Sie erklären ihnen, dass sie ein göttliches Licht besitzen, das ihnen hilft, sie stark macht und sie stets durch ihr Leben begleitet. Sie denken sich Übungen aus, damit die Kinder ihren Funken spüren und seine Kräfte unbeschwert ausprobieren können. Sie bestärken die Kleinen darin, dass sie mächtige, freie, eigenständige und unabhängige Seelen sind. Dass sie über einen freien Willen verfügen, mit dem sie ihr Leben wunschgemäß gestalten können.

Geliebte Menschen loszulassen, wird unsere schwerste Aufgabe sein. Aber auch alle anderen Anhaftungen an irdische Vergnügungen wie Essen, Sexualität, materiellen Besitz, Unerledigtes, Unerfülltes und nicht Ausgelebtes können dazu führen, dass viele zumindest unbewusst dazu tendieren, zur Erde zurückkehren zu wollen. Die Archonten wissen um diese Schwächen. Sie können unsere Energien auslesen und werden zur Stelle sein. Daher muss unsere Absicht, die Matrix nach der aktuellen Inkarnation endgültig zu verlassen, glasklar sein. Dann bleiben diese Kreaturen weg. Treffen Sie eine Entscheidung. Bleiben Sie dabei. Arbeiten Sie an Ängsten, Obsessionen und Unsicherheiten. Erfüllen Sie sich Sehnsüchte und Träume oder verabschieden Sie sich von ihnen. Bekommen Sie Ihre Süchte in den Griff, sie können Sie erdgebunden halten. Bearbeiten Sie Ihre Traumata. Vergeben Sie anderen und sich selbst, damit Sie die Erde ohne emotionale Altlasten oder mit „leichtem Gepäck" verlassen können.

Wir tun gut daran, alle Vereinbarungen, die uns an andere Menschen und die Erde binden, zu lösen. Dazu gehören Seelen-, Karma-

und Inkarnationsverträge. Aber auch Eide, Schwüre, Gelübde, Gelöbnisse, Verpflichtungserklärungen und Versprechen, die wir gegeben haben. Beispielsweise solche: „Ich werde dich immer lieben." „Ich kehre immer zu dir zurück." „Wir sehen uns im nächsten Leben wieder." „Ich werde immer bei dir bleiben" etc. Es gilt, solche Aussagen zurückzuziehen und den anderen in Liebe freizugeben. Schließlich sollten wir allen alles verzeihen, einschließlich uns selbst, damit wir in Frieden gehen können.

Üben Sie den Ablauf des Ausstiegs ein. Ansonsten genießen und leben Sie Ihr Leben in vollen Zügen! Dann lassen Sie in Dankbarkeit los – und in dem Wissen, dass es nach dem Tod in Freiheit für Sie weitergeht. Lassen Sie sich vom negativen Weltgeschehen nicht ins Bockshorn jagen. Die Matrix wird nicht ewig bestehen. Irgendwann sehen wir uns alle wieder.

Was geschieht im freien Universum?

Im freien Universum werden wir wieder zu multidimensionalen Wesen. Befreit von einem amnestischen, limitierenden Körper werden wir uns an alle Vor- und Zwischenleben sowie an die Zeit vor unseren Erdinkarnationen und an unseren göttlichen Ursprung erinnern. Unser Bewusstsein wird nicht länger durch ein enges Frequenzband eingeschränkt. Aus einer übergeordneten spirituellen Perspektive können wir wohlüberlegte, weise Entscheidungen treffen, wie wir uns künftig weiterentwickeln wollen. Wir werden geliebte Seelen wiedersehen, die uns sehr vermisst haben, nachdem wir auf der Erde gestrandet waren. Wir können tun oder unterlassen, was immer uns beliebt. Wir bestimmen, was wir erleben möchten. Mit Gedankenkraft und gemeinsam mit gleichgesinnten Seelen erschaffen wir uns eine Umgebung, die unseren Bedürfnissen entspricht und in der wir verweilen möchten. Es steht uns frei, andere Dimensionen, Planeten und Sternensysteme zu erkunden.

Wir sind wieder im Vollbesitz unseres freien Willens und haben unendlich viele Entwicklungsmöglichkeiten. Das ist die Freiheit, die unser wahrer Schöpfer für uns vorgesehen hat.

Können wir die Archonten verändern und die Erde retten?

Die Archonten unterjochen die Menschheitsfamilie seit Jahrtausenden und länger. Sie könnten uns freilassen und sich ans Pleroma wenden, sie tun es jedoch nicht. Ganz im Gegenteil, sie fahren alle verfügbaren Geschütze auf, um uns in den Transhumanismus zu zwingen, der ihnen die ersehnte totalitäre Kontrolle über die Menschheit verschafft. Und nicht nur das, ihre perfiden Pläne gehen noch sehr viel weiter. Näheres zu erklären, würde den Rahmen dieses Buches sprengen. Dem interessierten Leser empfehle ich die Bücher von Wes Penre zu Transhumanismus und Singularität.

Bisher endeten alle Rettungsversuche von Lichtwesen oder Seelengruppen mit der Auslöschung ihrer Individualität und endlosem Recycling. Solange Archonten die Erde beherrschen, wird unser Leid fortbestehen. Es sei denn, wir wachen kollektiv auf und verbannen sie von unserem Planeten. Ein solches Erwachen scheint jedoch in weiter Ferne zu sein. Selbst das Aufwachen einer kritischen Masse ist (noch) nicht in Sicht. Dass wir alle in eine höhere Schwingung gehen und die Erde mit Liebe retten, ist New-Age-Augenwischerei. Eine dummdreiste Lüge. Kranke Psychopathen lassen sich nicht mit Liebe, Empathie und Verständnis bekehren. Sie bereuen die Qualen, die sie uns bereiten, in keiner Weise. Sie empfinden keine Schuldgefühle. Das menschliche Leben bedeutet ihnen nichts. Wir sind nichts als eine dumme Herde Vieh für sie, die man energetisch ausschlachten kann. Außerhalb der Matrix können sie nicht existieren. Ohne unsere Energien verenden sie jämmerlich. Diese geistesgestörten Irren schrecken vor keiner Gräueltat zurück, um uns versklavt zu halten.

Durch die irdischen Dramen, die wir erleiden, Kriege, Krisen, Notstände, Hunger, Elend usw. fühlen sie sich bestens unterhalten – sie beobachten uns. Verbrechen und Gewaltakte, sexueller Missbrauch, abartige sexuelle Praktiken, Vergewaltigungen, Pädophilie, Mord, Totschlag und Folter bereiten diesen Sadisten ein intensives Vergnügen und ekstatische Lustgefühle. Wir haben es mit kranken, voyeuristischen Subjekten zu tun. Wir sind die unfreiwilligen Darsteller einer perversen „Tru(e)Man Show".

Mit jeder Seele, die ins freie Universum gelangt, befreien wir einen Anteil der göttlichen Essenz, die bislang gefangen war. Möglicherweise gelingt es uns, eine alternative Erde zu erschaffen, die nicht auf Leid und Tod ausgerichtet ist, sondern auf Liebe und Mitgefühl – und frei ist von astralen Parasiten. Gemeint ist nicht die irdische, sondern jene bedingungslose Liebe, die unserem wahren Sein entspricht. Jeder Versuch einer einzelnen Seele, die Erde in der nächsten Inkarnation zu retten, bleibt ein frommer, törichter Wunsch. Selbst wenn wir die Lichtebene umgehen und direkt in einen Mutterleib inkarnieren, lässt sich eine Amnesie nicht vermeiden. Wir sind den satanischen Mächten weiterhin ausgeliefert. Sie werden sicherstellen, dass alle erwachten Menschen ihr zukünftiges Leben entweder unter traumatischen Bedingungen oder bereits im Transhumanismus verbringen.

Es ist unmöglich, einen Planeten des Todes und des Leidens in einen Ort des Glücks und der Liebe zu verwandeln, während er unter satanisch-dämonischer Herrschaft steht. Solange die barbarischen Kräfte die Erde beherrschen, wird sich nichts verändern. Im freien Universum eröffnen sich uns unendliche Möglichkeiten. Es wäre nur vernünftig, zunächst uns selbst in Sicherheit zu bringen.

Wir sollten uns mit anderen zusammenzuschließen, ehe wir im Alleingang versuchen, eine Welt zu retten, die nicht zu retten ist. Die Archonten sind nicht zu bekehren. Solange sie herrschen und auf unsere Lebensenergien angewiesen sind, um zu überleben, bleibt die Menschenfamilie versklavt.

Kapitel 8: Die Situation auf der Erde

In der Vergangenheit – als die Götter noch sichtbar waren

Im alten Ägypten finden wir seltsam anmutende Darstellungen von Gottheiten mit Flügeln und Tiergesichtern sowie von Geräten, die aussehen wie Ufos, U-Boote oder Helikopter. Auf manchen Zeichnungen sind Taucheranzüge zu sehen und Wesen, die Helme mit Antennen tragen. Bei Ausgrabungen wurden „Langschädel" und Schädel von Riesen gefunden. Brien Foerster ließ die Langschädel-DNA untersuchen. Sie entsprach nicht der regulären DNA Homo sapiens.[81] En.ki aka Luzifer und seine Anunnaki waren noch vor einigen tausend Jahren sichtbar für die Humanoiden, denn sie lebten auf der Erde. Mit Blutopfern besänftigten die Menschen die „Götter", in der Hoffnung, selbst verschont zu bleiben. Opferungen kennt man von den Hochkulturen der Maya und der Azteken. Diese Völker waren keine wilden, blutrünstigen Barbaren, die Ihresgleichen opferten, weil es ihnen gefiel, sondern weil die „Götter" dies verlangten. Wer nicht spurte, konnte leicht selbst zum Opfer werden. Anbetung, Verehrung, Angst und Blutopfer generieren immense Energien, die von den Dämonen gierig konsumiert werden. Auch wenn wir uns weigern zu glauben, dass es heutzutage noch Menschenopfer gibt, ist es so.

In satanisch-religiösen, schwarzmagisch tätigen Geheimgesellschaften und elitären Kreisen werden nach wie vor zahllose Leben für Dämonen geopfert. In den Messen werden Christi Leib und Blut feilgeboten, eine zutiefst satanische Zeremonie. Dome, Kirchen und Kathedralen ragen nicht von ungefähr hoch in den Himmel. Ihre spitz zulaufenden Türme leiten die Anbetungsenergien der Gläubigen in Richtung der Archonten. Große Fußball- und andere Sportarenen erfüllen die gleiche Funktion, indem sie die emotionalen Energien der Zuschauer nach oben kanalisieren. Dem Demiurg ist es letztlich egal, ob er sich Liebes- oder Hassenergien einverleibt, ob Verzweiflung, Ohnmacht, Trauer oder Todesangst. Er zehrt von allen Emotionen. Als En.ki aka Luzifer seiner Schöpferkraft beraubt und von der göttlichen Quelle abgeschnitten wurde, wurde es für ihn und seine Lakaien schwerer, auf der Erde zu überleben und ihr Altern hinauszuzögern. Sie zogen sie sich zurück in astrale Gefilde. Sie hinterließen den Menschen die Religionen und Eliten, um sie zu kontrollieren. Hinter den Kulissen ziehen sie nach wie vor die Strippen und schmieden haarsträubende Pläne für die Zukunft der Menschheit, u. a. den „Great Reset".

„Goldenes Zeitalter" in der 5. Dimension oder „Great Reset"?

Die Seelenfallen, die das New Age propagiert, sind bestens getarnt, sodass die Massen sie nicht erkennen. Seit Jahrzehnten hören wir von angeblich wohlwollenden außerirdischen Channelgruppen, dass die Menschheit in die 5. Dimension aufsteigen wird. Unsere Schwingungen und die der Erde erhöhen sich. Unsere spirituelle Entwicklung schreitet voran – angeblich. Schon bald werden wir in Frieden, Harmonie und Liebe leben und glücklich sein. Was für eine Freude, das Goldene Zeitalter steht endlich bevor!

Ist dem so? Offensichtlich nicht. Bislang deutet nichts darauf hin, im Gegenteil. Unsere Realität gleicht immer mehr der Dystopie, wie sie Aldous Huxley 1932 in seinem Roman „Schöne Neue Welt" beschrieb. Luzifers Aufstiegsprogramm dient dazu, die Menschheit mit der falschen Hoffnung auf eine bessere Zukunft bei Laune und untätig zu halten. Wir müssen nichts tun, nur geduldig der Dinge harren, die da kommen werden. Alles wird wundervoll sein! Die Menschheit wird erwachen!

Tatsächlich war Luzifer noch nie an unserem Erwachen interessiert, zumal dies sein Todesurteil wäre. Jeder, der Augen hat zu sehen und Ohren hat zu hören, wird mittlerweile festgestellt haben, dass wir uns mit Sieben-Meilen-Stiefeln auf eine diktatorische Neue Weltordnung zubewegen. Von der 5. Dimension, dem Himmel auf Erden, weit und breit keine Spur. Das Narrativ ist eine Lüge. Der ersehnte Aufstieg findet innerhalb der luziferischen Ebenen statt. Wir werden nach wie vor in der Matrix gefangen sein und unter der Herrschaft der Archonten stehen. Wer für den Aufstieg optiert, entscheidet sich, wenn auch unwissentlich, für den Transhumanismus. Das Aufstiegskonzept gibt den Menschen Hoffnung. Sie klammern sich daran, weil sie an das Gute glauben wollen. Seit Jahrzehnten wird uns Erlösung von außen versprochen, um zu verhindern, dass wir sie in unserem Inneren finden. Wie die Kinder schauen wir nach außen auf die „Retter", die da kommen werden, und übersehen dabei unsere göttlichen Fähigkeiten – traurig, nicht wahr? Das Aufstiegsnarrativ ist ein gekonnt inszeniertes Ablenkungsmanöver. Es ist Teil der psychologischen Kriegsführung gegen die Menschheit.

Die Jahre seit 2020 haben eindrücklich bewiesen, dass sich unsere Lebensbedingungen verschlechtern. Verbessert haben sie sich gewiss nicht. Erst versuchen die Eliten und Regierungen, uns in eine globale Gesundheitsdiktatur zu treiben. Dann brechen sie einen Krieg vom Zaun, sprengen eine Pipeline und wir müssen frieren für den Frieden. Bald droht eine Klimakatastrophe. Und wo bleibt das Goldene Zeitalter? In naher Zukunft erwartet uns nicht die „wundervolle 5. Dimension", sondern der viel gepriesene „Great Reset". Der feuchte Traum der Globalisten, der geradewegs in den Transhumanismus führt.

Mehrfache Resets und transhumanistische Pläne

Im Laufe der Menschheitsgeschichte vollzogen die Archonten mehrere Resets, die uns die Geschichtsbücher tunlichst verschweigen. Gleichwohl sind auf unserer Erde viele „Überbleibsel" vergangener Epochen zu finden. Einstmals blühende Landschaften, die auf älteren Weltkarten ausgewiesen werden, sind heute nur noch Wüsten. Hoch entwickelte Zivilisationen verschwanden spurlos von der Erde oder gingen unter. Zahlreiche antike Bauwerke geben Rätsel auf und lassen sich mit heutigen Technologien nicht rekonstruieren. Riesenskelette, Schädel mit Hörnern und andere obskure Funde werden vor der Öffentlichkeit verborgen. In vielen Städten stehen Häuser, deren unterstes Stockwerk unterhalb des Bodenspiegels liegt, als hätte eine Schlammflut stattgefunden. Auf Fotografien großer Städte Ende des 19. Jahrhunderts ist kein einziger Mensch zu sehen. Wie ist das zu erklären?

Die Menschheitsgeschichte ist in großen Teilen erlogen und chronologisch falsch zusammengesetzt. Mittlerweile haben etliche Autoren Bücher zu diesem Thema publiziert.[82] Nach den jeweiligen Resets gestalteten die Archonten die Welt nach ihren Vorstellungen neu. Sie schrieben die Historie der Menschheit um, bis sie einigermaßen zu ihren Übergriffen passte. Der kommende Reset wird von Klaus Schwab, dem Begründer des World Economic Forum (WEF) in seinem gleichnamigen Buch propagiert. Er spricht offen über das Ziel der Eliten, die Menschheit bis zum Jahr 2030 in den Transhumanismus zu führen – in eine Verschmelzung von Mensch und Maschine. Laut der Ergüsse des Transhumanismus-Propheten Yuval Noah Harari, der „rechten Hand" Schwabs, soll die Menschheit über Mikrochips, die ins Gehirn implantiert werden, mit einem „Supercomputer", einer künstlichen Intelligenz verbunden werden. Auf diese Weise sind Bewusstsein, Gedanken, Emotionen und das Verhalten der gesamten Erdbevölkerung nach Belieben der

Eliten programmier- und steuerbar.[83] Die Eliten müssten sich nicht mehr die Mühe machen, einzelne Gruppen oder Völker gegeneinander auszuspielen. Sie könnten alle Bewohner dieses Planten auf einen Schlag beeinflussen oder auch umprogrammieren.

Dies würde beispielsweise bedeuten, dass Milliarden von Menschen gleichzeitig mit einem Klick durch Nachrichten in Panik versetzt werden können, sodass den Archonten gigantische Mengen an Angstenergien zufließen. Es gäbe keine Gedanken, Bilder, Szenarien und Gefühle, die sie uns nicht „einspielen" könnten. Wir würden global zu einer Art gleichgeschaltetem „Bienenvolk" herabgewürdigt, mit einem zentral manipulierbaren Schwarmbewusstsein, eingesperrt in einer Cloud. Wir würden ein menschenunwürdiges Dasein fristen. Die implantierten Mikrochips dienen als Schnittstelle zwischen der künstlichen Intelligenz und unseren Gehirnen. Um uns an einen Supercomputer anschließen zu können, pumpt man unsere Körper voll mit Nanotechnologie. Dies geschieht über Chemtrails, Medikamente, Wasser, Nahrungsmittel, Vakzine usw.[84] Anfänglich mag die Nutzung der Mikrochips noch freiwillig sein. Irgendwann wird uns die Technologie aufgezwungen werden, ebenso wie die genomverändernden Eingriffe der letzten Jahre, sodass niemand mehr ausweichen kann. Unser Bewusstsein wird in eine virtuelle Welt transferiert, ähnlich wie in den Matrix-Filmen, unsere Körper mit Maschinen verschmolzen. Wir wären unsterblich. Recht bald vermögen wir diese „Neue Normalität" nicht mehr von unser heutigen zu unterscheiden. Bedauerlicherweise sehen viele technologie-begeisterte junge Menschen nur den Spaßfaktor neuer Technologien, sind aber blind für die Gefahren. Mit einem zwischen Daumen und Zeigefinger implantierten Mikrochip lässt sich die Haus- oder Autotür öffnen, der Einkauf bezahlen usw. – wie angenehm. Die daraus resultierende Abhängigkeit und Kontrollierbarkeit werden ausgeblendet. Per Knopfdruck kann unser Zugang zu lebensnotwendigen Ressourcen abgeschaltet werden. Ist das Bargeld beispielsweise abgeschafft und unser Konto gesperrt, sind wir noch nicht einmal mehr in der Lage, ein Brot zu kaufen.

Yuval Noah Harari äußerte sich zum Transhumanismus wie folgt: „Der Mensch ist heute ein ‚hackable animal' – ein Tier, das ‚gehackt' werden kann", so die Neue Zürcher Zeitung.[85] Die Eliten sind entschlossen, ihre Pläne zügig umzusetzen, möglicherweise noch vor 2030. Hararis Interviews sind im Internet zu finden. Seine Bücher beschreiben Erschreckendes. Die Eliten sprechen mittlerweile ganz offen über ihre Pläne für die Menschheit. Das „Einssein", von dem in New-Age-Kreisen die Rede ist, könnte das vereinte Kollektivbewusstsein im Transhumanismus bedeuten. Dann wären wir tatsächlich alle eins, nämlich vollkommen versklavt und gleichgeschaltet.

Bislang werden wir als verstorbene Seelen im Zwischenleben mit Elektroschocks amnestisch und gefügig gemacht. Ein Supercomputer könnte künftig das Gedächtnis der gesamten Menschheit löschen, ohne dass wir dafür sterben müssten. Wir würden mit neuen Erinnerungen bestückt, die zur globalen Archonten-Agenda passen. Wir würden uns nicht wehren können und den Transhumanismus hinnehmen als neue Realität. Die Archonten hätten die vollständige Kontrolle über die Menschheit erlangt. Wer nach der aktuellen Inkarnation die Matrix nicht verlässt, hat beste Chancen, als Baby-Cyborg wiedergeboren zu werden. Ist unser Bewusstsein einmal in einer Cloud gefangen und der Körper als „Biomaschine" unsterblich, werden Seele und Spiritualität obsolet. Das Zwischenleben, der Lichttunnel und der Frequenzzaun hätten ausgedient. Wenn wir nicht sterben können, kann unsere Seele der Cloud nicht oder nur schwerlich entfliehen. All das sind keine Hirngespinste, sondern reale Optionen, da unsere DNA hochgradig programmier- und manipulierbar ist.

„Hackable" DNA und holografische Realität

Elon Musk gibt in einem Video das Folgende zum Besten: „Man kann grundsätzlich alles machen mit synthetischer RNA oder DNA. Sie ist tatsächlich wie ein Computerprogramm ... Mit entsprechender Mühe könnte man möglicherweise das Altern stoppen oder umkehren ... Man könnte jemanden in einen verdammten Schmetterling verwandeln, mit der entsprechenden DNA-Sequenz." Der Sprecher im Video erklärt weiter: „Die DNA ist ein Speichermedium, in anderen Worten eine Festplatte. Wir sind wandelnde Festplatten! Ein Gramm DNA ist ein winziger Tropfen auf deiner Fingerspitze, der 700 Terabytes Daten speichern kann ... Die DNA ist hochgradig programmierbar, so wie ein Computer ... Wir können die gesamte Bandbreite komplexen Verhaltens programmieren, wenn wir DNA-Moleküle benutzen ... Erinnerungen sind in der DNA gespeichert ... Zwei Wissenschaftler entdeckten, dass sie ein E-Book in ihre DNA herunterladen und direkt aus der DNA wieder auf den Server hochladen konnten ... Du kannst digitale Bits (Informationen) direkt in die DNA eincodieren ... Wir sind wandelnde USB-Sticks."[86]

Wir scheinen tatsächlich in einer Computersimulation zu leben, in einem Hologramm, das wir als unsere Realität bezeichnen. DNA-Manipulationen sind bestens geeignet, die gesamte Menschheit unter die Kontrolle weniger Eliten zu bringen. Warum sonst mussten wir in unserer Menschheitsgeschichte wiederholt einschneidende genetische Übergriffe ertragen, die uns degradierten? Impfungen ermöglichen heutzutage das mühelose Implantieren von Mikrochips und anderen Nanopartikeln. Diese erlauben es der künstlichen Intelligenz, unsere Körperfunktionen über bestimmte Frequenzen anzusteuern und zu verändern. Eine gruselige „Neue Normalität" erwartet uns, sollten die Eliten ihre globalen Pläne umsetzen können. Dazu erklärte Klaus Schwab (2021): „In 10 Jahren werden Sie nichts mehr besitzen und glücklich sein." Die Pläne der Globalisten sind ein Albtraum und nehmen immer beängstigendere Formen an. Mittlerweile sollen Neugeborene in Krankenhäusern heimlich ohne Zustimmung der Eltern gechippt werden. Ob dies tatsächlich geschieht, lässt sich nicht beweisen, aber es würde ins Szenario passen.

„Der Tag wird kommen, an dem Impfungen, die Nano-Technologie enthalten, nicht mehr freiwillig sein werden. Nach 5G werden 6G oder 7G vorangetrieben. Wenn die Technologie steht, werden all jene, die angeschlossen sind, zu hirnlosen Dienern (...) ihrer Meister. Sie werden keinen freien Willen und keine Intuition mehr haben, nicht mehr frei denken oder imaginieren können. Und sie werden permanent vom Spirituellen abgetrennt sein."[87] Steven Hawking erklärte: „The development of full artifical intelligence could spell the end of the human race." Übersetzt: „Die Entwicklung einer vollständigen künstlichen Intelligenz könnte das Ende der menschlichen Rasse bedeuten."[88] Der Transhumanismus[89] ist der letzte notwendige Schritt, um die totale Kontrolle über unsere Spezies zu gewinnen. Die Eliten legen ihre Vorhaben mittlerweile offen, was die Massen jedoch nicht zu tangieren scheint.

Im Transhumanismus werden so viele erwachende Seelen wie möglich gefangen gehalten werden. Daher gilt es, sich keinesfalls durch Mikrochips oder ähnliche Implantate mit der neuen KI-Matrix verbinden zu lassen. Wie bereits bei den Impfungen werden es die Eliten und Regierungen so aussehen lassen, als ob dieser Weg der einzige und unvermeidbar wäre, als hätten wir keine andere Wahl. In nicht allzu ferner Zukunft werden wir uns dafür oder dagegen entscheiden müssen, eins zu werden mit künstlicher Intelligenz. Durch die Anbindung an die KI verlieren wir unsere noch vorhandene Verbindung zur Ur-Quelle. Damit bleibt die Menschheitsfamilie endgültig versklavt. Wer wissen möchte, auf welche Weise der menschliche Körper und Verstand „gehackt" und an einen Supercomputer angeschlossen werden können, kann sich in zahlreichen Videos im Internet darüber informieren.[90]

Der Tod als Ende der virtuellen Realität

Wir leben bereits in einer virtuellen Realität. Wir nehmen sie als real wahr, da unsere Körper darauf programmiert wurden, einströmende, lichtencodierte Informationen, d. h. elektromagnetische Wellenlängen, auf eine bestimmte Art und Weise zu interpretieren. So entstehen Sinneswahrnehmungen, über die wir mit der Simulation bzw. mit dem, was wir für unsere Realität halten, interagieren. Wenn wir sterben, verlässt unsere Seele den verdichteten Körper. Das, was wir über die physischen Wahrnehmungsorgane als physikalische Welt wahrgenommen haben, hört auf zu existieren.[91] Die Quantenphysik lehrt, dass Photonen als Wellenlängen existieren, die zu physischen Partikeln kollabieren, sobald sie beobachtet werden. Unbeobachtet verbleiben sie in Wellenform. Was wir als Tod bezeichnen, ist lediglich das Ende der Wahrnehmung einer Simulation. Ähnlich wie in den Matrix-Filmen wird der Stecker gezogen, der uns mit dem Matrixcomputer verbindet. Unser Seelen-Bewusstsein nimmt die materielle Welt nicht mehr wahr, existiert jedoch unabhängig davon weiterhin im astralen Bereich der Gedanken und Gefühle.[92]

Wir leben in Atlantis 2.0

Das Schreckensszenario, auf das wir heute zusteuern, ereignete sich in ähnlicher Form vor 13.600 bis 9.000 Jahren in Atlantis. Die Besatzungsmächte des Planeten waren bereits damals im Besitz ausgefeilter Technologien. Sie waren in der Lage, die vier Elemente Luft, Feuer, Wasser und Erde zu manipulieren. In der Endphase von

Atlantis unterdrückte und kontrollierte En.ki die Menschheit mit Kristallimplantaten, die in den Nacken eingesetzt wurden und Gedanken, Gefühle und Verhalten steuerten.[23] Er erschuf im Rahmen ausufernder Experimente zahlreiche abartige Kreaturen, die das Leben der Humanoiden bedrohten. Das Pleroma beurteilte das „Menschenexperiment" aufgrund der schauderhaften genetischen Übergriffe als gescheitert und initiierte die Flut. Die Seelen hatten somit die Möglichkeit, die irdischen Körper, in die En.ki sie eingepfercht hatte, zu verlassen und in ihre göttliche Heimat zurückzukehren. En.ki „rettete" heimlich die menschliche DNA und einige Humanoide. Er ließ den Rest sowie die Kreaturen in den Fluten verenden und begann von vorn.

En.ki hat auch heute noch Anhänger, die ihn als „Retter der Menschheit" feiern. Dieser Titel gebührt ihm nicht. Er handelte aus purem Egoismus und pfuschte weiterhin an unserer Genetik herum. Er erschuf die heutige Matrix und errichtete den Frequenzzaun, um uns einzusperren. Das Erwachen zahlreicher Menschen schwächte das Frequenzgitter im Laufe der letzten Jahrhunderte, sodass unzählige Löcher entstanden. Wir befinden uns heute in Atlantis 2.0. Wir sind technologisch ähnlich fortgeschritten wie zu vorsintflutlichen Zeiten, wenn auch auf andere Weise. Spirituell haben wir uns nicht weiterentwickelt. Wir haben die archontische Schreckensherrschaft nach wie vor nicht durchschaut. Die Massen schlafen tief. Sie erkennen nicht, wohin die Reise der Menschheit geht, sollten die Globalisten ihre Ziele verwirklichen können. Wir steuern unübersehbar auf einen neuen Reset, eine neue virtuelle Realität zu, in der Mikrochip-Implantate die Regel sein werden.[94] Demnächst „mutieren" wir zu „Biomaschinen" – das ist es, was die Eliten unter einem „Human Upgrade" verstehen.

Die Endzeit als Falle

Die Apokalypse, die Endzeit, die der Menschheit noch bevorstehen soll, ist in der Offenbarung des Johannes beschrieben. Ich möchte lediglich kurz skizzieren, was für den Fall der Fälle geschehen *könnte.* Laut Offenbarung erscheint zunächst der Antichrist, den die Menschen für Jesus halten werden. Er soll Wunder vollbringen und den Weltfrieden versprechen. Die Endzeit kündigt sich durch gewaltige Kataklysmen an, so heißt es. Etwa zu dieser Zeit soll sich die 2. Ankunft Jesu ereignen. Es fragt sich nur, wer dieser angebliche „Jesus" wirklich ist. Ebenso wie andere religiöse Schriften wird auch die Offenbarung von den Archonten invertiert oder verzerrt oder den Schreibern sogar diktiert worden sein. Sollte ein Archont die Rolle Jesu übernehmen, haben wir ein gewaltiges Problem – dazu gleich mehr.

Durch die Kataklysmen öffnen sich die Dimensionen. Die dämonischen Kreaturen der unteren Astralebenen werden sichtbar werden und die Menschen in Angst und Panik versetzen. Die Fake-Lichtkreaturen aus den oberen Astralbereichen werden ebenfalls erscheinen und anbieten, die Menschheit zu retten – und schon sitzen wir in der Falle. Alle Lichtwesen, die sich innerhalb der Matrix befinden, dienen dem Demiurg. Er und seine niederen Lichtkreaturen werden alles versuchen, um möglichst viele Seelen gefangenzuhalten – und uns anbieten, uns in die 5. Dimension zu retten, die bereits für den Transhumanismus vorbereitet wurde. Damit würde sich ihre jahrzehntelange Aufstiegspropaganda bezahlt machen. Ob sie uns dazu anhalten, durch geöffnete Portale zu gehen oder uns auf Raumschiffe evakuieren? Denkbar wäre beides und noch einiges mehr. Unzählige Menschen würden den falschen „Licht-Rettern" folgen, um den Kataklysmen und den Dämonen zu entkommen – und in der Matrix eingesperrt bleiben.

Eine weitere mögliche Variante ist die „Erlöserfalle". Nehmen wir an, die prophezeite 2. Ankunft eines archontischen Jesus findet statt, und dieser wird von Marduk, En.kis Sohn verkörpert, den die Bibel als Satan bezeichnet. Wenn nun die meisten Bibelgläubigen annehmen, Jesus sei der einzige Weg, zu Gott zu gelangen und dieser den Weg in die 5. Dimension weist, geraten Milliarden von Christen und auch unzählige Andersgläubige in den Hinterhalt – eine schier unglaubliche Manipulation immenser Tragweite für die gesamte Menschheit! Wenn die Bibel alles Wesentliche invertiert, würde er uns nicht in den „Himmel", sondern geradewegs in die „Hölle", den Transhumanismus führen. Angeliki Anagnostou-Kalogera warnt in ihrem Buch: Sollte jemand bekunden: „Ich weiß, wo Jesus ist." Oder: „Kommt mit. Dort in der Wüste (oder wo auch immer) wartet Jesus auf uns", sollte man diesem Aufruf nicht folgen. Die Autorin ist der Meinung, dass das Pleroma die gefangenen Seelen zurückholen wird. Wann und in welcher Form das geschieht oder ob überhaupt oder ob diese Ankündigung eine Finte ist, sei dahingestellt. Die „Rettung" soll erfolgen, noch bevor die Erde durch die Kataklysmen in weiten Teilen oder sogar völlig zerstört wird.[95]

Die apokalyptischen Prophezeiungen scheinen dazu gedacht zu sein, die Menschen in Panik zu versetzen und uns darauf vorzubereiten, uns von einem Fake-Jesus und Fake-Lichtwesen „retten" zu lassen. Möglicherweise fingieren die Eliten auch den Angriff böswilliger Außerirdischer, um uns in die transhumanistische 5. Dimension zu treiben. Angst ist ein schlechter Ratgeber, aber wir tun gut daran, wachsam zu bleiben. Wir sind ewige Wesen. Was auch immer kommen mag, wir werden es überstehen. Als Seelen haben wir die Option, die Matrix über die Lücken im Frequenzzaun zu verlassen, sofern er zu diesem Zeitpunkt überhaupt noch existiert. So weit meine Gedanken zum Thema. Mir ist bewusst, dass meine Worte viele gläubige Leser schockieren werden, aber für mich ist

„Jesus der Erlöser" eine geschickt inszenierte und monströse Falle. Letztlich weiß niemand, was tatsächlich geschehen wird. Es macht jedoch Sinn, die Möglichkeiten durchzuspielen, um vorbereitet zu sein.

Abschließende Worte

Wie gehen wir mit unserem Wissen um?

Es ist erschütternd zu erfahren, dass die Menschheitsfamilie seit Jahrtausenden auf einem Gefängnisplaneten versklavt wird, der unter der Kontrolle bösartiger Mächte steht. Und dass das berühmte Licht nicht der versprochene „Himmel", sondern eine Falle ist. Nichtsdestotrotz muss dieses Wissen verbreitet werden. Nur wer die Fallen erkennt, hat eine realistische Chance, ihnen zu entkommen. Mit den aktuell verfügbaren Informationen ist es uns möglich, in unser göttliches Zuhause zurückzukehren. Wir sind im Besitz jener Schöpfer- und Manifestationskraft, die den Archonten fehlt. Unsere wahre Natur ist göttlich und war es immer schon. Wir tun gut daran, uns wieder in Erinnerung zu rufen, woher wir stammen, wer wir wirklich sind und wohin wir uns nach unserem Tod wenden können. Wir sollten dankbar und erleichtert sein, nicht zu den „Schlafenden" zu gehören. Wir verfügen über wertvolles Wissen, das uns vor vielen Gefahren bewahrt und in die Freiheit führt. Wer die astralen Gegebenheiten näher erkunden möchte, sollte sich überlegen, das Astralreisen zu erlernen, möglicherweise auch das Remote Viewing. Das ist zumindest das, was ich tun werde. Auch luzides Träumen ist empfehlenswert. Wer in der Lage ist, einen veränderten Bewusstseinszustand zu erkennen, ist ihm nicht ausgeliefert, sondern in der Lage, das Geschehen bewusst zu steuern.

Sämtliche Informationen, die ich Ihnen, liebe Leser, präsentiert habe, wurden von einer Fülle unterschiedlicher Quellen bestätigt.

Sie haben unabhängig voneinander über Jahrzehnte hinweg die Entstehungsgeschichte der Menschheit und das Leben nach dem Tod erforscht. Letztlich kennt niemand von uns die ganze Wahrheit. Gleichwohl ist davon auszugehen, dass die übereinstimmenden Ergebnisse der unterschiedlichen Disziplinen der Wahrheit sehr nahekommen. Wer davon Kenntnis hat, hat die Wahl, sich aus freien Stücken für oder gegen eine weitere Inkarnation zu entscheiden. Für die Zukunft der Menschheit ist es von entscheidender Bedeutung, die Matrix-Täuschungen zu erkennen. Wachen wir nicht rechtzeitig auf, ist uns ein trauriges Los beschieden. Wie können wir nun mit all diesem Wissen umgehen? Viele Leser werden einige Zeit benötigen, um die neuen Informationen zu verarbeiten und in ihr Leben zu integrieren. Wir sollten unser anfängliches Entsetzen und unsere Fassungslosigkeit nicht kultivieren, sondern uns auf unsere Schöpfermacht besinnen. Wir können uns glücklich schätzen, auf dem Weg des Erwachens zu sein. Wissen ist Macht und schützt. Im Laufe der Zeit wird immer mehr aufgedeckt werden, daher sollten Sie weiterhin recherchieren. Wenn wir uns mit Gleichgesinnten zusammentun und unsere Kräfte vereinen, wird die Menschheit eines Tages frei sein – und wir werden uns im freien Universum wiedersehen. Bis dahin genießen Sie Ihr Leben!

Wenn Sie mögen, nehmen Sie Kontakt zu mir auf

Wenn Sie ähnlich arbeiten wie ich oder zu ähnlichen oder ergänzenden Erkenntnissen gekommen sind oder jemanden kennen, der sich über die Themen dieses Buches austauschen möchte, nehmen Sie gerne Kontakt zu mir auf. Wir lernen nie aus. Ich würde mich über einen konstruktiven und fruchtbaren Austausch freuen. stellberg@coaching-institut-koeln.de

Helfen Sie mit, die Menschen aufzuklären – schreiben Sie eine Rezension

Bitte helfen Sie mit, andere Menschen aufzuklären. Das Wissen um das Geschehen auf der Erde und im Lichtbereich sowie die Ausstiegsmöglichkeiten aus der Matrix müssen unter die Leute gebracht werden. Wenn Sie ebenfalls dieser Meinung sind, bitte ich Sie um eine Rezension auf Amazon. Keine Gefallensrezension, sondern eine ehrliche, authentische, gerne auch kritische Rückmeldung und Meinungsäußerung. Wenn Sie das E-Book besitzen, brauchen Sie keinen Text zu verfassen. Sie können auf der letzten Buchseite bequem zwischen 1 und 5 Sternen wählen. Ihre Bewertung wird anonym veröffentlicht. Auch wenn Sie einen Rezensionstext schreiben, können Sie statt Ihres Namens ein Synonym verwenden. Rezensionen wecken die Aufmerksamkeit potenzieller Leser – und das ist es, was wir brauchen, um möglichst viele Menschen zu erreichen. Mit vereinten Kräften können wir viel bewegen. Herzlichen Dank!

Ihre Lucia Beatrix Stellberg

Fallbeispiele

Die nachfolgenden Fallbeispiele entlarven das schockierende Gebaren der Dämonen und der falschen Lichtkreaturen im Zwischenleben. Sie decken auf, mit welchen teils völlig absurden und perfiden Strategien die Seelen in die nächste Inkarnation gezwungen werden und welche leidvollen Auswirkungen das ihnen aufgebürdete Fake-Karma auf ihr heutiges Leben hat.

In den meisten Fällen werden Vor- *und* Zwischenleben geschildert, da beide zusammenhängen. Die Klienten werden – oft, aber nicht immer – zunächst in ein vergangenes Leben geführt. Wenn die Seele in jenem Vorleben den verstorbenen Körper verlässt, gelangt sie in dunkle und/oder lichtvolle astrale Gefilde, wo sie auf entsprechende Kreaturen trifft. Relevant sind jene Aufenthalte im Zwischenleben, in denen Verträge für die heutige Inkarnation „ausgehandelt" wurden. Die Fälle stammen aus den letzten anderthalb Jahren. Sie weisen nicht alle die gleiche Struktur auf, da sich meine Arbeitsweise in diesem Zeitraum verändert und weiterentwickelt hat. Manche Fallbeispiele sind ausführlicher beschrieben als andere. Irgendwann gesellt sich die Arbeit mit dem Seelenlicht und dem göttlichen Funken hinzu.

Zahllose grausame Vorleben durch das Einwirken von Dämonen

Eine Klientin Mitte 40 klagte über ständige Schwierigkeiten in Beziehungen und mit sozialen Kontakten. Es gab Probleme mit ihrer Familie sowie in Partnerschaften. Beruflich wurde sie ausgeschlossen, ausgegrenzt und gemobbt – und wollte den Ursachen auf den Grund gehen. Nachdem wir ein Clearing durchgeführt hatten, gab es zwischen der Dame und mir Missverständnisse beim E-Mail-Austausch. Sie beschwerte sich bitterlich über meine Wortwahl. Ich war verärgert und genervt, bot ihr aber an, miteinander zu reden. Wir waren beide der Meinung, dass Dunkelwesen interveniert hatten, um zu verhindern, dass die Klientin einen 2. Termin wahrnimmt und ihre Probleme löst. Da wir letztlich eine kommunikative Basis finden konnten und uns im Hinblick auf die Einmischung der Dämonen einig waren, vereinbarten wir einen Rückführungstermin.

Vorleben

Die Klientin erlebte sich als 17-Jährige im Mittelalter. Ein Mann stach mit dem Messer auf sie ein. Sie beschrieb ihn als pelzig oder stark behaart mit großen Zähnen. Er sah aus wie der Glöckner oder ein Yeti. Sie und andere junge Mädchen hatten den Einsiedler wiederholt verspottet, ihn wegen seiner Entstellungen verlacht, ihn bespuckt, herabgewürdigt und gedemütigt. Im Todeskampf sah die 17-Jährige den Schmerz des Mannes und spürte seine Hilflosigkeit. Ihr Herz tat weh angesichts der seelischen Schmerzen, die er hatte erleiden müssen. Sie konnte seine Wut verstehen, wehrte sich nicht, akzeptierte ihren Tod als Wiedergutmachung und verstarb.

Nun instruierte ich die Klientin, das Zwischenleben aufzusuchen. Sie ließ diese wichtige Station jedoch aus und landete erneut in einem Vorleben. Als ich ihr erklärte, dass wir die Vereinbarungen aus dem Zwischenleben aufdecken und lösen müssen, reagierte sie genervt. Ich war verärgert über ihre Reaktion und prompt lag erneut ein Streit in der Luft. Wir waren beide sauer. Schlussendlich legte ich der Klientin nahe, dass sie zwei Möglichkeiten habe: Entweder wir beenden die Sitzung und ihr Problem bleibt bestehen oder wir lösen, was zu lösen ist. Wir beruhigten uns beide sehr schnell und setzten unsere Arbeit fort – das Beste, was wir tun konnten, wie sich noch herausstellen sollte.

Zwischenleben

Als Seele nahm sich die Klientin vor, sich selbst zu bestrafen: „Ich habe den Tod verdient, ich muss mein Verhalten sühnen und dafür büßen. Der Yeti hat recht mit dem, was er getan hat." Die Klientin nahm ihre Seele als klein und gebückt wahr. Sie blieb erdgebunden und geisterte im Ort umher. Sie fühlte sich sehr einsam und war von Dunkelheit umgeben. „Keiner sieht mich. Alles ist trostlos, dreckig, verarmt. Ich bin sehr unglücklich. Es zerreißt mich. Es ist ein unerträglicher Zustand, aus dem ich nicht ausbrechen kann, denn ich weiß nicht, wie. Die Erdgebundenheit ist fürchterlich, ein Stillstand." Schließlich suchte die Seele den Einsiedler auf, als dieser im Sterben lag, um ihn im Sterbeprozess zu begleiten. Sie versprach, bei ihm zu bleiben: „Ich werde dich nicht mehr verlassen." Tief traurig nahm die Seele den Schmerz des Wesens auf sich, weinte und ließ ihn wissen: „Was habe ich dir nur angetan! Ich habe nicht auf dein Inneres geachtet. Ich trage deinen Schmerz mal zehn." Als der Mann verstorben war, trennten sich ihre Wege. Die Seele begab sich auf die Zwischenebene, um sich auszuruhen und war dort ganz allein. Sie hatte ihre Schuld noch nicht abgebüßt, sagte Nein zum Leben und zu allem, was zum Leben gehört wie Liebe und Verbundenheit mit anderen Menschen. Klientin: „Liebe ist anstrengend und bringt viel Leid. Ich will nichts damit zu tun haben, will meine Ruhe. Ich will mit anderen Menschen gar nichts zu tun haben, Menschen sind anstrengend und doof." Die Seele ging in eine strikte Abwehrhaltung. Sie war traurig und einsam ohne andere Seelen. Sie wollte nach Hause gehen, zur Quelle. Da erschien eine männliche Seele, die sie nicht an sich heranließ und der sie eine „Watschen" verpasste, sodass die Seele das Weite suchte. Klientin: „Er war ganz nett, hatte eine gute Energie, aber ich vertraue nicht mehr und beschließe, allein zu bleiben, das ist der einfachere Weg."

Vorleben

Die Klientin musste in einem Vorleben schlechte Erfahrungen mit Männern gemacht haben, um eine solche Entscheidung zu treffen. Tatsächlich hatte sie in mehreren Vorleben als Küchenmagd und Dienerin Vergewaltigung und Brutalität auf allen Ebenen erfahren. Wiederkehrende Erfahrungen wie in einer Endlosschleife. In circa 10 Vorleben war sie ein Mädchen gewesen, das als 17- bis 19-Jährige durch Männer misshandelt und gewaltsam zu Tode gebracht wurde. Sie kam aus diesem Kreislauf nicht heraus. In einem dieser Vorleben hatte sie einen Mann zu Tode gebracht, der sie vergewaltigen wollte. Sie hatte ihn aus Notwehr getötet. In jenem Vorleben wurde die Klientin sehr alt, fühlte sich einsam und ohne Lebenskräfte. Sie lebte ohne Mann und Kinder. Am Lebensende entschied sie sich für eine weitere Inkarnation, in der sie einen Partner und Kinder haben würde. An ihrem Todestag driftete die Seele in Richtung Quelle.

Zwischenleben

Im Zwischenleben traf die Klientin auf 10 „Männer" mit roten Augen (Dämonen), die sie wissen ließen, dass sie für den Mord an ihrem Vergewaltiger bezahlen müsse. Sie sollte sich selbst bestrafen und Buße tun. Und nein, ein Leben mit Mann und Kindern wäre nicht aufregend genug. Das wäre ein doofes und langweiliges Leben. Mehr Action und mehr Brutalität wären doch viel spannender. Die Klientin stimmte schließlich allem zu, was die Dämonen von ihr verlangten:

„Du sollst Schmerz, Unterwürfigkeit, Unwürdigsein, Unterdrückung, Ohnmacht und komplette Wertlosigkeit erleben. Du wirst dich Männern unterordnen und sie werden Macht über dich haben.

Du hast keine Chance, dich zu wehren. Du erklärst dich damit einverstanden, beziehungsunfähig zu sein, vergewaltigt zu werden, kein Vertrauen mehr zu haben. Du wirst Hass auf Männer verspüren und Angst vor dem haben, was sie dir antun können. Dein Sexualleben ist unschön und du wirst keine Kinder bekommen. Du wirst einsam sein und ein gestörtes Verhältnis zu dir selbst und deiner Weiblichkeit haben. Du wirst dich selbst verachten und schwierige Beziehungen zu allen Menschen haben. Du sollst allen Menschen misstrauen und permanent in ‚Hab-Acht-Stellung‘ sein. Du wirst keine Lebensfreude empfinden, nicht frei atmen können, Erstickungsanfälle erleben bis zur Schwelle des Todes. Du sollst nicht richtig leben, aber auch nicht tot sein.“

Wir lösten alle Absprachen, Vereinbarungen und Verträge mit den Dämonen auf und integrierten verloren gegangene Seelenanteile. Die Klientin forderte alle Energien und ihre gesamte Schöpferkraft zurück, die sie durch die Abmachungen verloren hatte. Nach der Sitzung war die Klientin sehr dankbar, fühlte sich stark und verspürte Lebensfreude. Sie konnte sich nicht erklären, wie sie sich von den Dämonen dazu hatte überreden lassen können, den fürchterlichen Lebensbedingungen zuzustimmen. Noch einmal wird ihr dies nicht passieren, sie ist nun gewarnt. Einige Zeit nach der Sitzung meldete sie sich noch einmal bei mir, um sich für meine Unterstützung zu bedanken. Sie hatte sich sehr zum Positiven verändert, war unter Stress deutlich belastbarer und im Umgang mit anderen Menschen empathischer als zuvor. Wir beide können nun mit einem Lächeln und einem guten Gefühl an unsere Querelen zurückdenken, die uns die Entitäten beschert hatten.

Stimmenhören

Meine 70-jährige Klientin litt unter der Präsenz von Dunkelwesen und Seelen, die ihr Schlimmes einflüsterten: „Wir werden immer bei dir bleiben, dich immer quälen. Du entkommst uns nicht. Du wirst uns niemals los. Wir sorgen dafür, dass du stirbst" usw. Aufgrund der pausenlosen Einwirkung der Stimmen war die Klientin maximal verängstigt und gestresst. Sie wurde als schizophren diagnostiziert und hatte immer wieder nach Hilfe gesucht, um von den Stimmen befreit zu werden. Mittlerweile war ihr Ehemann von ihrem Bemühen, unterschiedliche Heiler und Verfahren auszuprobieren, so entnervt, dass er ihr mit Scheidung drohte, wenn sie mit mir arbeiten würde. Er hielt mich für einen Scharlatan. In unserem ersten Clearing hatten wir alle Seelen und Dunkelwesen ablösen können, einige kehrten jedoch zurück. Die Einflüsterungen wurden bedrohlicher und nahmen kein Ende. Die Klientin war in großer Not, jedoch wegen der ständigen Anwesenheit ihres Ehemannes nicht in der Lage, einen Termin wahrzunehmen, um die Ursachen für die Heimsuchung in einer Rückführung zu lösen. Daher schaute ich mir eines ihrer Vorleben an sowie die Vereinbarungen, die sie für die aktuelle Inkarnation geschlossen hatte. Folgendes erschloss sich mir:

Vorleben

Die Klientin war ein 8-jähriges, licht- und liebevolles Mädchen, das nur Gutes im Sinne hatte. Ihre Großmutter praktizierte schwarze Magie und war von Dämonen besetzt. Das Mädchen vertraute ihr, war völlig naiv und unbedarft. Die Großmutter schärfte ihr ein: „Du musst böse Menschen vernichten, damit sie den guten Menschen nicht schaden können. Du musst die Welt von bösen Menschen befreien. Das wird deine zukünftige Aufgabe sein." Die

Kleine antwortete: „Okay, das mache ich, Großmutter, ich verspreche es dir." Die Großmutter erwiderte: „Ich zeige dir mein ganzes Handwerkszeug." So lernte die Kleine u. a., Todestränke zuzubereiten. Als die Großmutter im Sterben lag, forderte sie von ihrer Enkelin: „Kind, versprich mir, dass du deine Aufgabe erfüllst." Das Mädchen sprach: „Ja, Großmutter, ich werde die Feinde vernichten, dir zu Ehren."

Die Klientin hielt ihr Versprechen. Das einstmals lichtvolle Mädchen wurde durch seine Taten zusehends dunkler. Sie wurde von dämonischen Wesen besetzt, die so auf sie einwirkten, dass sie Gut und Böse nicht mehr zu unterscheiden vermochte. Vollkommen mit Dunkelheit erfüllt, nahm sich die Klientin in jenem Vorleben im Alter von 40 Jahren mit einem Todestrank das Leben. Ihre letzten Gedanken waren: „Ich bin verloren. Ich bin es so leid, ‚gutes Böses' zu tun. Herr, du kannst mir nicht mehr helfen. Ich bin dunkel geworden." Sie stieg jedoch als helle, lichtvolle Seele auf und geriet im Zwischenleben in die Fänge von Dämonen, die ihre wahre Gestalt offen zeigten.

Zwischenleben

Als Seele bat die Klientin alle Menschen: „Bitte, verzeiht mir." Die Dunkelwesen parierten: „Dir wird niemals jemand vergeben, hörst du. Wir haben dich jetzt in der Hand. Du musst tun, was wir dir sagen." Die Seele weigerte sich. Die Dunkelwesen parierten: „Hör gut zu. Wir werden immer bei dir sein. Wir haben dir geholfen, deine dunkle Aufgabe zu erfüllen, die dir deine Großmutter gegeben hat. Du gehörst uns. Es gibt kein Entrinnen." Bezüglich der aktuellen Inkarnation drohten sie der Seele: „Wir werden dich begleiten." Die Seele schaute betreten auf den Boden und antwortete: „Tut, was ihr wollt, ich will es nicht hören."

Die Dämonen belegten sie mit Flüchen und schärften ihr ein: „Wir werden dich heimsuchen. Wir werden dich quälen. Wir werden dich niemals in Ruhe lassen. Du entkommst uns nicht. Du wirst uns gehören für alle Ewigkeiten. Es gibt keine Gnade. Du hast Menschen geschadet." Die Seele erwiderte: „Ich tue es nie wieder!" Die Dämonen fuhren unbeeindruckt fort: „Es macht uns Spaß, dich zu quälen. Wir werden immer bei dir sein. Du stehst tief in unserer Schuld. Du bist uns untertan." Die Seele erklärte resigniert: „Ich mache, was ihr sagt. Lasst mich leben. Ich will nicht böse sein. Macht mit mir, was ihr wollt." Damit stimmte die Klientin allen Auflagen zu.

Die Dämonen fuhren fort: „Du wirst uns niemals vergessen, immer spüren und hören. Wir werden immer bei dir sein. Wenn du nicht für uns arbeitest, suchen wir dich heim." Die Seele ging nochmals in den Widerstand: „Ich will nicht für euch arbeiten. Sucht mich ruhig heim, ich halte das aus. Der Herr wird mich beschützen." Und wieder hatte die Klientin den Dämonen eine Blankovollmacht erteilt. Sie verkündeten: „Wir werden dich brechen. Wir suchen dich heim und machen dir das Leben zur Hölle. Du gehst auf die Erde und tötest Menschen! Wenn du das nicht tust, töten wir dich!" Obgleich sie nicht vorhatte, dies zu tun, willigte die Seele ein: „Okay." Die Dämonen ließen sie wissen: „Wir finden dich, egal wo du bist. Gute Reise!" Es folgte hämisches Gelächter. Auch wenn die Klientin als Seele mehrfach Nein gesagt hatte, letztlich hatte sie der Beeinflussung zugestimmt und alle Ankündigungen der Dämonen, die wie Flüche wirkten, angenommen. Obgleich ich im Namen der Klientin sämtliche Verträge und Programmierungen gelöscht, alle Dämonen, Implantate und Gerätschaften sowie alle energetischen Schnüre entfernt hatte, hörte die Klientin weiterhin Stimmen. Auch eine anschließende Behandlung durch einen Geistheiler brachte keine Besserung. Es scheint weitere Ursachen für diese Symptome zu geben, die noch nicht erkannt und gelöst wurden. Auf Bitten der Klientin bleiben wir weiterhin in Kontakt, für den Fall, dass sich neues Wissen ergibt, mit dem ich ihr weiterhelfen kann.

Heftige Angriffe durch Dunkelwesen und Stimmenhören

Meine 30-jährige Klientin wurde seit einiger Zeit heftig von dunklen Entitäten angegriffen. Sie flüsterten ihr ein, sie werde bald sterben und nach ihrem Tod in die Dunkelheit zurückkehren müssen. Ein Wesen hatte sich als Luzifer höchst persönlich ausgegeben, was die Klientin zutiefst geängstigt hatte. Sie hatte sich daraufhin freiwillig in die Psychiatrie begeben und Antipsychotika eingenommen. Ihre Diagnose lautete paranoide Schizophrenie. Sie hatte bereits fünf Clearings durchlaufen, die zwar geholfen hatten, jedoch hielt der Erfolg nicht an. Sie hatte große Angst vor der dunklen Seite, stand sogar Todesängste aus. Sie hatte zu Engeln und aufgestiegenen Meistern gebetet. Sie meldete sich bei mir, um die Ursachen für die unablässige Fremdbeeinflussung zu lösen. Während des Clearings ließen sich die Dunkelwesen nicht entfernen. Sie gaben an, der Klientin dunkle Dinge einzugeben, z. B, dass Gott ein Lügner sei, dass sie gefangen sei und dass sie die Kreaturen selbst gerufen hätte. Sie sei eine Hexe und die Dämonen würden sie holen. Sie könne gar nicht anders, als sich mit ihnen zu verbünden. Obgleich die Ur-Quelle üblicherweise schnell auf eine Bitte um Hilfe reagiert, entfernte sie die Dämonen im Clearing nicht. Es musste daher entsprechende Absprachen im Zwischenleben geben, die ihre Anwesenheit erlaubten und gelöst werden mussten.

Zwischenleben

Als Seele traf die Klientin auf dämonische Kreaturen, die ihr Folgendes verkündeten: „Wenn du zur göttlichen Seite zurückkehren willst, dann dürfen wir dich heimsuchen, um dich davon abzuhalten. Du wirst auf der dunklen Seite bleiben. Wir dürfen dich behalten. Du musst dem Teufel und Luzifer dienen und darfst die dunkle Seite nicht verlassen. Du gehörst zur dunklen Seite und zu Luzifer. Du dienst auf ewig der Finsternis und der dunklen Seite. Die Dunkelheit wird für immer bei dir bleiben. Wir werden dich ewig finden und dich jagen. Du annullierst alle Verträge, die dich an das göttliche Licht binden. Du kehrst niemals zu Gott zurück. Wir dürfen dich sabotieren, wenn du dich von der dunklen Seite lösen willst. Die Verträge, die du mit uns eingegangen bist, sind unlösbar. Du bist fest und unauflösbar mit der dunklen Seite verbunden." Verzweifelt stimmte die Klientin zu.

Vorleben

Es musste Ursachen dafür geben, dass die Klientin im Zwischenleben gezwungen war, den genannten Vereinbarungen zuzustimmen. Sie erinnerte sich an ein Vorleben, in dem sie als Ritter im Mittelalter Macht und Einfluss hatte. Es herrschte Krieg, die Atmosphäre war voller dunkler Energien. Als Ritter schwor sie den Dunkelmächten, ihnen für immer und ewig zu dienen, wenn sie nur den Krieg gewinnen würde. Die Dämonen stimmten zu und ließen sie wissen, sie würde für all ihre Verbrechen bestraft werden. Der Ritter gewann den Krieg, starb jedoch am Galgen und wurde anschließend verbrannt, eingepresst in der Ritterrüstung. Kurz vor seinem Tod wusste er: „Ich bin ein Verräter."

Zwischenleben

Die Seele des Ritters fand sich in einem engen, dunklen Kerker mit geringer Deckenhöhe in Ketten wieder. Ein gehörnter Dämon erschien. „Du hast dich an die Vertragsbedingungen zu halten. Du bleibst in den Händen der Dunkelheit, weil wir dir geholfen haben, den Krieg zu gewinnen. Du hast dich dazu verpflichtet, uns zu gehören. Du bist für immer ein Teil der Dunkelheit. Wir werden immer wieder zu dir kommen, um dich daran zu erinnern, dass du auf der dunklen Seite stehst." Die Seele der Klientin stimmte diesen und den o. g. Vereinbarungen zu und inkarnierte ins heutige Leben. Die Klientin rief alle, denen sie in jenem Vorleben und in anderen Vorleben geschadet hatte bzw. die sie zu Tode gebracht hatte, an ein Lagerfeuer. Es kamen tausende Opfer, die die Klientin um Vergebung bat. Alle tranken einen Trank der Heilung und Versöhnung und verziehen einander. Die Menschen hellten auf, was ein eindeutiges Heilungszeichen ist, und gingen ihrer Wege. Im Anschluss an das Vergebungsritual annullierte die Klientin alle Verträge mit der dunklen Seite. Sie war nicht paranoid. Die Dunkelwesen hatten ihr tatsächlich mehrfach angekündigt, sie heimzusuchen und sie zu verfolgen.

Eine weitere Sitzung mit der Klientin

Die Klientin hörte nach der letzten Sitzung immer noch Stimmen, die ihr panische Angst bereiteten.

Diese Angst zieht Dämonen magisch an. Ein Mensch in ständiger Angst befindet sich im Opfermodus. Er ist ein willkommenes Fressen für die Entitäten und wird immer wieder angegriffen. Die Klientin wusste dies, bekam ihre Panik jedoch nicht in den Griff. Insbesondere abends fühlte sie sich attackiert und fand kaum erholsamen Schlaf. Ihr wurde immer wieder eingeflüstert, sie sei an die dunkle Seite gebunden und könne sich niemals befreien. Die Dunkelwesen würden sie immer wieder heimsuchen und finden, sollte sie nur den geringsten Versuch unternehmen, sich von ihnen abzuwenden. Die letzte Sitzung hatte gezeigt, dass die Angst der Klientin nicht von ungefähr kam, sie hatte traumatische Erfahrungen im Zwischenleben gemacht.

Die Nacht vor unserem Termin hatte sie erneut schlecht geschlafen. Sie fühlte sich schwach und als Opfer. So, als könne sie sich niemals wehren, geschweige denn schützen. Die Klientin ließ mich wissen: „Ich weiß nicht, wie ich mich wehren soll, es ist ein Überlebenskampf." Als wir in die Rückführung gingen, wurde sie durch Stimmen gestört: „Satan hat sich viel für dich ausgedacht, seine Rache ist dir gewiss." Die Klientin nahm einen Käfig wahr, in dem Kinder eingesperrt waren in einem dunklen Kerker. Viele Hände streckten sich ihr entgegen. Sie hörte erneut Stimmen, die sie ablenkten und ließ mich wissen: „Ich habe Angst, dass ich mir alles (die Angriffe der dämonischen Kreaturen) wieder herbeiholen könnte, durch eine falsche Bewegung oder einen falschen Gedanken." Außerdem zweifelte sie stark an ihrer Wahrnehmung, sagte wiederholt: „Ich weiß nicht, ob das stimmt ... Ich bin mir unsicher. Ich komme nicht weiter. Ich weiß nicht, ob ich mich irre. Ich weiß einfach nicht ..." usw. Dies führte dazu, dass wir nach 45 Minuten Rückführung noch nicht über die Szene im dunklen Kerker hinausgekommen waren. Da ich Klienten keinesfalls unnötig leiden lassen möchte, bot ich ihr an, die Sitzung abzubrechen. Nun hatte sie Angst, dass ich sie fallenlassen und nicht mehr mit ihr arbeiten würde. Ängste waren ihr größtes Problem, egal welche, das war ihr bewusst. Nach einigen Diskussionen schaffte sie es schließlich doch noch, sich auf die Rückführung einzulassen.

Vorleben

Die Klientin befand sich nach wie vor im dunklen Kerker. „Ich liege auf dem Boden. Viele Menschen treten auf mich ein. Es sind unzählige und ich sterbe dabei." Behandler: „Was sind Ihre Gedanken und Gefühle?" Klientin: „Ich spüre die Tritte, Machtlosigkeit, Ohnmacht. Es sind so unglaublich viele Leute. Ich weiß nicht, wie ich mich wehren kann. Es ist vorbei, ich habe keine Chance. Ich bin verloren und verflucht. Schutzlos. Alles kann an mich ran, ich weiß einfach nicht, wie ich mich wehren soll!" Die Klientin verstarb und begab sich in den Astralbereich.

Zwischenleben

„Ich bin auf einer dunklen Ebene. Ein Engel versucht, mich herauszuholen. Ich versuche, von dieser Ebene wegzukommen, aber es gelingt mir nicht. Der Engel ist wieder weg. Ich werde von vielen Dämonen als Verräterin beschimpft, werde für etwas verantwortlich gemacht, was ich nicht getan habe. Ich soll ganz viele Menschen umgebracht haben, ganz viele sollen wegen mir gestorben sein! Ich werde in einen Käfig gesperrt, unzählige Dunkelwesen sind da. Sie befehlen mir, was ich sagen soll!" Behandler: „Was genau sollen Sie sagen?" Klientin: „Dass ich sie verraten habe, dass ich verursacht habe, dass viele sterben. Dass ich schuld bin am Tod vieler Menschen. Dass ich den Dunkelwesen dienen werde. Sie drohen mir, dass ich die Höchststrafe erhalte wegen meines Verrats, dass ich im Käfig gefangen bleibe. Dass ich immer mit ihnen verbunden bleiben werde, dass ich sie nicht loswerde. Sie beschimpfen mich als Verbrecherin. Ich bin mir unsicher, ob ich nicht doch etwas getan habe, jemanden umgebracht habe. Ich weiß nicht, ob das nicht doch stimmt. Eine Stimme sagt: ‚Sag, dass du das warst! Du warst es! Sag es! Sag es endlich! Sag das, dann bist du frei!'" Die Klientin erklärte: „Wenn ich das sage, komme ich zumindest aus der Situation heraus. Ich bin total traumatisiert. Ich weiß nicht, ob ich nicht vielleicht doch etwas Schlimmes getan habe … Dann habe ich gesagt, was sie wollten."

Sobald die Klientin ihre Schuld eingestanden und alles beteuert hatte, was von ihr verlangt wurde, nahm sie eine gedämpfte Helligkeit wahr und wurde aus dem Käfig entlassen. Klientin: „Ich habe die Schuld auf mich genommen wegen meiner Zweifel, ob das nicht doch stimmt, was mir vorgeworfen wird. Ich soll Menschen verfolgt und in Käfigen eingesperrt haben. Ich soll der Dunkelheit gedient haben. Ich soll eine dunkle Anführerin sein. Ich habe Kinder eingesperrt und sehr viele Menschen verfolgt, Kriege angezettelt – dafür soll ich verantwortlich sein." Nun bat ich die Klientin, sich das Vorleben anzuschauen, das man ihr zur Last legte. Klientin: „Es gab einen Krieg und einen Anführer. Ich war das nicht. Ich war nur dabei, stand ihm nahe, könnte seine Tochter oder Schwester gewesen sein. Ich habe den Krieg und die Morde nicht verursacht, das spüre ich in meinem Herzen. Dieser Anführer hat mich total unterdrückt, ich war eine Sklavin für ihn. Er war ein Gewaltherrscher, jemand, der starken Einfluss auf mich genommen hat. Er war gewalttätig, ich hatte Angst vor ihm." Der Klientin war klar geworden, dass sie die Gräueltaten, die ihr die Dunkelwesen anhängen wollten, nicht begangen hatte, und war erleichtert. Dennoch war sie unsicher, ob sie nicht doch in anderen Vorleben etwas Schlimmes getan hatte. In der ersten Rückführung war sie als Schwarzmagierin tätig gewesen, was wir jedoch gelöst hatten. Nun erzählte sie mir, mehrere Menschen hätten ihr gesagt, dass sie sehr viele dunkle, d. h. schwarzmagische Vorleben gelebt hätte. Die Klientin war überzeugt davon, dass das stimmte. Wenn Seelen aufgrund von Schuldgefühlen bereit sind, Strafen anzunehmen, dann haben die Dämonen leichtes Spiel. Die Betroffenen glauben, sie hätten Strafe verdient, auch wenn sie nicht genau wissen, aus welchem Grund.

Aufgrund der starken Zweifel der Klientin kam mir ein Verdacht. Die Klientin war ein lieber, empathischer Mensch, eine eher unsichere und ängstliche Persönlichkeit, die keiner Fliege etwas zuleide tun konnte. Die Inkarnation als boshafte Schwarzmagierin, die wir in der Sitzung zuvor aufgedeckt hatten, war höchstwahrscheinlich nicht ihre. Ich hatte die Klientin damals gebeten, in sich hineinzuspüren und mir zu sagen, ob es sich tatsächlich um ihr

Vorleben handelte – sie hatte mehrfach voller Überzeugung bejaht. Nun testete ich mit dem Muskeltest nach, ob sie jemals schwarzmagische Existenzen gehabt hatte – die Antwort war Nein. Ich bat sie, noch einmal in jenes frühere Leben aus der letzten Sitzung hineinzufühlen. „Hat Ihre Seele dieses Vorleben gelebt?" Klientin: „Ich sehe einen Vertrag, auf dem ein Ja steht." Es war der Vertrag, mit dem sie die karmische Schuld für das Vorleben anerkannt hatte. Wäre es tatsächlich ihr Vorleben gewesen, hätten die Dunkelwesen keinen solchen Vertrag gebraucht. Die Klientin nahm alles zurück, was sie unter Zwang hatte äußern müssen, um aus dem Käfig freizukommen. Dies Beispiel zeigt, zu welchen brutalen, erpresserischen und traumatisierenden Maßnahmen die dunkle Seite greift, um Schuldeingeständnisse einer Seele zu erhalten – die Erlaubnis, die es ihnen ermöglicht, einen Menschen heimzusuchen und auf grausame Weise zu quälen.

Zum Zeitpunkt der Sitzungen wusste ich noch nichts über den göttlichen Funken. Zur Auflösung ihrer Ängste hätte es der Klientin sehr geholfen zu erleben, wie die Dämonen vor ihr fliehen. Sie hat sich in therapeutische Hände begeben, um ihrer Ängste Herr zu werden. Generalisierte Angststörungen aufzulösen, ist kein Kinderspiel. Sie sind komplex, beziehen sich auf mehrere Lebensbereiche und bedürfen daher einer langfristigen therapeutischen Begleitung. Die Klientin weiß nun, woher ihre Ängste rühren und dass sie keineswegs paranoid-schizophren ist. Damit ist ein erster Schritt gemacht. Ich hoffe sehr, der Klientin geht es mittlerweile besser.

Nahrungsmittelunverträglichkeit

Die 48-jährige Klientin litt an Nahrungsmittelunverträglichkeiten, die ihr nachts starke Bauchschmerzen bereiteten und sie nicht zur Ruhe kommen ließen. Die Nacht vor dem Rückführungstermin war sie von Dunkelwesen belästigt worden und hatte Bauch-schmerzen verspürt, die so heftig waren wie schon lange nicht mehr. Da Schmerz, Wut und Trauer auf einer Skala von 1 bis 10 bei 8 lagen, nutzten wir die sogenannte Affektbrücke. Dabei geht man über die aktuellen Gefühle in jene Situation zurück, wo diese erst-malig aufgetreten sind.

Vorleben

Die Klientin erlebte sich als 22-jährigen Soldaten, der sich im 11. Jahrhundert gemeinsam mit vielen anderen Kameraden auf einem großen Marktplatz befand. Viele Menschen wurden dort ge-tötet. Als Soldat fühlte sie sich kaputt, halb tot und zerschlagen und wollte nicht mehr leben. „Ich bin so traurig, ich will nicht mehr. Wir wollten unschuldige Menschen befreien. Es gibt aber keine Chance, etwas Gutes zu tun, man wird einfach ausgelöscht. Alles ist korrupt und böse. Ich hoffe, dass es schnell geht." Der An-führer des Massakers war ein Priester. Die Menschen waren ge-zwungen, ihr Geld und ihre Kinder an diesen Priester abzugeben. Der junge Soldat wurde durch einen Speer getötet, der ihn im Bauch traf. „Gott sei Dank, ist es vorbei. Meine Seele steigt aus dem Körper aus und schwebt. Ich habe keine Schmerzen mehr. Ich schaue runter auf dieses Massaker und frage mich, warum ich das durchleben musste. Wohl, um zu sehen, wie verkehrt diese Welt ist. Mir geht es gut, es ist schön. Ich will nicht weitergehen, aber ich muss weiter – ich muss wieder runter (zur Erde)."

Zwischenleben

Im Zwischenleben war es wolkig und neblig, viele andere Seelen waren zugegen. Klientin: „Ich bin neugierig, da riecht es gut, es ist schön. Aber ich bekomme Angst und das Gefühl, dass es hier ge-fährlich ist. Es gibt ungute Gestalten, laute Musik und Gelächter.

Jemand streckt die Hand nach mir aus und zieht mich zu sich, ich habe Angst. Das Geschöpf ist nicht vertrauenswürdig. Es hat mehrere Hände, aber kein Gesicht. Es ruft mich, zieht mich an wie ein Sog. Es legt sich wie eine Spinne um mich, ich komme nicht weg. Ich gebe auf und hänge da. Drei Arme sind um mich geschlungen, ich komme nicht weg. Ein Stachel saugt mich aus und entzieht mir Energie. Es tut nicht weh, aber ich werde immer schwächer, bin leer, erschöpft und fast tot. Dann liege ich auf einer Wiese, der Boden gibt mir Energie. Ich gehe zurück in den nebligen Bereich und wieder geschieht das Gleiche, ich werde über einen Stachel ausgesaugt. Ich kann hier nur weg, wenn ich wieder auf die Erde gehe, ich will nicht, aber ich stimme zu. Es ist auf dieser Seite nicht gut und auf der Erde auch nicht."

Nächste Inkarnation

Klientin: „Als Nonne muss ich viel und hart arbeiten, habe kein schönes Leben. Ich bin arm und ohne Freude. Das Leben währte lange. Ich bin im Kloster, habe keinen Spaß, kein gutes Essen, keine Liebe. Der Priester (aus dem 1. Vorleben) verfolgt mich in mehreren Leben. Ich muss leiden, weil ich nicht das getan habe, was er will. Er hat mich mit einem Fluch oder Bann belegt, sodass ich nicht von ihm wegkomme und viele schlimme Leben leben muss. Der Priester ist ein Wesen, das immer da ist und überall. Er hat grausige Augen und ist innerlich vollkommen dunkel, er ist von Dunkelwesen besetzt. Ich bin ein Abkömmling von einem hellen Wesen und habe nicht gemacht, was er wollte."

Im Klosterleben musste die Klientin viele Kranke und Verwundete versorgen. Viele verhungerten oder verhungerten fast, so wie sie selbst. Sie legte Keuschheits-, Schweige- und Armutsgelübde ab. Sie musste schwören, niemals Kinder zu kriegen und dass sie nie mehr glücklich sein darf. Dass sie nichts machen darf, was ihr Freude bereitet, immer gehorsam sein wird und alles tut, was ihr aufgetragen wird von der jeweiligen Autoritätsperson. Es gab einen König, dem alle folgen mussten. Freizeit gab es nicht, niemand hatte Zeit für sich. Alle mussten immer nur arbeiten, bis sie tot umfielen. An ihrem Todestag musste die Klientin Speisen für jemanden vorkosten, um auszuschließen, dass sie vergiftet waren. Sie befand sich in einer großen Halle mit zahlreichen Verletzten, die ebenfalls nichts zu essen hatten. Klientin: „Der Hunger tut so weh. Ich habe starke Schmerzen und kann nicht einmal mehr Wasser trinken. Selbst wenn es etwas Essbares gäbe, ich würde es nicht essen! Weil ich einfach sterben will! Dieses Elend ist nicht mehr zu ertragen, es ist furchtbar. Resignation, Traurigkeit, Hoffnungslosigkeit, Ohnmacht und Elend.“

Als die Klientin schließlich verstarb, fand sich ihre Seele in einem schönen Nebel wieder. Dort widerfuhr ihr das Gleiche wie bei ihrem letzten Aufenthalt im Zwischenleben. Sie wurde energetisch ausgesaugt, immer wieder. Klientin: „Es geht immer so weiter. Ich weiß nicht, wie ich da rauskommen soll.“ Es folgte ein weiteres Leben, in dem die Klientin sich nicht unterordnete, andere rebellisch machte und erlebte, dass das Leben auch anders sein kann. Sie entdeckte, dass wir als Menschen und als Seelen blind gemacht und unterdrückt werden. Sie erklärte: „Ich bin eine freie Seele, ich muss da raus.“ Nach ihrem Ableben berieten sich das Dunkelwesen und der Priester, was sie mit ihr machen sollten. Sie wollten ausprobieren, wie viele Leben eine Seele voller Arbeit, ohne Freude und Nahrung wie in einer Endlosschleife aushalten kann. Die Klientin ließ sie wütend wissen: „Für immer und ewig werde ich das aushalten. Ihr werdet nie siegen über mich! Ich halte das für immer und ewig aus!“ (Der Klientin war zu diesem Zeitpunkt nicht bewusst, dass dies eine Zustimmung gewesen war.)

Die dämonischen Kreaturen ließen sie wissen, dass sie keine Lebensfreude erfahren und verhungern würde – Essen ist Lebensfreude. „Du wirst verhungern! Du sollst verhungern!" Klientin: „Ich brauche nie mehr irgendetwas, auch keine Nahrung!" Die Wesen parierten: „Wir werden dir deinen Lebenshunger nehmen!" Die Klientin schrie: „Ich brauche nichts mehr! Nie wieder! Weder Essen noch Trinken noch Geld noch Liebe noch Freude noch einen Platz zum Wohnen. Ich werde niemals mehr von jemandem abhängig sein. Ich werde niemals mehr jemandem dienen! Lasst mich alle in Ruhe. Ich will von niemandem mehr etwas wissen, auch nicht vom Göttlichen. Ihr könnt meinen Körper haben, aber meine Seele nicht!" Die Dunkelwesen lachten. Die Klientin hatte das Göttliche abgelehnt und ihnen ihren Körper überlassen. Das wurde der Klientin nun bewusst. Sie verfluchte die Wesen auf immer und ewig. Was die aktuelle Inkarnation anbetrifft, so konnte die Klientin wählen zwischen einem Leben im Kloster und einem schlagenden, gewalttätigen Vater. Sie wählte Letzteres. Auf jede Freude, die sie haben würde, würde ein Übel folgen. Auf jedes Lachen ein Weinen. Sie würde keinen Partner finden. Die Klientin sollte sich eine Krankheit aussuchen, um zu erfahren, welche Kräfte sie noch hat. Sie wählte die Nahrungsmittelunverträglichkeit. Wir lösten alle Verträge. Die Klientin nahm ihre „unglücklichen" Aussagen zurück und ersetzte sie mit positiven.

Etliche Monate nach der Sitzung erhielt ich folgende Rückmeldung von der Klientin: „Mir geht es sehr gut. Ich habe fast gar keine Unverträglichkeiten mehr. Ich konnte ja kein Obst und Gemüse essen. Jetzt frühstücke ich Obst, esse zu Mittag Obst und am Abend esse ich Rohkost-Salat oder Gemüse! Ja, Sie haben richtig gelesen. Mein Speiseplan besteht nur aus Obst, Gemüse und Nüssen. Und mir geht es so gut wie nie zuvor! Keine Unruhezustände mehr, keine Erschöpfung mehr. Ich bin gesund. Ich habe auch noch andere kleinere Therapien dazu gemacht, aber ich bin mir sicher, dass unsere beiden Sitzungen 80% der Heilung ausgemacht haben."

Massive Traumatisierungen

Die Klientin war Anfang 30 und hörte Stimmen, seit sie vor 2 Jahren einen Mann getroffen hatte, den sie für ihre Dualseele hielt. Sie setzten ihr erheblich zu, drohten ihr, sie würde ihnen niemals entkommen und sie solle sich suizidieren. Zudem hatte die Klientin starke Schmerzen im linken Bein, die kaum zu ertragen waren. Ihr erstes Clearing konnten wir nicht zu Ende führen, da sie zig Vorleben an sich vorbeirauschen sah, in denen sie grausame Gewalttaten durchlebte. Als ich entgegen der Absprache nichts mehr von ihr hörte, machte ich mir Sorgen und rief sie an. Ich erfuhr, dass sie tagelang im Bett gelegen und geweint hatte. Die Stimmen hatten nicht nachgelassen und ihre Drohungen verstärkt. Da ich der Klientin angesichts ihres desolaten Zustands keine weitere Mitarbeit zumuten konnte, führte ich für sie ein Fernclearing durch. Anschließend sah ich mir ihre Erlebnisse in Vor- und Zwischenleben an, die mitursächlich waren für ihre Probleme.

Vorleben

Als etwa 16-jähriges Mädchen lief die Klientin um ihr Leben. Es herrschte Krieg. Mehrere Männer verfolgten sie, holten sie schließlich ein und vergewaltigten sie brutal. Das Mädchen rief aus: „Ich will nicht mehr, ich will sterben!" Einer der Männer, der eine Uniform trug, bedeutete ihr: „Du machst, was wir wollen!" Die Männer verschleppten sie an einen Ort, an dem sie die junge Frau wochenlang sexuell missbrauchten. Sie drehte fast durch, ergatterte schließlich ein Messer und drohte dem Mann in Uniform: „Ich steche dich ab!" Er wandte sich an die anderen Männer: „Geht weg, sie gehört mir!" Er schlang ein Seil um den Hals der jungen Frau, schlug sie und drohte: „Du wirst mir immer zu willen sein!" Am Ende des Krieges ließ er sein Opfer frei. Die junge Frau war derart stark traumatisiert, dass sie verrückt geworden war. Völlig durchgedreht, voller Wut und Hass, verbrachte sie ihr weiteres Leben eingesperrt und angekettet. Im Alter von ca. 40 Jahren hatte ein Dorfbewohner Mitleid und bot ihr Gift an. „Danke, dass ihr mich sterben lasst", war ihre Reaktion.

Zwischenleben

Stark traumatisiert und als gequälte Seele traf die Klientin auf Dämonen und ihre Hölle ging weiter. Die Dunkelwesen ließen sie wissen: „Du hättest willig sein und Spaß haben müssen (an dem sexuellen Missbrauch)." Seele: „Ich bin verrückt geworden vor Angst." Dunkelwesen: „Du hast versagt. Du warst ihm (dem Mann in Uniform) nicht zu Willen. Du wirst das Ganze noch einmal erleben, um Spaß daran zu haben. Wir lassen uns etwas Schönes einfallen. Du wirst nicht zur Ruhe kommen, bis du Spaß daran hast. Wir werden dich quälen, du gehörst uns, wir lassen dich nicht mehr los." Der Dämon drehte sich zu einer männlichen Seele um. Es war der Vergewaltiger in Uniform: „Willst du sie noch einmal quälen?" Antwort: „Ja." Dämon: „Ich werde dabei sein, Kumpel. Wir machen gemeinsame Sache!" Die Seele der Klientin hörte zu, vollkommen verängstigt und mit leeren Augen. Der Dämon sprach zu ihr: „Du wirst uns zu Willen sein, so lange, bis es dir Spaß bereitet. Es gibt kein Entkommen. Wir machen dich fertig. Du wirst schreien vor Schmerzen. Du bist dazu verdammt, uns zu Willen zu sein." Das Wesen zwang die Klientin, etwas Schwarzes zu schlucken: „Hier, schluck das Böse, es wird immer in dir sein. Wir werden dich immer finden. Du gehörst uns. Mir! Ich hasse dich. Du kommst nie wieder weg von uns. Schwöre hoch und heilig, dass du dich für immer an uns (den Vergewaltiger und den Dämon) bindest." Die Seele stimmte zu. Dunkelwesen: „Wir haben dich in der Hand. Du entkommst uns nicht." Mit gefesselten Händen wurde die traumatisierte Seele in die nächste Inkarnation gestoßen. Dunkelwesen zum Vergewaltiger: „Wir haben sie in der Hand, die entkommt uns nicht. Sie wird für immer in der Hölle schmoren."

Der Vergewaltiger (der Mann in Uniform) und der Dämon hatten gemeinsame Sache gemacht. Der Dämon war an allen Vergewaltigungen beteiligt, denn er hatte den Mann infiltriert. Im heutigen Leben hatte sich die Klientin in ihn verliebt und hielt ihn für ihre Dualseele. In mindestens 7 weiteren Vorleben war sie ihm samt Dämon begegnet und wurde jedes Mal traumatisiert. Im Clearing hatte die Klientin frühere Leben wahrgenommen, in denen sie mit diesem Mann zusammen war. Jedes Mal endete ihre Beziehung in einer traumatischen Katastrophe. Auch in den darauffolgenden Zwischenleben hatte sie Vereinbarungen mit ihm getroffen. Ein ums andere Mal versprach er ihr hoch und heilig, sie würden ein glückliches Leben miteinander verbringen. Die Klientin stimmte immer wieder hoffnungsvoll zu und wurde erneut traumatisiert – nicht ahnend, dass der Mann durch einen Dämon gesteuert wurde. Die Begegnung mit ihm im heutigen Leben hatte die Traumatisierungen reaktiviert und die Klientin wurde von Dämonen gequält und besetzt.

Da ich nun wusste, dass die vermeintliche Dualseele der Klientin mit den Dämonen gemeinsame Sache gemacht und mit der Klientin weitere gemeinsame Inkarnationen abgesprochen hatte, schaute ich mir die Absprachen auf der Zwischenebene an. Der Dämon hatte sämtliche Vereinbarungen überwacht. Er beeinflusste sie, lachte sich tot und verfluchte sie: „Ihr kommt niemals aus diesem Teufelskreis heraus. Ihr schafft es nicht! Ihr schafft es nicht! Ihr seid für immer verdammt!" Die Klientin war überzeugt: „Ich kann ohne ihn nicht leben!" Da ich die Erlaubnis der Klientin hatte, alle Absprachen zwischen ihr und der vermeintlichen Dualseele zu lösen, nahm ich diese Aussage in ihrem Namen zurück. Alle Absprachen zwischen den beiden Seelen waren dämonisch beeinflusst worden. So konnte nie eine gute Beziehung, sondern immer nur unendliches Leid entstehen. Der Muskeltest ergab, dass sich der Dämon auch in diesem Leben im Energiefeld des Mannes befand; ich löste ihn ab, heilte die Seelenanteile der Klientin und brachte sie ihr zurück.

Eine weitere Sitzung für die Klientin

Nach der obigen Sitzung hörte die Klientin immer noch Stimmen. Auch die Schmerzen im linken Bein ließen nicht nach. Da sie nicht in der Lage war, an einer Sitzung teilzunehmen, schaute ich mir ein weiteres ihrer Vorleben an.

Vorleben und Zwischenleben

Die Klientin befand sich in atlantischen Zeiten als freie, sehr lichtvolle Seele. Viele Menschen, die von Dämonen besetzt und entsprechend dunkel waren, streckten die Arme nach ihr aus. Dies machte der Klientin Angst, da sie nicht wusste, wie sie diesen Menschen helfen sollte. Plötzlich lösten sich viele dämonische Wesen von den Bürgern und gingen auf die Klientin über. Sie flüsterten ihr Bosheiten ein und machten sie dunkel. „Du gehörst uns. Wir lassen dich nie wieder gehen. Wir werden dich zu Tode quälen. Hundertschaften werden dich heimsuchen. Wir werden dich immer ‚beflüstern‘. Dir wird es so schlecht gehen wie den vielen hunderten Menschen, denen du nicht geholfen hast. Du wirst leiden ohne Ende. Wir haben jederzeit Zugang zu dir, niemand kann dich schützen. Es wird uns eine Ehre sein, dich leiden zu sehen.“ Die Dämonen überreichten der Klientin eine Liste, in der sie aufgeführt hatten, was sie ihr antun würden. Dämonen: „Unterschreibe mit deinem Blut, damit ist dein Schicksal besiegelt.“

Die Klientin tat wie geheißen und dachte: „Ich werde für immer in der Hölle sein und büßen müssen. Lieber Gott, ich bin deiner Hilfe nicht würdig, bin in der ewigen Verdammnis verloren. Mein Leben wird die Hölle sein, ich habe keine Hoffnung mehr, ich bin verloren." Die Dämonen implantierten ihr belastende Gefühle wie Angst, Hoffnungslosigkeit, Verzweiflung, bis sie aufs Schwerste traumatisiert in eine Schockstarre verfiel. Besonders aggressive Dämonen wurden auf die Klientin losgelassen. Klientin: „Ich habe es verdient. Gott, ich habe es verdient." Die Dunkelwesen ließen sie Höllenqualen durchleiden. Sie wurde extrem traumatisiert und gefügig gemacht, bis sie schwor: „Ich werde alles tun, was ihr sagt, alles andere ist sinnlos."

Die Dämonen raubten der Klientin zahlreiche Seelenanteile, bis sie nur noch eine leere Hülle zu sein schien. Sie hatten ihr ihr Licht genommen. Sie war innerlich leer, nur noch ein Schatten ihrer selbst. Vollkommen traumatisiert und geschockt. Dämonen: „Wir haben dich in der Hand! Wir werden dich immer verfolgen!" Dann gaben sie der Klientin einen schwarzen Trank, der sie innerlich vergiften sollte.

Die Dämonen sprachen weiter: „Du wirst alles erleben, was ein Mensch nur ertragen kann. Es gibt nichts, was du nicht ertragen wirst. Vergewaltigung ist etwas Feines. Du wirst nur noch ein Haufen Elend sein. Wir löschen alle deine Erinnerungen an gute Zeiten, wir nehmen dir dein Licht." Ein Dämon stülpte der Seele der Klientin einen dunklen Sack über, der sie völlig orientierungslos machte. Die Seele wusste: „Ich werde nie wieder glücklich sein. Ich bin verloren." Sie wurde hinuntergestoßen zur Erde und von den Dämonen verfolgt. Als die Seele in den Leib ihrer heutigen Mutter eintrat, waren Dutzende Dunkelwesen zugegen. „Wir sind immer bei dir! Wird das ein Spaß! Wir haben dich so programmiert, dass du alles Schlechte anziehst." Auf diese Weise kam die Klientin bereits traumatisiert zur Welt. Sie hatte die Verdammnis angenommen und war der Meinung, dass es keinen Ausweg gäbe. Im Namen der Klientin löste ich alle traumatischen Gefühle sowie alle schwarzmagischen Einflüsse auf, neutralisierte die Wirkung des schwarzen Gifttrankes, sammelte alle Seelenanteile ein, die sich im Besitz von Dämonen befanden. Ich bat die Ur-Quelle, sie zu heilen und wieder in die Klientin zu integrieren.

Dieser Fall ist der gravierendste, den ich bislang hatte. Er hat mich zutiefst berührt und angesichts der Grausamkeiten aus der Fassung gebracht. Die Klientin benötigt dringend eine länger andauernde Traumatherapie, z. B. mit EMDR[96]. Die zuständigen Psychologen und Psychiater werden nicht glauben, was ihr widerfahren ist. Sie werden sie weiterhin für schizophren halten. In solchen Fällen wünsche ich mir sehnlichst, ich könnte zaubern, um das unendliche Leid zu lindern, das perverse dämonische Kreaturen angerichtet haben. Ich kann nur hoffen, dass die tiefen Wunden der Klientin im Laufe der Zeit heilen werden.

Die eigenen Potenziale nicht leben dürfen

Meine 30-jährige Klientin berichtete, dass in ihrem Leben alles schieflaufen und etwas Dunkles sie beeinflussen würde. „Mein Leben ist chaotisch, ich komme nicht voran." Sie hatte verschiedene Therapeuten aufgesucht, Aufstellungen und Clearings durchlaufen, ohne dass irgendeine Besserung eingetreten war. Nach einer Aufstellung ging es ihr schlechter als zuvor, was darauf schließen ließ, dass sie sich währenddessen Seelen oder Dunkelwesen zugezogen hatte. Durch das Erleben häuslicher Gewalt war sie stark traumatisiert. Sie hatte Seelenanteile verloren, was sie vulnerabel für Fremdenergien machte. Nach dem Clearing führten wir eine Rückführung durch. Wir suchten nach den Ursachen für die starke Fremdbeeinflussung und die Tatsache, dass nichts im Leben der Klientin zu gelingen schien. Am Rückführungstag war sie erneut von Seelen und Dunkelwesen besetzt, die wir zunächst auf eine schnelle Weise entfernen mussten.

Vorleben

Die Klientin erlebte sich als 30-jährige junge Frau im 14. Jahrhundert. Sie trug einfache Stoffkleidung und hatte das Gefühl, zerstört worden zu sein. Etwas Starkes, Zerstörerisches durchfuhr sie wie ein Blitz. Sie geriet in Angst und Verzweiflung und verspürte Hass, als ein schwarz gekleideter Mann Mitte 40 auf sie zukam. Er war ein mächtiger Magier, der ihr unheimlich war. Die beiden hatten zusammengearbeitet, bis sich die Klientin von ihm trennte. Er konnte ihre Zurückweisung nicht ertragen, verfluchte die junge Frau und erwürgte sie in seiner extremen Wut. Die Klientin verstarb in Angst und Fassungslosigkeit, war vollkommen verwirrt. Und so wusste die Seele nicht, wohin sie sich wenden sollte. Das Gesicht des Magiers verfolgte sie. Sie erkannte, dass ihr Leben vorbei war und reagierte geschockt. Auf das, was geschehen war, war sie nicht vorbereitet gewesen. Klientin: „Ich bleibe am Ort des Geschehens, steige höher und betrachte die Landschaft." Als ich sie bat, aus dieser höheren Perspektive in den Magier hineinzuschauen, entdeckte sie mehrere Dämonen in seinem Inneren.

Zwischenleben

Klientin: „Ich gehe ins Licht. Ich muss büßen, fühle mich friedlicher. Ein Geistwesen kommt auf mich zu mit einem „falschen" Gesicht. Es ist relativ hell, aber nicht ganz. Es flimmert, als ob sich Hell und Dunkel vermischen würden. Es ist nicht liebevoll, hat einen harten Gesichtsausdruck. Es ist sehr streng. Es ist groß, stellt sich über mich und fühlt sich kalt an. Ich blicke es von unten herauf an. Es stellt Forderungen an mich. Es sagt, dass ich noch nicht bereit bin, ins Licht zu gehen. Ich muss erst beweisen, dass ich würdig bin. Es zeigt mir auf, was ich falsch gemacht habe und dass ich etwas tun müsse, um es wiedergutzumachen. Es sagt, ich hätte mich nicht auf den Mann einlassen dürfen. Es war richtig, dass er mich umgebracht hatte. Ich hätte es verdient und muss etwas tun, um meine Schuld abzutragen. Weil ich mich von ihm abgewandt habe, darf ich nicht frei sein. Ich hätte dem Magier ein Versprechen gegeben, das ich nicht brechen darf. Ich habe es gebrochen, weil ich frei sein wollte. Ich hatte versprochen, bei ihm zu bleiben und alles zu tun, was er sagt. Das Dunkelwesen gibt mir zu verstehen, dass ich weiterhin an diesen Mann gebunden bin und deswegen keine Beziehungen haben dürfte. Ich darf kein freies Leben führen!"

„Ich werde ein neues Leben beginnen. Aber dann muss ich alles abtragen, sodass ich weiterhin an den Mann gebunden bin und weiterhin büßen muss. Das macht mir Angst. Das Wesen spricht eine Drohung aus, dass ich ein schweres Leben haben muss und ich es nicht verdient habe, ins Licht zu gehen. Und wenn ich versuche, daran etwas zu ändern, werde ich gefangen genommen und muss für immer Schmerzen erleiden. Ich werde dann gefoltert. Das ist die Strafe, wenn ich mein Leben frei gestalten werde und wenn ich diesem Mann endgültig den Rücken kehren werde. Ich sehe in mir selbst ein starkes Licht (Seelenlicht und göttlicher Funke), aber das Wesen sagt mir, dass es verdunkelt werden muss. Auf der Erde muss ich es gedämpft und dunkel halten. Ich darf das Licht und mein Potenzial nicht leben. Ich muss immer im Hintergrund bleiben, damit man mich nicht sieht. Ich muss mich verstecken. Ich soll glauben, dass es das Licht nicht gäbe und dass die Dunkelheit immer da ist. Ich stimme zu."

Die Klientin fährt fort: „Mein großes Licht wird dunkel und ich fühle große Trauer, dass es jetzt so weitergeht. Dass ich nie erfahren soll, was wahre Liebe ist und nie eine glückliche Sexualität leben soll." (Die Klientin wurde im heutigen Leben missbraucht.) „Ich nehme es so hin, dass Beziehungen immer schrecklich sein werden, dass immer etwas geschieht, sodass ich unglücklich bin. Dass ich in beruflicher Hinsicht Schwierigkeiten haben werde, dass ich mein Potenzial niemals leben kann! Das Wesen sagt, das hätte ich davon, dass ich in meinem Vorleben ein freies Leben hatte führen wollen. Ich soll sehen, dass es nichts bringt, frei leben zu wollen und dass ich scheitern werde!" Der Dämon sprach mit verhöhnender Stimme: „Das hast du nun davon!"

Die Klientin wurde von einem Sog in Richtung Erde heruntergezogen. Klientin: „Um mich herum ist es dunkel. Ich erinnere mich an das Licht, sehe das Licht in mir noch einmal, aber es fühlt sich dumpf an. Ich schlage mit dem Körper auf und dann bin ich hier und muss alles tun, was mir aufgetragen wurde. Ich fühle Schwere sowie Enttäuschung und Trauer, dass ich jetzt auf der Erde bin. Ich dachte, irgendwie wird es richtig sein, was das Wesen gesagt hat." Die Klientin löste alle Absprachen auf, nahm ihre Erlaubnis für all das zurück, was der Dämon ihr aufgetragen hatte. Nachdem wir alle verloren gegangenen Seelenanteile geheilt und reintegriert hatten und das frühere Ich einen Heiltrank mit Ressourcen zu sich genommen hatte, war es glücklich und erstrahlte in hellem Licht. Zu den Ressourcen gehörte: Glück und inneren Frieden erleben dürfen sowie Fröhlichkeit. Eine gesunde Sexualität leben können. Vertrauen in die eigenen Potenziale zu haben und sie leben zu dürfen und vieles mehr.

Angst, der eigenen Familie zu schaden

Meine 40-jährige Klientin, Mutter von zwei Kindern, hatte bereits ein Clearing durchlaufen. Gemeinsam hatten wir sie und ihre 7-jährige Tochter energetisch gereinigt und etliche Familienflüche gelöst. Die Kleine machte ihrer Mutter Sorgen. Sie wurde schnell wütend und hatte sich zum wiederholten Male mit Schulfreundinnen gestritten. Sie tickte in der Schule regelmäßig aus. Als die Klientin für 14 Tage an einer Weiterbildung teilnahm, hatte ihre Tochter keinerlei Problemverhalten gezeigt, so hatte ihr Ehemann sie wissen lassen. Die Klientin glaubte, das Verhalten ihrer Tochter habe etwas mit ihr zu tun. Sie hatte Angst, ihrem Kind unbewusst zu schaden. Zudem berichtete sie, es fiele ihr schwer, mit ihrem Mann über Probleme und ihre Gefühle zu sprechen. Irgendetwas bewirke, dass sie sich nicht artikulieren könne. Sie hatte das beklemmende Gefühl, ihrer gesamten Familie zu schaden. Laut Muskeltest lagen die Ursachen für die Schwierigkeiten mit ihrer Tochter in einem Vor- und Zwischenleben.

Vorleben

Die Klientin erlebte sich als ca. 14-jähriges Mädchen. Gemeinsam mit ihrer 5-jährigen Schwester stand sie an einem Berghang. Plötzlich veränderte sich die Szenerie. Die Klientin wurde von ihrer kleinen Schwester den Abhang hinuntergestoßen und verstarb. Sie spürte große Traurigkeit, verstand nicht, was geschehen war. Sie befand sich in einem weißen Licht, war schockiert und fassungslos, maßlos enttäuscht von ihrer Schwester. Klientin: „Vielleicht habe ich etwas Schlimmes getan? Vielleicht war ich nicht gut genug und musste weg? Ich liege da und habe mich aufgegeben. Ich weiß nicht, wohin. Vielleicht bin ich nicht gut genug, um in den Himmel zu kommen." Behandler: „Wie kommen Sie darauf? Was ist geschehen?" Klientin: „Ich war für meine Familie der Teufel auf Erden und habe sie alle verflucht. Ich habe mich in der Familie einsam und verlassen gefühlt, ungerecht behandelt und habe drauflosgehauen. Ich habe meine gerechte Strafe bekommen. Um mich kümmert sich keiner."

Zwischenleben

Als Seele gelangte die Klientin in die Unterwelt. „Ich habe das Gefühl, schon einmal hier gewesen zu sein. Ich habe keine Stimme mehr, alles ist rot. Da sind noch andere Seelen, aber mit denen habe ich nichts zu tun. Es ist dunkel. Ich bin hier im Kerker in Ketten gefangen. Ich will weg, komme aber nicht frei. Meine Beine werden nach unten gezogen, etwas Schweres hängt an meinen Füßen. Mein rechtes Bein tut weh, ich werde gefoltert und geschlagen. Alles tut weh. Ich will nur weg, habe keine Hoffnung. Ich liege total misshandelt auf dem Boden, kann mich nicht wehren. Keiner kommt und hilft. Wäre ich doch nur lieb gewesen! Dann wäre ich hier nicht gelandet. Ich denke an die schöne Zeit in der Familie, die ich nicht wahrgenommen habe. Ich vergebe mir selbst für alles, was ich getan habe. Alles dreht sich, mir ist komplett schwindelig. Ich bin in Ohnmacht gefallen! Ich liege in einer Kiste. Jetzt wird es hell. Ich klettere aus der Kiste und werde nach oben ins Licht hineingezogen. Aber je höher ich steige, desto dunkler wird es wieder. Jetzt bin ich im Universum. Überall sind Sterne, dunkle Nacht. Jetzt kommen dunkle Wolken, ich sehe gar nichts mehr. Ich komme da nicht raus!"

Die Szenerie veränderte sich erneut. Klientin: „Ich treffe dieses Kind, meine Schwester, wieder. Wir stehen uns gegenüber, schauen uns an. Ich entschuldige mich. Das Kind nimmt mich in den Arm. Wir sind beide glücklich. Ab dem Knie fehlen mir die Beine, ich sitze im Rollstuhl." Behandler: „Schauen Sie dem Kind in die Augen." Klientin: „Sie sind schwarz." Behandler: „Fordern Sie es auf, seine wahre Gestalt zu zeigen." Klientin: „Ich kann mich jetzt selbst sehen. Das Wesen ist von einer Art Spiegel umgeben. Ich soll büßen, indem ich andere verletze oder so beeinflusse, dass alles schiefläuft." Behandler: „Wer sagt das?" Klientin: „Dieses Mädchen sagt das." Es war ein gestaltwandelnder Dämon. Klientin: „Ich soll meiner ganzen Familie schaden! Durch Gefühllosigkeit und durch Wut. Ich verwirre meine Tochter so sehr, dass es zu Lernhindernissen kommt. Ich soll mich verbal nicht mitteilen können, nicht sprechen können, sonst könnte ich die Dinge klären und aus der Welt schaffen. Die Dämonen werden für Energieblockaden sorgen. Ich soll mich selbst und alle lähmen. Ich soll meine Gefühle wahrnehmen, aber sie mitzuteilen, das funktioniert gar nicht. Ich soll meine Kinder mit meinen Sichtweisen beeinflussen, sodass sie meine Meinung annehmen, nicht ihre eigene. Ich soll meine Kinder manipulieren! Es wird für mich kein schönes Leben sein. Andere baden für mich das aus, was ich im Vorleben gemacht habe. Ich beeinflusse meine Familienmitglieder so, dass sie beeinträchtigt sind, körperlich und geistig, was mich wiederum stört. Es passiert einfach, ich kann es nicht verhindern."

Die Klientin war sehr aufgewühlt und fuhr fort: „Die Dämonen sagen mir, dass ich nicht gut bin, dass ich zur bösen Seite gehöre. Dass ich nicht zu meiner Familie dazugehöre." Plötzlich rief die Klientin aus: „Ich soll mein Kind töten! Es dahin treiben, dass es das selbst tut! Ich soll meine Familie betrügen und verlassen!"

Die Klientin befand sich nun im Strudel auf dem Weg zur Erde in den Bauch ihrer heutigen Mutter. Behandler: „Gehen Sie ganz langsam wie in Zeitlupe durch den Strudel." Klientin: „Ich habe keine Lust, mit diesen ganzen Anweisungen auf die Erde zu kommen. Die legen mir einen energetischen Kloß in den Hals, damit ich nicht kommunizieren und mir keine Hilfe holen kann." Die Klientin war bereits am Ende des Tunnels angelangt. Behandler: „Gehen Sie zurück zu dem Moment, in dem Sie der Inkarnation zugestimmt haben, noch bevor Sie in den Tunnel gerieten." Klientin: „Ich habe zugestimmt, weil man mir versprochen hat, dass ich nach meinem Tod nicht mehr in den Kerker komme." Die Klientin befand sich nun erneut im Tunnel. Behandler: „Gehen Sie ganz langsam hindurch. Nehmen Sie mit allen Sinnen wahr, was geschieht." Klientin: „Irgendetwas verdeckt meine Augen, damit ich nicht sehen kann, was ich in meiner Familie anrichte. Ich fühle eine starke Anspannung im Rücken, alles zieht sich zusammen. Jemand sagt, dass ich böse bin und daher nichts Gutes erwarten kann. Jemand spricht, aber ich kann nichts hören."

Behandler: „Sie wissen jetzt, was gesagt wird. Jetzt." Klientin: „Jemand sagt: Hilf mir. Beschütze mich. Es ist meine große Tochter. Sie sagt, aufgrund der Absprachen werde ich meine Kinder misshandeln. Ich soll einen anderen Weg finden. Sie hat recht, aber ich finde keinen anderen Weg. Ich werde kontrolliert, dass ich mich so verhalte, wie die Dämonen das wollen. Ich kann mich dieser Kontrolle nicht entziehen. Der einzige Weg, den ich sehe, ist mir selbst zu schaden durch Krankheiten, Allergien, alles, was man so haben kann. Und indem ich Menschen anziehe, die es nicht gut mit mir meinen. Meine Mädchen leiden mit mir. Sie sollen mir einige Lasten abnehmen und mir helfen, sagen die Kreaturen. Ich sehe jetzt meine jüngste Tochter. Sie ist in einer Luftblase eingeschlossen. Sie ist darin gefangen. Es gibt Fäden an der Blase, die Dunkelwesen ziehen daran, aber sie platzt nicht." Behandler: „Was ist der Sinn und Zweck der Blase?" Klientin: „Sie soll meine Tochter gefangen halten. Ich habe das Gefühl, ich muss ihr irgendwie helfen, enttäuschte Liebe bei ihr auflösen durch Umarmung." Nun wurde es dunkel um die Klientin. Ihr wurde kalt. Kurz darauf nahm sie Helligkeit wahr, sie war geboren worden. Nachdem wir alle Absprachen gelöst hatten, konnten wir auch ihre Tochter aus der Blase befreien. Die Klientin war sehr erleichtert, nun zu wissen, warum sie ständig gedacht hatte, ihren Lieben zu schaden. Sie nahm sich vor, fortan immer mit ihrer Familie zu kommunizieren, sobald sich ein Problem abzeichnete.

Auf meine Nachfrage ließ sie mich wissen: „Es wird immer besser. Ich arbeite viel an unseren Familienthemen, bin auch wieder auf zwei Lehrgängen gewesen, wo ich neues Material mit an die Hand bekommen habe. Es lichtet sich ..." Clearings und Rückführungen sind keine „Wundermittel", können aber bedeutsame Veränderungen bei den Klienten anstoßen bzw. bewirken und sie dazu veranlassen, beharrlich an ihren Problemen zu arbeiten – in dem Bewusstsein, sie lösen zu können.

Massive Schlafstörungen – ein Leben lang

Meine 62-jährige Klientin litt seit früher Kindheit unter massiven Schlafstörungen. Sie nahm regelmäßig Schlaftabletten, hatte zahlreiche Untersuchungen hinter sich gebracht und war überdies in einem Schlaflabor gründlich durchgecheckt worden. Der Muskeltest ergab, dass die Ursachen für ihre Schlafschwierigkeiten in einem Vorleben zu finden waren und ebenfalls auf diversen Absprachen im Zwischenleben beruhten.

Vorleben

Die Klientin nahm einen grauen Steinklotz wahr und hatte das Gefühl, sich im Mittelalter zu befinden. Sie war zu jener Zeit männlich, trug entsprechende Gewänder und Ledersandalen. Sie war ca. 26 Jahre alt und anscheinend ein Henker, der Menschen enthaupten musste. Er hatte gerade eine junge Frau geköpft, hatte das Beil zweimal ansetzen müssen. Er spürte eine große Schwere, Depression und Apathie, war aber auch zornig und wütend auf seinen Vater. Klientin: „Ich schlafe nicht, denn ich habe Schuldgefühle. Wäre ich nicht apathisch, würde ich es nicht schaffen, Menschen zu enthaupten. Ich liege in einem dunklen Raum und versuche, mich zu entspannen. Jemand tritt mir heftig in den Bauch. Er ist wütend auf mich, tritt mich immer wieder. Irgendwie kann ich mich nicht wehren. Er ohrfeigt mich, schlägt mir auf den Kopf und ins Gesicht. Es ist mein Ende. Ich sterbe an den Verletzungen. Ich bin einverstanden zu sterben, spüre große Apathie."

Die Klientin beschrieb ihre Todesszene: „Ich sterbe, es geschieht mir recht. Ich habe andere mit der Wut auf meinen Vater getötet und tiefe Schuldgefühle. Ich sehe Licht. Ich will auf keinen Fall wieder Menschen töten. Meine ganze Lebendigkeit war diese Wut in meinem Körper und das Köpfen. Das war die beste Zeit in meinem Leben, aber ich will nicht noch einmal töten. Im nächsten Leben möchte ich ein starker Mann sein. Ein Soldat, Offizier oder Ritter. Jemand, der etwas zu sagen hat und Männer mit Pferden befehligt – im nächsten Leben. Als Henker bin ich Abschaum. Es macht mir nichts aus zu gehen. Links oben sehe ich Licht, es zieht mich an. Ich steige langsam aus meinem Körper aus, links am Kopf, es ist nicht so leicht. Ich verlasse meinen Körper gerne, komme aber nicht so richtig weg. Ich stecke bis zum Knie noch in meinem Leichnam. Ich würde am liebsten um Hilfe rufen, damit mich jemand vollständig herausholt."

Zwischenleben

Klientin: „Ich sehe ein dämonisches Wesen mit roten Augen. Es ist ein Reptiloid. Es sagt mir, es kann mir helfen, wenn ich mich ihm anvertraue, aber es sieht nicht vertrauenerweckend aus. Dennoch habe ich keine andere Wahl. Ich hätte gerne jemand anderen, der mir hilft. Jetzt bin ich aus dem Körper ausgestiegen. Dieses komische Drachenwesen steht neben mir. Ich weiß nicht, was ich machen soll, aber das Licht zieht mich an. Von oben sehe ich meinen Körper, meine Frau und mein Kind, die daneben stehen. Das Drachenwesen macht sich an meinem Körper zu schaffen, saugt mich energetisch aus. Es geht durch die Wunden im Bauch in meinen Körper hinein. Der Körper zappelt, aber meine Seele ist draußen.

Ich schwebe über meinem Körper, will ins Licht – und fliege hin. Eine hochgewachsene weibliche Person begegnet mir. Sie ist sehr lichtvoll und groß, sie empfängt mich. Sie trägt einen hohen spitzen Hut und nimmt meine Hände. Ein richtiges Gesicht ist nicht zu sehen. Sie hat keine Konturen, keine Augen und keine Nase. Sie führt mich an der Hand ins Licht hinein. Da sind noch andere Seelen und warten, gucken mich erwartungsvoll an. Ich erkenne meine Mutter und meine Verwandten, ansonsten sind dort einfach nur weiße Gestalten. Wir stehen zusammen als große Gruppe. Mutter freut sich, dass ich da bin. Da kommt ein schwarzer Tunnel und öffnet sich. Darin stehen viele weiße Seelen und ich gehe hinein. Ich weiß, wenn man neu geboren werden will, muss man dort hineingehen." Behandler: „Schauen Sie Ihrer Mutter mal in die Augen, welche Farbe haben sie?"

Klientin: „Sie sind gelb. Der Tunnel ist schwarz-grau, wird immer größer und mächtiger. Mir bleibt nichts anderes übrig, als hineinzugehen. Ich purzle hinein, weil er sich vergrößert. Er ist mir unheimlich. Ich liege da drin, allein. Es ist wie ein schwarz-grauer Raum, der nach unten kippt, ich rutsche runter. Ich kann nichts anderes machen, rutsche sehr schnell mit dem Kopf voran. Ich sehe eine schwangere Frau mit einem ziemlich dicken Bauch und rutsche in sie hinein." Da die Klientin den Tunnel sehr schnell passiert hatte, bat ich sie zurückzugehen zu der Stelle, kurz bevor der Tunnel erschien. Klientin: „,Mutter' lächelt. Eine groß gewachsene Person verteilt die Seelen im Raum. Sie sind alle ganz ruhig, stehen da wie Pinguine, sind aber weiß. Das Wesen sagt zu mir: ,Du bist dran.' Dann erscheint der Tunnel. Eine Seele nimmt Kontakt zu mir auf. Sie fragt: ,Hilfst du mir?' Sie hat kein Gesicht und sagt, sie will hier weg. Ich sage ja, ich will auch hier weg."

Behandler: „Gehen Sie bitte noch einmal zurück zu Ihrer Ankunft auf der Lichtebene und schauen Sie sich dort um." Klientin: „Da ist eine große Figur, die mich in einen großen Raum ohne Konturen führt und die sich bedeutsam anfühlt. Ich weiß nicht weiter, stehe hier rum. Dann kommt der Tunnel und wird größer." Behandler: „Gehen Sie noch einmal durch den Tunnel. Dieses Mal aber ganz langsam, Schritt für Schritt. Achten Sie auf alles, was Sie wahrnehmen können." Klientin: „Ich höre menschliche Stimmen. Jetzt bin ich wieder in der schwangeren Frau, meiner heutigen Mutter, kurz vor der Geburt."

Behandler: „Haben Sie irgendetwas bezüglich Ihrer Schlafstörungen abgesprochen, bevor Sie in den Tunnel gegangen sind? Bitte gehen Sie jetzt zurück in das Planungsstadium Ihrer heutigen Inkarnation." Klientin: „Ich bin willenlos und lasse einfach alles mit mir machen. Da ist ein Tisch, auf dem Papiere ausgebreitet sind. Horoskope, Zeichnungen, Versprechen. Die große Gestalt mit dem Hut zeigt mir, was geplant ist. Sie zeigt mir, was ich gut gemacht und was ich im letzten Leben verkorkst habe. Ich soll Menschen helfen. Ich bin eine Lichtgestalt und helfe zahlreichen Menschen (die Klientin arbeitet als Therapeutin). Menschen, die ein bisschen dunkel sind." Behandler: „Was ist mit den Versprechen?" Klientin: „Ich verspreche, gut zu sein. Ich will nicht mehr rasten, nicht mehr ausruhen oder schlafen, bevor es nicht allen gut geht. Ich soll nachts meditieren, für die Welt, das Licht und ein höheres Bewusstsein. Ich darf nicht rasten, habe immer irgendetwas zu tun. Ich muss mich fortbilden, um den Menschen zu helfen. Es ist anstrengend, es gibt viel zu tun. Ich habe ein Verpflichtungsgefühl, helfen zu müssen. Ich möchte frei sein, nicht inkarnieren müssen. Mir wird mein Leben gezeigt. Ich möchte ausruhen, aber die Aufgabe ist eine andere."

Behandler: „Was genau steht in den Papieren?" Klientin: „Da steht: Du sollst helfen, retten, immer für die anderen da sein. Du darfst ein bisschen tanzen. Du sollst es nicht leicht haben. Du sollst nicht viel schlafen, das ist Zeitverschwendung. Du sollst früh aufstehen, damit du genügend Zeit hast zu meditieren und für die Menschen da zu sein. Du darfst nicht ausruhen, sagen sie. Es wird mir nicht gegönnt, mich auszuruhen! Ich darf mich nachts nicht fallenlassen!" Nun erinnerte sich die Klientin an eine Bestrafung durch ihre Eltern: „Die haben mich als Baby nachts auf den Dachboden ausgegliedert. Ich wollte nicht einschlafen, weil meine Mutter dann nicht da war und alles dunkel war."

Im Planungsstadium der aktuellen Inkarnation hatte man der Klientin noch folgendes mitgeteilt: „Du wirst ein schweres, anstrengendes Leben haben. Du wirst als Kind im Schlaf alleingelassen und nicht behütet werden. Du darfst nicht entspannen. Du wirst Probleme mit dem Schlafen haben. Es wird ein Helferleben sein. Du darfst keine richtigen Beziehungen haben. Du wirst dafür beruflich mit Menschen zu tun haben. Schlaf ist nicht wichtig." Die Klientin berichtet weiter: „Ich bin einfach so apathisch, dass ich allem zustimme. Ich habe die Papiere (Verträge) nicht gelesen. Ich weiß nicht, was darin steht, außer: Du darfst nicht schlafen als Strafe! Dann geht es in den Tunnel und den Mutterleib." Wir lösten sämtliche negativen Emotionen und Vertragsinhalte auf. Nun wusste die Klientin endlich, woher ihre Schlafprobleme rührten.

Nahtoderfahrung während einer Not-OP nach der Geburt

Meine 35-jährige Klientin hatte bei der Geburt ihrer Tochter lebensbedrohliche Komplikationen erlitten und wäre fast verblutet. Wenige Tage vor der Niederkunft hatte sie einen Traum gehabt. Ihre verstorbene Tante Agnes war erschienen und hatte ihr mitgeteilt, sie würde die Geburt eventuell nicht überleben. Die Klientin informierte ihren Mann und regelte noch einige wichtige Dinge. Als nachgeburtliche Blutungen auftraten, entschieden sich die

Ärzte für eine Not-Operation. Als die Klientin in ihrem Kranken-
bett in ihrem Zimmer abgeholt wurde, hatte ihr Mann ihr einen
bedeutungsvollen Blick zugeworfen. In diesem Moment entschied
sich die Klientin dafür, keinesfalls zu sterben, sondern weiterzuleben. Sie wollte Mann und Kinder nicht allein lassen und die Kinder
aufwachsen sehen. Sie hatte mehrfach versucht, sich an den Zeitraum zu erinnern, in dem sie in Narkose lag, es war ihr jedoch
nicht gelungen. Sie vermutete eine Nahtoderfahrung und bat mich,
ihr zu helfen.

In der Rückführung erlebte sich die Klientin im Krankenhaus und
erinnerte sich an den Blick ihres Mannes, als sie in den OP gefahren wurde. Sie wurde in Vollnarkose versetzt. Klientin: „Ich
schwebe über dem OP und sehe meinen Körper auf einer Art Ge-
burtsstuhl liegen. Ich fühle mich verloren! Das war so nicht geplant! Wie gelange ich jetzt wieder in meinen Körper hinein? Ein
Wesen kommt, ich werde weggezogen. Ich sage nein, das geht
nicht, ich muss wieder rein (in den Körper). Ich wehre mich, es
zieht mich trotzdem weg, etwas Helles und etwas Schwarzes. Da
sind viele Seelen, als würden sie warten, dass ich komme. Ich
wehre mich mit Händen und Füßen, dieses Schwarze … Ein Licht
erscheint, es ist wie ein Schein. Darin ist eine schwarze Macht, die
sagt: ‚Jetzt habe ich dich!‘ Ich fühle, dass meine verstorbene Tante
Agnes da ist. Sie kann aber nicht eingreifen. Ich fühle ihre Gedanken: ‚Du weißt doch, ich habe es dir gesagt. Du hast die Wahl. Denk
daran, triff deine Entscheidung, egal, was passiert und bleibe
dabei.‘“ Die Klientin hatte den Eindruck, dass das Schwarze ein
Fluch ist. „Wenn ich sterbe, ist mein Mann allein mit den Kindern.
Wir haben uns vor sechs Wochen mit der Mutter meines Mannes,
meiner Schwiegermutter, überworfen. Sie hatte mir in einem Vorleben meine Kinder bei der Geburt des letzten Kindes weggenommen. Genau das würde jetzt wieder passieren. Das hängt zusammen! Dann wäre sie die Retterin und ich hätte es wieder nicht

geschafft (weiterzuleben). Wenn es ihr dieses Mal gelingt, müsste ich wiedergeboren werden, um das alles aufzulösen!"

Klientin weiter: „Du hast die Wahl, höre ich die ganze Zeit. Ich fühle mich rebellisch, als würde ich diskutieren. Ich will da jetzt wieder runter (auf die Erde)! Da ist eine Stimme, die dröhnt: ‚Du bist jetzt hier und bleibst jetzt hier.‘ Ich sage Nö! Meine Tante schaut betreten zu Boden: ‚Du hast die Wahl!‘ Klientin: ‚Ich gehe da jetzt wieder hin!‘ (Auf die Erde)."

Die Klientin erklärte weiter: „Das Schwarze ist ein Loch, ein Sog. Da ist etwas sehr Wichtiges, an das ich mich nicht erinnern darf! Es geht um einen Fluch. ‚Wenn du jetzt wieder zurückgehst, dann ...‘" Die Klientin pocht darauf, zurückzukehren. Eine Stimme erklärt ihr: „Du darfst deine Bestimmung nicht leben." Klientin: „Die haben meine Erinnerung an meine Bestimmung ausgelöscht!" Behandler: „Nimm deine Zustimmung dazu zurück, dass du dich nicht mehr an deine Bestimmung erinnern kannst." Die Klientin tat wie geheißen und nahm nun einen Strudel wahr. „Darin sind sehr viele meiner Erinnerungen der letzten Jahre. Als wären die ganzen Schwierigkeiten mit meiner Schwiegermutter und anderen Personen nach dieser Not-Operation passiert, um mich von meinem wahren Weg abzuhalten. Ich habe jetzt Angst davor, dass ich auf dem falschen Weg bin. Aber all diese Anfeindungen von allen Seiten meiner Familie waren nicht richtig. Das war Beschäftigungstherapie, damit es meiner Familie und mir nicht gut geht. Jetzt ertönt eine Stimme und sagt mir, dass sich alle von mir abwenden werden. Und ich weiß, wenn es mein Mann und ich in diesem Leben schaffen, friedlich und glücklich zusammenzuleben, müssen wir nicht wiedergeboren werden. Dann ist die aktuelle Inkarnation unsere letzte. Daher habe ich die ganzen familiären Probleme, damit ich nicht an meinem Glück arbeiten kann, weil meine Ursprungsfamilie nicht mehr mit mir redet. Wenn ich es nicht schaffe, glücklich mit meinem Mann zu leben, wenn es mir dieses Mal nicht gelingt, dann bin ich wieder im Sklavenzyklus gefangen. Wenn ich es schaffe, brauche ich nicht wiedergeboren zu werden, um mit meinem Mann noch weitere Dinge aufzulösen."

Die Klientin fand sich kurz vor ihrer eigenen Geburt wieder: „Ich mache mit meinem Mann aus, dass dieses Leben unsere letzte Chance ist. Wir müssen es schaffen, zusammenzukommen und zu bleiben und glücklich zu werden mit unseren Kindern. Damit werden alle Familienlasten aufgehoben und die ganzen folgenden Generationen sind bereit für eine neue Welt. Das ist der Deal!" Die Klientin sieht eine Wesenheit auf sich zukommen. „Und jetzt kommt die böse Schwiegermutter auf mich zu ... Sie hat keine Seele, aber inkarniert immer wieder als Mensch. Es ist ein Wesen, das dazu erschaffen wurde, meinen Mann, meine Kinder und mich von einem glücklichen Zusammensein abzuhalten. Sie ist auf uns angesetzt worden, um uns immer wieder einen Strich durch die Rechnung zu machen!" (Die Schwiegermutter ist ein NPC, ein seelenloser Statist.)

Nachdem sich die Klientin an all dies wieder erinnert hatte, erklärte sie den Wesen erneut, dass sie zur Erde und ihrer Familie zurückkehren wolle. „Jetzt sind diese Wesen wütend, weil ich die geschilderten Zusammenhänge herausgefunden habe! Meine verstorbene Tante Agnes ist noch da, sie ist äußerst wichtig! Sie hat mir den Traum vor der Geburt meiner Tochter geschickt und mir gesagt, dass ich die Wahl habe! Hätte ich meinem Mann den Traum nicht erzählt, dann hätte er mir nicht diesen Blick zugeworfen, als ich zur OP abgeholt wurde. Wegen seines Blickes habe ich die Entscheidung getroffen, nicht zu sterben. Meine Tante Agnes gibt mir ganz viel Kraft, bei meiner Entscheidung zu bleiben. Es war nicht geplant, dass ich sterbe! Würde ich sterben, hätte ich mein Leben nicht erfüllt. Wäre ich bei der OP gestorben, hätte ich erneut inkarnieren müssen. Die schicken mir die ganzen Hürden, damit mein Mann, meine Kinder und ich es nicht schaffen, glücklich zusammenzuleben und ich in diesem Fall wiedergeboren werden muss! Ich weiß, dass mein Tod bei der Geburt meiner Tochter nicht geplant war! Deswegen haben sie mir die Erinnerung an die Nahtoderfahrung gelöscht! Deswegen habe ich ihnen gesagt, es war nicht geplant! Die waren erstaunt, dass ich mich daran erinnern konnte!"

Um zur Erde zurückzukehren, musste die Klientin nun in den Strudel hineinspringen, in dem sich ihre Erinnerungen befanden, um sie wieder zu vergessen. Es waren ausschließlich negative Bilder. Sie zeigten genau die Ereignisse, die ihr im Leben nach der OP widerfahren waren. Klientin: „Mein Kopf wird konfus, nebelig. Ich bin nur noch im Leid. Aber da muss ich durch. Bei all den Schwierigkeiten, die ich nach der OP in meinem Leben hatte, habe ich so manches Mal gedacht, ich wäre besser gestorben. Es gab viele Probleme, die immer schlimmer wurden. Hatten mein Mann und ich ein bisschen Geld, standen gleich die nächsten Ausgaben an. Immer wieder hatten wir schlimmen Streit. Vor der Geburt unserer Tochter hatten wir schon Schwierigkeiten, die sich danach noch mal verstärkten – dann bin ich zu dir gekommen." (Die Klientin und ich kannten uns zum Zeitpunkt der gerade geschilderten Rückführung bereits seit einigen Jahren.)

Klientin: „Ich sehe mich auf dem OP-Stuhl liegen. Die Ärzte waren in Panik. Als ich aufwachte, fühlte ich mich wie neu geboren. Was den Strudel meiner Erinnerungen betrifft, ich habe da etwas übersehen." Behandler: „Sag: Ich gehe jetzt dorthin zurück. Ich lasse mir meine Erinnerungen nicht nehmen! Ich erinnere mich jetzt!"

Die Klientin erkannte nun, was ihr im Strudel hypnotisch suggeriert wurde: „Ich werde Sehnsucht verspüren, aber meine richtige

Erfüllung im Leben nicht erleben. Sie sagen, ich werde niemals Anerkennung für meine Leistungen bekommen. Egal, was ich tue, die Anerkennung bleibt aus. In allen Lebensbereichen, nicht nur beruflich. Keine Anerkennung! Immer Zweifel! Das ist der Preis dafür, dass ich die OP überlebe und zu meiner Familie zurückkehren kann. Ich soll der Sündenbock sein. Sie sagen mir, dass man mir immer die Schuld zuweisen wird, wenn etwas passiert. Dass alle, die sich gegen mich wenden, davon überzeugt sein werden, dass ich schuld bin. Sie können es nicht anders sehen. Sie sagen mir, auch wenn die anderen etwas falsch machen, werde ich verurteilt werden. Man wird mich hassen. Alle Menschen, nacheinander.‘“

Die Erinnerungen der Klientin wurden erneut konfus, dann jedoch erinnerte sie sich weiter: „Meine Kinder können sie mir nicht nehmen! Jetzt sagen diese Dämonen: ‚Wir nehmen dir deine Glaubwürdigkeit, alle Sicherheit, nicht nur finanziell, das Selbstvertrauen, das sichere Gefühl, deinen Job gut zu machen. Du hast gekämpft (die OP lebend zu überstehen), kämpfe weiter! Du hast dich uns widersetzt, also kämpfe!‘“

Die Klientin nahm nun wieder dieses schwarze Loch wahr und eine Stimme, die aus ihm ertönte, die sie jedoch nicht deutlich wahrnehmen konnte. Auch konnte sie nicht sehen, wer da sprach. Sie erklärte: „Ich darf nicht rein in das Schwarze, denn dann würde ich sehen, wer hinter der Stimme steckt. Ich stehe wie an einer Schwelle. Würde ich sie überschreiten, gäbe es kein Zurück auf die Erde. Ich bin in einer Art Vorraum, wo sich auch andere Seelen und meine Tante aufhalten. Hinter dem schwarzen Loch ist ein grelles Licht. Nicht schön, es blendet. Meine Tante übermittelt mir telepathisch: ‚Du hörst diese Stimme. Wenn du näher gehst, um sie deutlicher zu hören, wirst du in das schwarze Loch und durch einen dunklen Tunnel gesogen. Dahinter ist dieses Licht, das dich anziehen wird, wenn du weitergehst.‘“

Die Klientin fuhr fort: „Hinter dem Tunnel ist ein Gerichtsgebäude. Die haben versucht, mich hineinzuziehen. Aber meine Tante Agnes hat mich gewarnt, wie eine Stimme in meinem Herzen. ‚Pass auf! Ich habe dir den Traum geschickt! Du hast die Wahl!‘ Hätte sie mich nicht gewarnt, wäre ich durch den Tunnel gegangen und hätte nicht zurückgehen können in mein Leben. Die wollten, dass ich nicht zurückkehre, sondern sterbe! Weil der Vertrag mit meinem Mann und den schlimmen Inkarnationen, die wir gemeinsam hatten, in diesem Leben ausläuft! Wir hatten gemeinsam ein letztes schönes Leben beschlossen. Diese Dämonen müssen diese Entscheidung achten! Die dürfen uns das heutige glückliche Leben nicht verbieten! Aber jetzt kommt meine Schwiegermutter ins Spiel ... Da kommt ein außerirdisches Wesen auf mich zu, meine Schwiegermutter. Sieht aus, als hätte sie einen Schnabel. Sie ist ein ‚Vogelding‘! Mit jedem Schritt, den sie auf mich zukommt, nimmt sie mehr und mehr ihre menschliche Gestalt an. Sie wird auf meinen Mann und mich angesetzt und sagt: ‚Ich gehöre ja auch dazu. Wir drei müssen Frieden schließen.‘ Mein Mann und ich sagen: ‚Cool! Dann haben wir ein glückliches Leben in Frieden.‘“

Die Klientin fuhr fort: „Es ist die Aufgabe der Schwiegermutter, uns das glückliche Leben zu vermasseln, damit wir noch einmal von vorne beginnen und erneut inkarnieren müssen. Dieses Leben ist wichtig! Für die ganze Menschheit! Sonst müssen wir Tausende von Inkarnationen erneut durchleben. Ganz von vorn! Alle Menschen, die ihre Reinkarnationen jetzt abschließen können, werden mit solchen Wesen belastet. Die Schwiegermutter hat keine Seele, ihre Augen sind düster. Sie schleppt große schwarze Flügel hinter sich her. Sie ist kein Mensch, wird aber so transformiert, dass sie eine humanoide Form annimmt. Alle Seelen, die die Reinkarnation beenden können, werden mit diesen Wesen konfrontiert. Die Welt ist voll davon! Wir leben die letzten Leben als Menschheit. Wir wären in unserer Entwicklung jetzt ziemlich weit fortgeschritten.

Aber diese Wesen erzeugen eine falsche Realität um uns herum, sodass wir nur das Negative sehen. Die Leute, die die Liebe sehen, werden bekämpft. Die Wesen sind eine Gefahr, wir müssen aufpassen. Diese ‚Vogelwesen‘ sind hinterhältig. Sie können Menschen in die Irre führen und in den Wahnsinn treiben, sodass man gar nicht mehr weiß, woran man ist." (Die Klientin spricht von „Vogelwesen", da ihre Schwiegermutter diese Gestalt angenommen hatte. Sie meint NPCs, seelenlose Statisten.)

Die Klientin geht noch einmal auf den Strudel des Vergessens ein, in den sie gezogen wurde, und hat weiteren Zugriff auf erstaunliches Wissen: „Ich habe meine rechte Hand erhoben und gesagt: ‚Wie jetzt? Die ganzen Schwierigkeiten, die ich nach der OP erleben soll, waren so nicht abgemacht! Ich wehre mich!‘ Ein Dämon hat ein hässliches Lachen und sagt: ‚Du hast es so gewollt!‘ Und schießt mich wieder in meinen Körper. Ich hatte keine Wahl. Die hatten mich und mein Wissen unterschätzt! Sie verbreiten Angst und Schrecken, weil die Seelen, die hier sind, viel mehr Macht haben als sie. Sie rechnen nicht damit, dass Seelen ihre Macht nutzen. Sie versuchen alles, um unsere Macht zu zerstören. Wir sind im Endspurt (in der Endzeit auf der Erde). Ich weiß nicht, ob die Erde zerstört wird oder nur diese Wesen. Viele Seelen kommen jetzt in ihre Macht. Jetzt! Es gibt eine Möglichkeit und es ist noch nicht alles verloren. Außerhalb der Erde kämpft man erfolgreich um uns. Ich glaube, dass sich die göttliche Quelle aufbäumt und sagt, jetzt ist Schluss! Es ist genug! Es kann auch sein, dass die Erde explodiert oder wieder zur wahren Erde wird. Galaktische Kämpfe sprengen das Gitternetz, den Frequenzzaun, der um die Erde gezogen wurde. Wir müssen die Erde aufbauen oder wir sind alle ‚futsch‘. Übrig bleiben nur noch die echten Seelen. Den Dunkelwesen wird es mies ergehen. Wenn sie ihr letztes Gift verspritzt haben, dann geht alles unter – oder es kann noch abgewendet werden. Oder das Tier mit der 666 (gemeint ist der Teufel) verspritzt das letzte Mal Gift und zerstört alles. Wir können hier nichts mehr machen, außer uns mit der Ur-Quelle zusammenzutun."

Nachtrag zur Sitzung – die Entdeckung des göttlichen Funkens

Einige Tage nach der Rückführung war die Klientin allein in einer Trance noch einmal zum nachtodlichen Geschehen zurückgekehrt. Sie hatte vor Jahren eine Rückführungsausbildung bei mir durchlaufen und wusste, was zu tun war.

Klientin: „In dem Moment, in dem meine Schwiegermutter im Zwischenleben zu mir und meinem Mann kam und meinte, sie möchte auch mitspielen, erklärte ich ihr: ‚Ich weiß, was du tust und was du bist. Nur eine Schöpfung Luzifers, um uns zu schaden. Ich kenne deine Mission! Und ich weiß auch, dass wir kein Karma mit dir haben, da du keine Seele hast!'" Der Klientin wurde klar, dass es nichts nützt, gegen die Kreaturen anzukämpfen. Daher suchte sie den Ältestenrat auf und bekundete: „Ihr habt eine Energie erschaffen, die wir als Seele ansehen sollen. Und ihr habt die gleiche Energie immer wieder neu erschaffen, damit mein Mann und ich eine Kontinuität darin sahen und dachten, wir müssten Karma lösen mit diesem Wesen oder dieser Energie, die meine Schwiegermutter ist. In jedem Leben war es ein anderes dämonisches Wesen, programmiert mit der gleichen Energie, damit wir glauben, eine Seele vor uns zu haben."

Die Klientin erklärte weiter: „Die haben uns in allen Vorleben und in diesem Leben verarscht! Mit der seelenlosen Schwiegermutter brauchen wir keinen Frieden zu schließen. Wichtig ist, dass mein Mann und ich vereint bleiben, egal, was geschieht, und uns nicht ablenken lassen. Meinem Mann habe ich gesagt, dass wir keinen

Dritten in unserem Kreis brauchen. Wir brauchen nur uns beide. Wir halten uns an den Händen und wir müssen stark sein."

In diesem Augenblick, so erklärte die Klientin, sei etwas Wichtiges geschehen. Sie nahm ein Licht, den göttlichen Funken in ihrer Herzgegend und der ihres Mannes wahr. „Der Ältestenrat und dieses ‚Vogelwesen‘, diese ‚Erschaffung‘, die ich meine Schwiegermutter nenne, waren ganz verdattert. Und dann zeigten sich ganz viele Lichtfunken. Ich erklärte dem Ältestenrat: ‚Wir dienen dem wahren Schöpfergott, der wahren Ur-Quelle allen Seins. Und wir gehören zur Ur-Quelle. Wir gehören hier nicht hin.‘ Dann zeigten sich ganz viele Seelen mit dem göttlichen Funken, u. a. meine Mutter, mein Bruder sowie meine Kinder. Es gab noch viele weitere Seelen im Hintergrund. Und auf einmal wurden diese Lichtfunken zu einer Lichtsäule, die uns mit der Ur-Quelle verband. Sie ging aus unseren Herzzentren hervor. Ein riesiger Strahl wurde daraus, der ins Unendliche ging. Wir hatten eine Verbindung zur Ur-Quelle kreiert. Ältestenrat und ‚Schwiegermutter‘ konnten nichts dagegen tun. Sie versuchten noch nicht einmal einzuschreiten, sie waren einfach nur machtlos!"

Die Klientin fasste noch einmal zusammen: „Es nutzt nichts, gegen diese Wesen anzukämpfen. Ihnen die Stirn zu bieten, ist viel zu anstrengend und raubt uns Energie. Man kann den Kampfmodus nicht lange aufrechterhalten, dann verlassen einen die Kräfte. Außerdem passt man sich damit den niederen Energien dieser Kreaturen an. Alles, was wir tun müssen, ist, den göttlichen Funken zum Strahlen zu bringen. Das versetzt uns in eine hohe Schwingung und verleiht uns eine Kraft, gegen die diese Wesen völlig machtlos sind. Sie wollen dieses Strahlen unterdrücken. Wenn wir gegen sie kämpfen, leuchten unsere Seelen nicht, da wir uns in niedrige Frequenzen begeben. In diesem Fall sind uns die Entitäten überlegen, denn das ist ihr Terrain. Die einzige Möglichkeit, ihnen ihre Macht zu nehmen, ist es, unseren göttlichen Funken leuchten zu lassen. Das setzt sie schachmatt. Wenn wir Angst haben oder uns unsicher fühlen, profitieren sie. In diesem Zustand können unsere Seelen nicht erstrahlen. Wir müssen unser Licht, unseren göttlichen Funken und unser Seelenlicht leuchten lassen! Wenn wir angegriffen werden, müssen wir unseren Funken zum Strahlen bringen! Dann sind wir mit anderen göttlichen Funken verbunden, die dann ebenfalls ihr Licht leuchten lassen, weil sie beobachtet haben, was dann geschieht. Und auf einmal sind wir stark und mächtig! Diese Kreaturen können unser Licht nicht ertragen, es macht sie verrückt!"

Inkarniert, um Abenteuer auf der Erde zu erleben

Meine Klientin, deren Nahtoderfahrung gerade beschrieben wurde, hatte den Eindruck, sie sei auf der Erde inkarniert, um ein Spiel zu spielen und eine Herausforderung zu meistern. In einer Rückführung wollte sie herausfinden, ob dies stimmt und auf welche Art und Weise sie zur Erde gelangt war. Zuvor wollte sie Kontakt zu ihrer Tante Agnes aufnehmen, die ihr bei der oben geschilderten Nahtoderfahrung das Leben gerettet hatte. Die archontischen Wesenheiten konnten ihrer Tante nichts anhaben, sie konnte sich innerhalb der Matrix frei und unbelästigt bewegen. Die Klientin wollte wissen, wie Agnes dies bewerkstelligen konnte.

Erster Teil der Sitzung: Kontakt zu Tante Agnes & Bedeutung des göttlichen Funkens

Klientin: „Meine Tante befindet sich in einer Ebene zwischen Raum und Zeit. Sie steht aufrecht, aber schwebend. Ich sehe verschiedene Löcher oder Tunnel, in die man hineingehen kann. Zum Beispiel, um auf eine neutrale Ebene zu gelangen oder in einen neutralen Raum, wo man sich treffen und reden kann. Meine Tante zeigt auf ein bestimmtes Loch. Da gibt es eine schöne Welt, in der ich sie besuchen kann. Sie sagt, ich soll mitkommen. Sie ist sehr schlank. Ihr Gesicht sieht so aus wie zum Zeitpunkt ihres Todes. Sie ähnelt einem Skelett mit Haut und Knochen." Behandler: „Bitte schau in ihre Augen." Klientin: „Sie macht die Augen zu. Dieses Wesen ist nicht meine Tante, sondern soll mich auf die falsche Fährte locken." Behandler: „Schick es weg." Klientin: „Ich spüre jetzt die Präsenz meiner Tante neben mir, sehe aber gar nichts mehr. Sie sitzt neben mir. Es ist schwierig, ihr in die Augen zu schauen. Jetzt gucken die Augen lieb, es ist ein vertrauter Blick."

Die Klientin fuhr fort: „Meine Tante gibt mir zu verstehen, dass es vieles gibt, was ich nicht weiß. ,Du wirst aber Stück für Stück alles herausbekommen. Du hast die Bedeutung des Funkens verstanden, das ist prima.' Ich habe das Gefühl, es geht meiner Tante nicht gut. Da, wo sie ist, ist Krieg. Dort finden Kämpfe statt und es ist dunkel. Sie ist in einer höheren Dimension, aber immer noch innerhalb der Matrix. Da passieren schlimme Sachen. Die Archonten wollen noch so viele von uns wie möglich mitnehmen. Sie fangen Seelen ein und nehmen sie gefangen. Die Seelen werden elektrogeschockt, haben fürchterliche Schmerzen und werden auf diese Weise willenlos gemacht. Sie haben keinen freien Willen mehr, wissen nichts mehr. Die Elektroschocks setzen den freien Willen außer Kraft. Du bist gar nichts mehr, das ist fies. Die Seele will etwas sagen, aber es kommt nichts raus, denn sie kann keinen klaren Gedanken fassen. Mein Onkel, der verstorbene Ehemann der Tante, ist gefangen genommen worden. Meine Tante hat noch ein Bewusstsein. Sie ist auf der Flucht." Behandler: „Wie schafft sie es, ihr Bewusstsein zu erhalten?"

Klientin: „Durch ihren göttlichen Funken, den sie erstrahlen lässt – das ist Liebe! Jetzt leuchtet sie jedoch nicht, ist geschwächt und erscheint grau." Behandler: „Das ist eine Wesenheit. Schick sie weg.

Lass deinen Funken leuchten und ruf deine Tante." Die Klientin tat wie geheißen. Sie nahm eine schwebende Lichtkugel wahr und sprach: „Ich nehme jetzt Kontakt zu meiner Tante auf!"

Behandler: „Frag deine Tante, warum sie dir das Leben gerettet hat." Klientin: „Wir sind verbunden und müssen zusammen wirken. Und es war nicht der Plan, dass ich sterbe. Diese Wesen sollen nicht ständig eingreifen! Meine Tante sagt, dass sie zu Lebzeiten versucht hat, mich zu beschützen und jetzt auch noch." Die Klientin war berührt und begann zu weinen. Die Tante ließ die Klientin wissen: „Ich wollte dir das Harte ersparen. Du sollst strahlen. Nur strahlen und alle Menschen mit deinem Strahlen erhellen. Du sollst dich erinnern, wer du bist und was du kannst. Es macht mich traurig, dass die Archonten es immer verhindern. Du musst unbedingt strahlen und die Herzen der Menschen öffnen mit deinen Talenten (die Klientin ist Künstlerin) und deinem Wesen. Ich kann es nicht mehr ertragen, dass sie dich als die Böse beschimpfen. Du bist ein göttliches Wesen und zur Erde gekommen mit der Absicht, Menschen zu retten. Du hast dich verloren. Jetzt ist es Zeit für dich zurückzugehen (dahin, wo sie war, bevor sie auf die Erde kam). Und dafür musst du strahlen (den Funken strahlen lassen)."

Ich bat die Klientin, die Tante zu fragen, warum sie nicht von den Kreaturen gefangen genommen worden war. Klientin: „Die können ihr nichts. Ihr Funke ist so stark, dass sie unsichtbar wird. Die haben Angst!" Die Tante erklärte: „Wir (die Tante und weitere Seelen) verbinden uns über den Funken. Das mache ich so lange, bis die Kreaturen weg sind. Ich bin nur noch hier, weil ich auf dich warte. Ich habe keine Angst. Ich werde, egal, was sie auch tun, mein Bewusstsein behalten und nicht vergessen. Mein Funke und mein freier Wille sind die wichtigsten Dinge zum Überleben! Ich sage kategorisch zu allem Nein! Ich vergesse nicht, widersetze mich dem Vergessen. Kraft meines freien Willens gehe ich nicht in den Strudel des Vergessens; die Archonten dürfen mich nicht zwingen." Die Klientin fuhr fort: „Der Funke und der freie Wille sind die Lösung! Die Rettung! Wenn man das verstanden hat, hat man es überall gut. Meine Tante bleibt in der Matrix, weil sie auf andere aus der Seelenfamilie wartet, die noch inkarniert sind. Wir müssen viele sein. Würde sie gehen, wären wir zu wenige Funken. Die anderen (auf der Erde) sind noch nicht stark genug, um die Schwingung zu erhöhen. Wenn wir stark genug und erwacht sind, können sich alle Funken verbinden. Sich verbinden, damit die Ur-Quelle uns retten kann. Es ist, als wenn sich eine Lichterkette entzündet, wir bilden eine ‚Funkenautobahn'."

Behandler: „Auf wen wartet deine Tante?" Klientin: „Auf meinen Onkel, ihren Mann, der gefangen genommen wurde. Er befindet sich in dieser fiesen Schwebeposition." (Anmerkung: Das ist eine Position, in der das Bewusstsein der Seelen von ihrem Funken und ihren feinstofflichen Körpern getrennt wurde und daher sehr eingeschränkt ist. Das Bewusstsein hängt bis zur nächsten Inkarnation irgendwo im Raum. Erst kurz vor dem Inkarnieren werden diese Komponenten wieder zusammengeführt.)

Klientin: „Wenn wir unsere Funken verbunden haben und andere Funken eingeladen haben, sich mit uns zu verbinden, dann wird etwas gesprengt und die in der Schwebeposition befindlichen Seelen können plötzlich ihren Funken spüren. Wenn das Bewusstsein in der Schwebeposition ist, kann es nicht eigenständig denken, nur zusehen, was geschieht. Es bleibt stumm und bewegungslos, da die feinstofflichen Körper fehlen. Das Seelenbewusstsein kann nichts ausrichten. Der Funke schwirrt verwirrt umher, will sich mit dem Seelenbewusstsein verbinden, aber da ist kein Körper mehr. Er kann nichts machen, sucht und sucht. Der Funke wird ‚einbetoniert'. Das ist eine ganz fiese, sadistische Situation!"

Behandler: „Wo sind die feinstofflichen Körper?“ Klientin. „Die hängen woanders, werden für die Inkarnation präpariert und programmiert. Dann kommt das Bewusstsein in den Körper hinein. Der Funke befindet sich eingesperrt in einem Kasten. Das Bewusstsein, die Körper und der Funke gehören zusammen. Der Funke muss sich mit dem Bewusstsein verbinden, zu dem er gehört. Dann wird er mit einer Kruste umgeben oder eingekapselt, sodass man ihn nicht fühlen kann. Der Funke kann durch den Kasten hindurch strahlen oder den Kasten sprengen. Wenn das geschieht, werden die Wächter sauer. Dann geht es für die Seele ab in den Strudel, der zur Erde führt, wo sie mit Glaubenssätzen, hypnotischen Befehlen und visuellen Erinnerungen programmiert wird. Jeder Seele werden zwei Wächter zugeteilt, um zu verhindern, dass ihr Funke erwacht. Sobald er aufmuckt, bringen sie ihn wieder zum Schlafen, z. B. durch traumatische Lebenssituationen. Der Funke gehört zum Bewusstsein – beide formen eine Identität. Man kann den Funken auf verschiedene Identitäten aufteilen. Ein großer Funke ist der Ursprung, die Seelenfamilie. Mehrere Menschen können einen Funken des großen Familienfunkens haben. Der Funke meiner Tante ist höher entwickelt und kann daher auf meinen Funken zugreifen.“

Behandler: „Wie kommen die Elektroschocks zustande? Kann man sie verhindern?“ Klientin: „Die Wesenheiten kommen auf die Seele zu und sagen, dass es Zeit wird – als Vorbereitung auf die Schocks. Durch die Elektroschocks wird die Seele bewusstlos. Bewusstsein, Funken und der feinstoffliche Körper werden voneinander getrennt, bilden keine Einheit mehr. Das Bewusstsein ist limitiert und büßt seinen freien Willen ein. Bevor das geschieht, müssen wir Stopp sagen! Mit der Trennung der Komponenten musst du einverstanden sein. Vor der Trennungsprozedur wird man zum Ältestenrat zitiert. Man trifft Absprachen und stimmt der nächsten Inkarnation zu. Sobald die Seele ihr Einverständnis gegeben hat, wird sie mit Elektroschocks bearbeitet und mit fremden, dunklen Energien und Erinnerungen angefüllt. Dass dies geschehen wird, wenn sie sich mit einer neuen Inkarnation einverstanden erklärt, weiß die Seele nicht. Der Ältestenrat verdreht und verzerrt alles absichtlich. Die Seele wird z. B. gefragt: ‚Willst du verzeihen lernen?‘ Und sagt ja! Die Seelen werden voneinander getrennt, weil sie zu unterschiedlichen Zeiten inkarnieren. Das ist natürlich Quatsch, denn es gibt keine Zeit! Das ist eine Vorbereitung auf das chronologische Denken auf der Erde. Hat die Seele ja gesagt, geschieht das bereits Geschilderte.

Und es werden seelenlose Körper geschaffen, die der Seele das Leben schwer machen werden. Das Gesamtpaket wird geschnürt. Jede Seele mit Funken wird einzeln und separat präpariert, denn sonst könnten sich die Funken verbinden. Durch die Trennung von Bewusstsein, Funken und Körper sind Bewusstsein und Funke konfus. Sie können nicht mehr auf die Umstände reagieren. Das soll so sein, damit sich die Funken nur ja nicht vereinen.“

Behandler: „Noch eine Frage zum Ältestenrat. Wenn die Seele der Inkarnation zustimmt, ist sie dann mit allem einverstanden?“ Klientin: „Die Seele muss den Vertrag prüfen! Das tut aber niemand. Die Seelen lesen das Kleingedruckte nicht.“ Die Klientin nahm nun ein riesiges Licht wahr und erklärte, dass dies das Licht einer Seelenfamilie sei. Die zugehörigen Seelen tragen alle einen Funken, der zu dem riesigen Funken gehört. Klientin: „Wenn sich alle Funken einer Seelenfamilie vereinen, dann haben sie sehr viel Kraft.“

Die Klientin nahm einzelne Mitglieder ihrer Seelenfamilie wahr und nannte einige Namen. Sie hatte Zweifel, dass ihr Mann zu ihrer Seelenfamilie gehört. Diese Zweifel waren ihr im Strudel des Vergessens einprogrammiert worden. Klientin: „Die Funken einer Seelenfamilie müssen zusammenfinden, damit der riesige Funke wieder vollständig ist. Dann können die Wesenheiten einem nichts mehr anhaben, dann ist man frei von dieser Matrix.“

Behandler: „Was muss man tun, um sich aus der Matrix zu befreien?" Klientin: „Zunächst einmal muss man die verkrusteten bzw. verkapselten Funken befreien. Man sollte sich mit den Funken der anderen verbinden und den freien Willen bekunden. Der Funke muss Kontakt zur Ur-Quelle halten, sich immer wieder bewusst mit ihr verbinden. Man sollte den eigenen Funken immer wieder zu den Funken der Seelenfamilie schicken, um verkapselte Funken aufzuwecken. Immer wieder! Der Funke kennt seine Leute. Der Funken muss mit dem Bewusstsein und dem freien Willen gekoppelt werden, d. h. man muss ihn entsprechend instruieren, etwas zu tun. Der freie Wille, das Seelen-Bewusstsein und der Funke sind das, was die Katholiken die Heilige Dreifaltigkeit nennen. Sie müssen zusammenwirken, dann ist man frei! Sollte die Seele vor dem Gericht (Ältestenrat) stehen, muss sie das Kleingedruckte des Inkarnationsvertrages lesen, damit ihr böse Überraschungen erspart bleiben."

Zu ihrer Tante erklärte die Klientin: „Ihr Bewusstsein ist unantastbar. Sie leidet, weil andere aus der Seelenfamilie noch nicht erwacht sind und greift deswegen ein." (Daher hatte sie der Klientin geholfen, nach der Nahtoderfahrung wieder auf die Erde zu ihrer Familie zurückkehren zu können, anstatt zu sterben.) Klientin: „Wir müssen erwachen, bevor man uns Mikrochips ins Gehirn einpflanzen wird. Die gesamte Seelenfamilie muss gerettet werden, damit der Familienfunke eins werden kann. Dann sind alle aus der Familie frei und immun gegen Dämonen und können es sich schön machen, da wo sie sind."

Die Klientin erklärte weiter: „Der Funke führt uns aus der Matrix, wenn man ihn schon vor dem Tod instruiert. Bewusstsein, Funke und der freie Wille müssen zusammenwirken. Das Bewusstsein sollte gut trainiert und der Funken aktiviert sein. Man muss den freien Willen bekunden: Ich will den Vertrag sehen und prüfen! Ich stimme nicht zu! Die Wesen können dich nicht zur Inkarnation zwingen. Auf diese Weise ist ihnen meine Tante entkommen. Sie ist jetzt in Gefilden, wo die Archonten sie in Ruhe lassen, jedoch immer noch innerhalb der Matrix. Es ist wichtig, nein zu sagen! Lasst mich in Ruhe! Ich muss noch nachdenken! Ich will nicht! Diese Kreaturen können meiner Tante keine Energie mehr abziehen. Das können sie nur, wenn man inkarnieren möchte. (Wir fanden später heraus, dass Anteile des Lichts einer Seele auf den Astralebenen in Käfigen gefangen bleiben, wenn sie inkarniert.) Wenn die Seele der Inkarnation zustimmt, wird sie elektrogeschockt. Sie geht durch den Strudel des Vergessens, wird dort programmiert und findet sich im Mutterleib wieder. Man darf der Inkarnation keinesfalls zustimmen! Sie dürfen uns nichts tun. Der freie Wille ist so wichtig! NEIN ist der wichtigste Satz."

Die Klientin hatte weitere erstaunliche Erkenntnisse, weil sie ihren Funken während der Sitzung aktiviert hatte. „Wenn wir die Matrix verlassen wollen, können wir nicht direkt zur Ur-Quelle zurückkehren. Erst, wenn der Funke der Seelenfamilie komplett ist, geht es zur Ur-Quelle zurück. Man kann aber andere tolle Planeten erleben, man ist frei. Meine Tante ist innerhalb der Matrix geblieben, um ein Auge auf die anderen Funken zu haben. Um es ihr gleichtun zu können, muss man den freien Willen und das Bewusstsein trainieren. Viele Seelen werden durch die dichten Energien innerhalb der Matrix leicht abgelenkt. Wenn eine Seele die Matrix verlässt, sieht sie die anderen Funken nicht mehr. Es gibt Planeten für höher entwickelte Funken. Dort ist man komplett frei. Wenn man die Matrix verlassen hat, verbindet man sich mit den Funken der Seelenfamilie, die in anderen Dimensionen verweilen. Jeder, der die Matrix verlassen will, kann das tun. Wir müssen so viele Funken wie möglich aufwecken, solange wir noch hier sind. Sie müssen gerettet werden. Die, die ihren Funken entdecken, können gehen. Wir müssen hier raus!"

2. Teil der Sitzung: Wie gelangte die Klientin zur Erde?

Die Klientin erlebte sich gemeinsam mit ihrem Ehemann in einer Art Kapsel, in der sie sich der Erde näherten. Klientin: „Wir sagen uns, wir schauen mal und fragen uns, ob wir wirklich auf die Erde wollen. Man hat uns aufgeklärt. Das herrschende Gesetz ist die Amnesie. ‚Ihr werdet alles vergessen und dort Nahrung sein‘, wurde uns gesagt. ‚Es wird sehr schwierig und sehr lange dauern. Ihr werdet viel Leid erleben und Schmerzen.‘“ Behandler: „Wer hat euch aufgeklärt?“ Klientin: „Mehrere Lichtgestalten, die aber mit Licht getarnte Dämonen sind, einer mit weißem Bart. Das sind Recruiter, die die Seelen überreden, zur Erde zu kommen, sobald sie Interesse zeigen.“

Die Klientin fuhr fort: „Es sind Funken unserer Seelenfamilie in der Matrix gefangen, die wir retten wollen. Wir müssen da runter. Wir sind zu einem unserer Anführer gegangen, um ihn wissen zu lassen, dass wir zur Erde wollen. Der sagt: ‚Wisst ihr, was ihr euch da antut? Das ist kein Spaß!‘ Wir antworten ihm, dass wir runter müssen! Wir sind Außerirdische auf der Suche nach Funken. Wir wollen nach Hause zur Ur-Quelle zurückkehren und dazu brauchen wir die anderen Funken. Wir befinden uns jetzt in einer Art ‚Reisebüro‘ und werden über die Erde aufgeklärt. Wir sehen die Funken, aber da ist ein Netz, ein Schleier. Dennoch erkennen wir, dass sie leiden. Normalerweise verdeckt das Netz bzw. der Schleier alles, sodass wir nichts sehen können. Sobald wir unsere Einwilligung gegeben haben, werden wir hinuntergezogen auf die Erde – das dauert keine Sekunde.“

Die Klientin erklärte weiter: „Mein Mann und ich haben den Inkarnationsvertrag gemeinsam unterschrieben. Daher ist es so wichtig für uns, dass wir die Matrix auch gemeinsam wieder verlassen. Es gibt eine entsprechende Vertragsklausel. Wir sind gemeinsam hier reingerutscht und können nur gemeinsam wieder raus. Wir müssen zusammen sein! Dann ist der Vertrag gelöst, dann sind wir frei! Aber letztlich sind die Inkarnationen eine Endlosschleife. Wir wären auch nach unserer aktuellen Inkarnation nicht wirklich frei gewesen. Um unsere Freiheit zu verhindern, haben die Archonten die Schwiegermutter (NPC) programmiert und auf uns angesetzt, damit wir nicht als Paar zusammenbleiben. Wir können die Matrix durch eines der schwarzen Löcher im Frequenzzaun verlassen. Man kann allerdings nur einzeln und nacheinander hindurchgehen."

Behandler: „Bitte geh noch einmal zurück zum Reiseleiter und sag mir, was genau ihr vertraglich verhandelt habt." Klientin: „Die Erde ist von einem Frequenzzaun umgeben. Und um diesen herum verläuft eine weitläufige ‚Rekrutierungszone‘. Die Wächter in dieser Zone machen es den Besuchern schmackhaft, auf die Erde zu kommen. Es ist absurd, wie in einem Reisebüro! In der Zone sprechen die Wächter die Besucher an, um sie zur Erde zu locken. Die Besucher werden gescannt. Wenn sie einen Funken haben, wissen die Wesen, dass ihre Energien besonders schmackhaft sind. Das Leid auf der Erde ist für den ‚Funkenträger‘ größer, der auf diese Weise mehr energetische Nahrung erzeugt. Wenn die ‚Funkenträger‘ die große Liebe erleben, dann ist die Liebe tiefer, aber das Leid umso größer. Ebenso die seelischen Schmerzen, die Trauer, das Getrenntsein. Das Getrenntsein ist der schlimmste Schmerz, schlimmer als alles andere! Und der Schmerz produziert hohe Mengen Energie und damit Nahrung für die Wesenheiten."

Behandler: „Bitte geh zu dem Zeitpunkt zurück, kurz bevor du die ‚Rekrutierungszone‘ betreten hast. Was ist dort geschehen?" Klientin: „Die Grenze war verboten. Uns wurde gesagt, geht bloß nicht zu nahe heran! Wir waren der Grenze zu nahe gekommen. Alles war schwarz, ein gruseliges Gefühl. Dann ging der Vorhang auf und dann ging es zu wie auf einem Jahrmarkt, wir waren in der ‚Rekrutierungszone‘. Alles wirkte äußerst anziehend. Wenn etwas verboten ist, dann tut man es erst recht. Da ist der Drang, ich könnte es versuchen, vielleicht schaffe ich es ja. Wenn sich der Vorhang öffnet, dann verändert sich die Wahrnehmung schlagartig und die Neugierde und Faszination sind geweckt.“

Behandler: „Wie groß ist die ‚Rekrutierungszone‘, die die Erde umgibt?“ Klientin: „Ungefähr 20 km hoch. Wenn der Vorhang aufgeht, sieht man sofort viele menschliche Gestalten. Es ist wie im Kino. Sie zeigen dir, was auf der Erde abläuft, da sie dir nichts aufzwingen wollen, so sagen sie jedenfalls. Man muss 100 % einverstanden sein. Dann fängt bereits das Vergessen an. Sie zeigen den Interessenten Landschaften, schöne Orte und Liebesbeziehungen, wie wir sie nicht kennen. Die Paare küssen sich und es ist toll. Wie sich das anfühlt, will doch jeder wissen! Und es gibt Körper. Wie? Die sind begrenzt und verschmelzen nicht? Wie soll das gehen? Essen? Hunger? Trinken? Wie geht das? Wie? Erst kauen? Wie geht das denn? Oh, der Körper kann kaputtgehen. Er kann bluten und schmerzen. Wie fühlt sich denn so etwas an? Man ist dermaßen erpicht darauf, all diese Dinge zu erleben und zu spüren. Und Sexualität? Ja, hochinteressant! Und Kinderkriegen, das ist auch so ein Ding. Geburt? Wie soll das denn gehen? Man ist total neugierig. Das Rettenwollen der anderen Funken ist total vergessen. Man will das alles einfach nur einmal erleben! Ich frage den ‚Reiseleiter‘, wie ich denn hier wieder rauskomme. Dann kommt die Vertragsklausel. Der Deal! Nur gemeinsam mit meinem Mann!“

Die Klientin fährt fort, den Vertrag zu beschreiben: „Wenn ihr es schafft, euch wiederzufinden, euch zu vereinen, dann könnt ihr die Matrix wieder verlassen. Und wir beide denken, das ist ja total einfach! Wir haben keine Ahnung, was wirklich passieren wird. Wir müssen uns finden und wissen, dass wir zusammengehören. Wenn wir Zweifel haben, können sie uns beide festhalten. Wir haben den Vertrag unterschrieben und wurden sofort durch die Löcher im Frequenzzaun in die Matrix gezogen – und dann war ich bereits ein schreiendes Baby!"

Behandler: „Bitte geh noch einmal und langsam durch den Zaun, bis du im Mutterleib landest." Klientin: „Es geht in einem Affenzahn durch den Zaun. Ich höre eine Stimme, bin in einem Strudel, befinde mich im freien Fall. Im Strudel haften sich mir Bilder an von ganz vielen Leben. Ich sehe mich in allen Leben. Die Stimme sagt einen Satz, der sich durch alle Leben zieht: ‚Du bist machtlos! Ein Niemand! Du gehörst jetzt uns!' Dann bin ich im Babykörper und alle Erinnerungen sind komplett vergessen. Man zieht etwas aus meinem Kopf heraus." Behandler: „Was genau?" Klientin: „Die Absicht, warum ich hier bin. Alles, was ich zuvor wusste. Und meine Verbindung zur Ur-Quelle. Mein Funke erlischt. Er wird eingekapselt und verkrustet, damit er nicht strahlen kann. Der Funke kann erlöschen, jemand pustet ihn aus. Aber nein! Er kann gar nicht erlöschen! Ich kann nur vergessen, dass ich ihn habe."

Da im Strudel zur Erde die Erinnerungen der Seele gelöscht werden und neue programmiert werden, bat ich die Klientin: „Bitte geh ein weiteres Mal langsam durch den Strudel. In Zeitlupe. Nimm mit allen Sinnen wahr, was geschieht." Klientin: „Du bist niemand. Nichts. Du bist, was wir aus dir machen. Es ist eine Art Hypnose." Da es äußerst wichtig ist, was mit der Seele im Strudel zur Erde geschieht, gingen die Klientin und ich den Ablauf noch einmal Schritt für Schritt durch. Er gestaltete sich wie folgt:

„Man sieht die verbotene Zone. Man sieht Seelen und/oder Funken, die gerettet werden müssen. Das ist bereits eine Täuschung, denn eigentlich kann man nicht durch den Schleier oder Vorhang, der die Erde umgibt, hindurchsehen. Mein Mann und ich entscheiden uns: Ja, wir müssen da runter. Der Schleier oder Vorhang, der die Erde umgibt, öffnet sich. Alles ist lustig und hochinteressant. Jetzt beginnt bereits das Vergessen. Man hat totale Lust zu inkarnieren. Dann folgt der Vertrag."

Die Klientin erklärt weiter: „Alle unsere Leben werden uns durch die Bilder im Strudel einprogrammiert. Das Bewusstsein wird vom Funken getrennt. Man kann ihn nicht wahrnehmen, weil man zu beschäftigt ist mit dem Überleben. Auf diese Weise kann man sich gar nicht nach innen wenden. Man wird isoliert, getrennt von anderen Funken. Es geht nur ums Überleben, Überleben, Überleben. Das ist das Einzige, woran man denkt. Der Rest im Kopf ist leer, wenn man im Babykörper landet. Der Funke ist noch da, aber man kann ihn nicht wahrnehmen und er ist geschwächt. Ich kann nichts damit anfangen. Es geht nur ums nackte Überleben, um die Triebe. Erst später im Leben geht es um Gefühle. Um Herzschmerz und Tränen. Man weiß nicht, was das ist und warum man das fühlt." Behandler: „Wie vielen Leben hast du zugestimmt?" Klientin: „Ich weiß es nicht genau, aber es sind Tausende. Alles geht ganz schnell. Ehe man merkt, was los ist, ist man bereits im Körper."

Ein Leben lang immer wieder krank

Mein 55-jähriger Klient wurde ein Leben lang von diversen Krankheiten geplagt, unter denen er sehr litt. Er hatte alles versucht, um gesund zu werden, ohne nennenswerten Erfolg. Besserte sich eine Erkrankung, zeigte sich die nächste. Der Klient hatte alles in seiner Macht Stehende getan, um seine Befindlichkeit zu verbessern. Schlussendlich hatte er resigniert und war in eine Depression gegangen. Wer so viele Rückschläge ertragen muss wie mein Klient, reagiert irgendwann unwillkürlich mit Depressionen als natürliche Reaktion auf maximale Belastungen, die unlösbar scheinen. Dem

Klienten ging es sehr schlecht, er benötigte dringend Hilfe. Wir führten zunächst ein Clearing durch, um ihn von allen Fremdeinflüssen zu befreien. Laut Muskeltest gab es auffällig viele Absprachen für Erkrankungen, die der Klient im Zwischenleben getroffen hatte und die wir lösen mussten.

Vorleben

In der Rückführung erlebte sich der Klient als Mann in einem Vorleben. Seine Erinnerungen waren jedoch spärlich. Er fand sich allein in einer Höhle wieder. Einsam, traurig und voller Angst. Klient: „Niemand hilft mir, ich werde wahrscheinlich sterben … Jetzt habe ich es hinter mir. Ich befinde mich nun vor der Höhle. Zeit vergeht. Ich komme nicht weg, weiß nicht wohin. Man hat mich hierher verschleppt, gewaltsam hierher gebracht. Ich schwebe vor der Höhle und habe Angst. Jetzt werde ich abgeholt. Es zieht mich. Irgendetwas oder irgendwer zieht mich nach oben. Ich sehe nichts, es ist dunkel. Da sind unsichtbare Energien. Ich bin hier falsch. Ich komme hier nicht raus. Ich kann nichts tun, bin wieder allein." Der Klient fühlte eine tiefe Trauer und begann zu weinen. Er berichtete weiter: „Es wird wieder etwas ruhiger – jetzt bin ich im Bauch meiner heutigen Mutter. Das war nicht abgesprochen!" Der Klient hatte die Absprachen, die er vor der Inkarnation in den astralen Gefilden getroffen hatte, ausgelassen, daher bat ich ihn, ins Zwischenleben zurückzukehren.

Zwischenleben

Klient: „Da sind unsichtbare Energien. Die haben einen Plan für mich, für ein ganz beschissenes Leben. Die fragen mich nicht. Die sagen, ich muss jetzt in dieses Leben gehen, ich habe keine Wahl, ich kann gar nichts tun. Sie lachen hämisch, sagen, ich soll jetzt endlich gehen (ins nächste Leben) und dass es schlimm werden wird.

Dass ich gequält sein werde, dass ich krank sein werde, dass das so sein muss. Ich hätte das zu verantworten. Ich würde immer schlimmer krank werden und kann nichts dagegen tun. Alles ist rot und schwarz, alles ganz eng. Ich habe keine Chance. Die halten mich fest, ich kann nicht weg! Wenn ich Widerstand leiste, zahle ich doppelt und dreifach, es wird umso schlimmer! Die sind gewalttätig! Ich weigere mich. Ich komme aus der Nummer nicht mehr raus! Ich hätte gar keine Chance. Wenn ich mich noch länger weigere, wird es noch schlimmer, drohen sie mir. Alles Weigern nutzt nichts." Der Klient weigerte sich längere Zeit beharrlich und wiederholt gegen das, was ihm die Dämonen aufbürden wollten. Er war alles andere als ein leichtes Opfer. Dann wurde ihm etwas Entscheidendes klar: „Die sind von meiner Zustimmung abhängig. Die werden wütend, weil ich mich wehre. Ich komme da nicht raus. Die sagen, ich komme da nicht raus. Es ist so eng. Ich soll doch endlich aufgeben, ich hätte keine Chance. Ich merke, ich komme da nicht raus! Ich soll an meine Zukunft denken, es würde noch schlimmer kommen."

Behandler: „Was haben Sie getan, dass Sie das verdient haben?" Klient: „Die sagen, ich brauche das nicht zu wissen. Ich hätte keine Wahl. Sie können mit mir verfahren, wie sie wollen. Die Zeit vergeht, ich komme da nicht raus. Der Vertrag wird immer länger, geht über das jetzige Leben hinaus. Ich sei selbst schuld wegen des Widerstandes. Sie werden sehr, sehr wütend. Sie sagen, sie haben bereits so oft Ärger mit mir gehabt. Sie reden über mein Leben, ob ich das will oder nicht. Ich bin nicht einverstanden! Ich bin hier falsch! Die sagen, ich werde viele Krankheiten haben. Qualen, endlos, hoffnungslos, aussichtslos, erdrückend und schwer. Und immer noch mehr Erkrankungen und unheilbar. Kein Ende und immer mehr! Ich darf nur zuschauen, wie andere leben. Ich komme nicht dazu, mein eigenes Leben zu leben. Jeder Versuch endet immer nur mit noch mehr Krankheiten, verdoppelt alles. Sobald ich versuche, etwas dagegen zu unternehmen, wird alles doppelt so schlimm. Sie werden mir die Hölle auf Erden bereiten! Ich habe Angst. Langsam glaube ich es. Die hören nicht auf! Ich soll meinen Widerstand für immer aufgeben. Sie entscheiden zukünftig über mich. Ich brauche nichts zu tun, das machen sie. Sie hätten viel Zeit und ich werde zustimmen, sagen sie mir immer wieder. Ich komme da nicht raus, wenn ich nicht zustimme."

Der Klient war maximal gestresst und verzweifelt und erklärte weiter: „Es werden immer mehr Blankoschecks, denen ich zustimmen muss. Ich komme da nicht raus! Die warten auf meine Zustimmung, und ich bin alleine. Ich stimme nicht zu! Doch, sagen die. Doch! Irgendwie zieht es mich zu Mutters Bauch. Ich werde es ganz, ganz schlimm haben. Sie werden mich verunstalten. Ich werde mich hässlich finden. Ich werde mich hassen. Ich werde sehen, wie toll das Leben der anderen verläuft – und meines nicht. Die drängen und drücken mich in den Bauch meiner Mutter. Ich habe Angst, dass es noch schlimmer wird, wenn ich nicht zustimme. Was soll ich nur tun? Nun sagen sie, dass es mir gut gehen soll, ich werde keine finanziellen Sorgen haben. Ich weiß, das ist ein Leckerli, damit ich ‚Ja‘ sage. Ich sage ‚Ja‘!"

Und so inkarnierte der Klient in ein Leben voller Krankheiten. Er hatte sich über lange Zeit hinweg gewehrt und geweigert, hatte bitter gegen die Dämonen gekämpft. Aber er hatte sich auch immer wieder gesagt: „Ich komme da nicht raus!" und sich auf diese Weise selbst programmiert, was ihn erheblich schwächte. Da die Dunkelwesen ihn unablässig quälten, resignierte er irgendwann vollkommen am Ende seiner Kräfte. Zwei Dinge darf man als Seele nicht tun, wenn man auf Dämonen trifft: Man darf weder ängstlich sein noch gegen die Kreaturen ankämpfen. Energien der Angst, der Verzweiflung und des Kampfes sind ihr Terrain. Diese Energien machen sie stark und sie haben die verzweifelte Seele mühelos im Griff. Sobald wir aber unseren göttlichen Funken und unseren freien Willen aktivieren, spüren wir unsere ureigene Schöpferkraft. Wenn wir strahlen, sind die Kreaturen vollkommen machtlos, geraten in Panik und haben gehörige Angst vor uns – wie die zweite Sitzung des Klienten zeigte.

Zweite Sitzung mit dem Klienten

Nachdem wir in der ersten Sitzung alle hinderlichen Verträge und Programmierungen gelöst hatten, erging es dem Klienten nicht besser, sondern eher schlechter als zuvor. Ich hatte ihn eindringlich gebeten, mit seinem Funken zu arbeiten. Er hatte es versucht, konnte ihn jedoch nicht wirklich spüren. Mittlerweile hatten Freunde, Kollegen und ich weiterhin mit unseren Funken und unseren Seelenlichtern in Clearings und in Rückführungen experimentiert. Wir hatten Spannendes herausgefunden und waren zu verblüffenden und unglaublich wertvollen Erkenntnissen gelangt. Ich beschloss, diese Erkenntnisse in der Arbeit mit meinem Klienten erstmalig einzusetzen und instruierte ihn, nachdem ich ihn in Trance geführt hatte, sein Seelenlicht und seinen Funken zu aktivieren. Ich rief weitere Funken herbei und bat sie, uns in unserem Unterfangen zu unterstützen. Sie kamen in Scharen, freudig und hilfsbereit.

Nachdem der Klient Seelenlicht und Funken in seinem Körper und seinem Energiesystem ausgedehnt hatte, führte ich ihn zu dem Zeitpunkt zurück, an dem er auf die Dämonen getroffen war, noch bevor er den Tunnel des Vergessens in den Mutterleib passieren musste. Der Klient hatte angegeben, seinen Funken nicht zu fühlen, erklärte aber plötzlich: „Da ist niemand. Oder doch? Ja, aber die Dämonen sind ganz klein – und ich strahle!" Der Klient hatte den Funken selbst nicht spüren können, nahm aber nun sein Strahlen wahr. Wir riefen den Anführer der Kreaturen herbei. Nachdem der Klient ihm mit eigenen Worten kategorisch erklärt hatte, er solle alle Verträge, Programmierungen und hypnotischen Befehle, die er vor der aktuellen Inkarnation erhalten hatte, löschen, verhielt sich der Dämon still. Der Klient sprach nun mit energischer Stimme und forderte Antworten ein. Schließlich erklärte das Wesen kleinlaut: „Ich kann deine Verträge nicht löschen. Ich muss dich quälen, ich habe keine Wahl."

Solche Aussagen sind nicht zu akzeptieren und darüber hinaus nicht wahr. Die Dämonen können und müssen auf Verlangen alle vertraglichen Einflüsse löschen. Ist eine Partei mit einem Vertrag nicht einverstanden, ist er obsolet. So bat ich den Klienten, nochmals in seinen Funken und sein Seelenlicht hineinzuspüren, beide maximal strahlen zu lassen und seinen freien Willen geltend zu machen. Er erklärte dem Dämon, dass er nicht bereit sei, irgendwelche Karmaregeln zu akzeptieren. Er forderte die Löschung der Verträge energisch ein, ohne dabei in den Kampfmodus zu gehen, einfach in dem Bewusstsein, dass sein freier Wille einzuhalten war. Unser freier Wille ist Gesetz! Nach einigem Hin und Her und einigen Weigerungen des inzwischen wütend gewordenen Dämons erklärte sich dieser mit der Annullierung aller Verträge einverstanden – auf unsere Forderung hin laut und deutlich und explizit! Wir hätten seine Zustimmung nicht gebraucht, es war jedoch heilsam für den Klienten zu erleben, wie machtvoll er ist im Gegensatz zu dem Dämon.

Nun bat ich den Klienten, sein Licht noch heller erstrahlen zu lassen und sich oberhalb des Tunnels des Vergessens und der Programmierungen zu positionieren, durch den er in den Mutterleib und die heutige Inkarnation gelangt war. Ich bat alle anwesenden Funken, dasselbe zu tun. Mit ihrem Licht erfüllten sie den Strudel und löschten alle Programmierungen, alle dunklen Anhaftungen sowie alle hypnotischen Befehle, auch jene, die für den Klienten unhörbar gewesen waren. Sie löschten alle Bilder und alle schädlichen Energien. Klient: „Der Tunnel wird gründlich durchgeputzt, wirklich gründlich! Er wird größer. Ich kann jetzt hineinsehen." Ich wies den Klienten an, mit voll aktiviertem Funkenlicht einige Male möglichst schnell durch den Tunnel zu gehen, von oben nach unten und umgekehrt und mit seinem göttlichen Licht sämtliche Programmierungen außer Kraft zu setzen und ins positive Gegenteil zu transformieren.

Danach bedankten wir uns ganz herzlich bei allen helfenden Funken. Der Klient kam wieder ins Hier und Jetzt zurück, immer noch mit aktiviertem Seelenlicht und Funken und mit geschlossenen Augen. Ich bat ihn, sich nun ganz bewusst neu zu programmieren, z. B. wie folgt: „Ich bin gesund. Ich darf gesund sein. Ich bleibe gesund. Ich bin und bleibe gesund" usw. Er deprogrammierte zusätzlich die konkreten Erkrankungen, unter denen er aktuell litt. Er konzentrierte sich auf den Funken in seiner Brust, während er laut und deutlich seinen freien Willen bekundete. Er sprach jeden Satz mehrfach, bis er das Gefühl hatte, dass seine neuen Programmierungen zu seiner Realität geworden waren.

Meine anfänglichen Bedenken, der Klient könne seinen Funken möglicherweise nicht wahrnehmen, hatte sich auf wundervolle Weise als unbegründet herausgestellt. Inzwischen ist das Vorgehen, das ich einsetze, um ein Vielfaches ausgefeilter. Das Wichtigste an dieser Sitzung war, dass der Klient selbst erlebt hat, wie die Dämonen aus Angst vor ihm zurückwichen und keinerlei Macht mehr über ihn hatten, wenn er seinen Funken und sein Seelenlicht erstrahlen ließ. Er hatte die unglaubliche Kraft und Macht seines göttlichen Funkens selbst erfahren. Gegen Ende der Sitzung konnte er ihn spüren und berichtete, sein Funke sei freudig und ganz aufgeregt. Diese Erfahrung können viele andere und ich selbst bestätigen. Wenn der Funke begreift, dass sein Besitzer von seiner Existenz weiß und ihn begrüßt, ist seine Freude riesengroß.

Es fühlt sich in der Tat so an, als würde er singen, lachen und tanzen. Er ist aus einem langen Schlaf erwacht. Endlich wurde sein Sein anerkannt. Er ist ab sofort immer für seinen Besitzer da, zu jeder Zeit! Der Funke ist etwas sehr Privates und Persönliches. Er gehört zu einer bestimmten Seele – und nur zu ihr. Die Funken schließen sich gerne zusammen. Sie strahlen gemeinsam und vervielfachen dadurch ihre Schöpferkraft. Sie sind stets bereit, in Not geratenen Seelen und Menschen zur Hilfe zu eilen. Sie kommen gerne und in Scharen. Nach der Sitzung ging es dem Klienten deutlich besser. Er hatte realisiert, welche Schöpferkraft ihm zur Verfügung steht.

Einige Monate später schrieb mir der Klient: „Die Erkenntnisse, die Eindrücke der Rückführungen und des Clearings waren sehr intensiv, aufwühlend und umfangreich. Leider änderte sich an meinen vielen körperlichen Krankheiten und den umfangreichen psychischen Problemen und Ängsten praktisch nichts (...) Mit meinem göttlichen Funken bin ich immer wieder in Kontakt, so komme ich besser durch manche Widrigkeit. Im Fazit befinde ich das erlebte Clearing und unsere Sitzungen als sehr wertvoll und bin ehrlich dankbar dafür. Ganz sicher müsste da viel viel viel mehr angegangen, aufgearbeitet und gelöst werden. Für mich leider viel zu kostspielig und von dem her nicht machbar." In manchen Fällen bedarf es in der Tat mehrere Sitzungen, da hat der Klient recht. Meine Leistungen werden nicht von der Krankenkasse bezahlt.

Wenn man die Macht des eigenen Funkens und Seelenlichts entdeckt

Meine 48-jährige Klientin wollte erfahren, auf welche Weise sie zur Erde gekommen war und warum sie zeitlebens unter starker Migräne leiden musste. Sie hatte bereits einiges unternommen, um die Kopfschmerzen zu lösen, bislang jedoch ohne Erfolg. Nachdem ich sie in Trance geführt hatte, bat ich sie, dorthin zurückzugehen, wo sie sich befunden hatte, bevor sie sich auf den Weg zur Erde machte.

Klientin: „Es ist weder hell noch dunkel, angenehm. Ich bin alleine und muss etwas entscheiden, was ich eigentlich gar nicht will. Es zieht mich wohin. Ich habe noch keine Entscheidung getroffen. Ich falle jetzt in eine Spirale und werde entspannt. Ich bin angekommen und weiß nicht, wo ich mich befinde. Um mich herum ist gedämpftes Licht, es geht mir gut. Ich sehe einen Embryo, der fischartig aussieht und gerade im Entstehen begriffen ist." Die Klientin hatte sich nicht an das erinnert, was in der Spirale bzw. im Strudel zur Erde geschah. Daher bat ich sie, noch einmal zu dem Zeitpunkt zurückzugehen, als sie eine Entscheidung treffen musste. Klientin: „Witzigerweise ist es ganz dunkel. Lustig und schön. Ich sehe die Sterne und bunte Lichter um mich herum. Leuchtende Objekte. Alles fühlt sich vertraut an und gut. Dann werde ich wieder irgendwo hingezogen. Da ist die Spirale. Wie ein Schlauch. Eng, braun und hektisch. Meine Entspannung und Ruhe werden mir genommen. Ich will dort nicht hin. Das Ding, der Schlauch, jagt mich! Ich laufe weg. Ich will im Dunkeln und bei den Sternen bleiben, wo es warm und kuschelig ist. Ich fliehe und hänge den Schlauch ab. Der Schlauch ist traurig (Anmerkung: strahlt Frequenzen der Traurigkeit aus). Ich denke, es ist nicht richtig, ihn hängenzulassen und gehe zu ihm zurück. Das, was mich ruft, ist so enttäuscht, vielleicht sollte ich doch probieren hineinzugehen." Die Klientin wird in die Spirale gezogen. Wie sie später erklärte, hatte sie Mitgefühl mit dem Schlauch, wollte „ein gutes Mädchen" sein. Ihr war nun klar, dass sie emotional manipuliert worden war.

Klientin: „Ich schaue auf die Erde herunter, sehe Berge. Irgendwie weiß ich, dass ich in Indien ankommen werde. Ich sehe ein Mädchen mit einem Fleck auf der Stirn. Sie lächelt ganz traurig." Wieder fehlten der Klientin wichtige Erinnerungen an die Passage durch den Strudel bzw. die Spirale. Kurzerhand bat ich sie, ihren göttlichen Funken zu aktivieren. Sie ließ ihn in ihrem gesamten Körper und in ihrer Aura hell erstrahlen. Dann ging sie ein weiteres Mal dorthin zurück, wo sie sich befunden hatte, bevor sie in die Spirale gelangte. Mit ihrem aktivierten Funken sollte sie die Spirale ganz langsam wie in Zeitlupe passieren und auf alle Sinneswahrnehmungen achten.

Angefüllt mit ihrem göttlichen Funken erklärte die Klientin: „Irgendetwas Strahlendes begleitet mich. Etwas Glitzerndes, so schön! Es verändert sich, wird unangenehm. Ich will nicht, dass es mich begleitet. Es sieht aus wie ein großer Regenwurm. Ich will fliehen. Jetzt hänge ich in der Spirale. Der Wurm wartet auf mich. Ich werde gefragt, was ich will, was ich fühlen will, was ich sein will. Ich weiß, dass ich die strahlende Freude bin. Etwas ganz Vollkommenes, das strahlt. Das bin ich und so will ich sein und bleiben! Ich gehe weiter durch die Spirale. Ich will das Strahlende sein, will es behalten (die Klientin meint ihr Seelenlicht bzw. ihren göttlichen Funken)."

„Jetzt sehe ich eine Öffnung oder Tür. Da passe ich so strahlend, wie ich bin, nicht hindurch. Ich muss ein Stück von mir abgeben oder das Strahlen, um hindurchzupassen. Ich denke, ich will weitergehen und weiß nicht, warum ich das denke. Ich denke, ich könnte doch zurückgehen und entscheide mich. Diese Entscheidung verändert alles! Ich gehe ein Stück zurück. Das Strahlende bin ich, so will ich sein! Ich will das Strahlende behalten. Nun wird die Tür breiter, nach dem Motto: Ja, komm nur. Aber ich will da nicht hin und will irgendwie doch da hin." Behandler: „Was bewirkt, dass du dennoch da hin willst?" Klientin: „Meine Neugierde. Ich hänge hier als das Strahlende und bin neugierig. Die Tür verbreitert sich. Obwohl ich misstrauisch bin, wage ich mich nach vorn und gehe hindurch. Jetzt treffe ich eine Entscheidung: Ich bin das vollkommen Strahlende! Ich werde mich immer daran erinnern, an das Strahlende in mir! Ich will es nicht loslassen!

Nun bin ich angekommen auf der Erde. Ich bin ganz, habe nichts von meinem Licht abgegeben. Aber ich verändere mich, bin nicht mehr so strahlend wie früher. Aber ich weiß, was ich bin. Ich bin in der Wüste, aber trotzdem vollkommen. Es zieht mich wieder irgendwohin. Es ist eng. Ich will da nicht hin! Nein! Ich weiß, was ich bin. *Ich* entscheide hier! Ich will das Strahlende und Vollkommene! Da ist wieder ein Schlauch, der mich jagt und einsaugen will. Ich schaue dieses Ding ganz genau an und sage mit Bestimmtheit ‚Nein!‘ Ich bin stark. Ich weiß, was ich bin. Das Ding, der Schlauch, ist ziemlich perplex und wieder beleidigt. Er geht langsam zurück und verschwindet dann. Ich bin ganz, habe nichts von meinem Licht abgegeben! Ich habe verstanden, dass ich nein sagen kann! Ich bin vollkommen und stark und mächtig – das habe ich jetzt verstanden! Es hat funktioniert, ich bin ganz. Ich bin ganz mit dem göttlichen Funken erfüllt! Er füllt mich ganz aus. Ich bin Vollkommenheit und Strahlen. Es gibt keine Angst, keine Sorgen. Ich brauche nichts, ich habe schon alles – und das füllt mich aus.“

An dieser Stelle genoss die Klientin ihr Licht intensiv, war sehr berührt und erklärte: „Das Licht wird uns weggenommen. Wir vergessen das. Es gibt nichts, was wir abgeben müssten. Wir sind vollkommen, das dürfen wir nicht vergessen. Wir sind die strahlende Vollkommenheit.“ Da die Klientin von dem Erlebten und ihrem göttlichen Funken so erfüllt war, beschloss sie, dieses Gefühl weiterhin zu genießen, sodass wir die Rückführung an dieser Stelle beendeten. Die wichtigste Erkenntnis ist die, dass wir unser Seelenlicht und unsere Funken erstrahlen lassen müssen. Vor jeder Inkarnation wird ein Teil unseres Lichtes einbehalten, was unsere Schöpferkraft erheblich schwächt. Will uns jemand unseres Lichtes berauben, gilt es, „nein" zu sagen und dabei zu bleiben! Wenn wir sämtliche Ein- oder Übergriffe zurückweisen, haben wir nichts zu befürchten. Eine andere Klientin hatte einmal etwas sehr Wichtiges festgestellt: „Nein ist ein vollständiger Satz!"

Die Klientin ist heute noch begeistert von dem Erlebnis, ihren göttlichen Funken und seine enorme Schöpferkraft erlebt zu haben. Ihre Erfahrung war in der Tat sehr intensiv gewesen. Sie aktiviert ihren Funken immer wieder und arbeitet mit ihm an ihren Themen.

Wissenswertes über Statisten (NPCs)

Meine 29-jährige Klientin und Mutter zweier Kinder wollte herausfinden, unter welchen Umständen sie zur Erde gekommen war. Zudem gab es einen Mann in ihrem Umfeld, der ihrer Ehe sehr geschadet hatte, was sie leider viel zu spät bemerkt hatte. Der Muskeltest ergab, dass dieser Mann ein „NPC", also ein seelenloser Mensch war. Als wir mit der Rückführung begannen, ahnten wir noch nicht, welche interessanten Informationen wir erhalten würden, auch und gerade im Hinblick auf das Thema Statisten.

Als ich die Klientin bat, in die Zeit zurückzukehren, bevor sie auf die Erde gekommen war, fand sie sich im Weltraum wieder. „Ich schwebe und sehe viele Sternenlichter. Ich schaue auf die Erde hinunter und nehme ein schwarzes Gitternetz wahr, das sie umschließt. Es sind noch weitere Seelen hier, die über den Planeten sprechen. Davon, dass sie gerne dorthin wollen, aber dass das schwarze Gitter sie davon abhalten würde." Behandler: „Kennst du die Seelen?" Klientin: „Nein. Aber ich bin neugierig. Ich spüre eine riesengroße Neugier, bin ganz aufgeregt, die anderen Seelen auch. Ich nähere mich dem Gitter. Der Sog zieht mich durch ein Loch hindurch, noch bevor ich mich entschieden habe, ob ich auf die

Erde möchte oder nicht. Ich bin immer noch neugierig. Ich sehe ein sehr helles Licht, überlege, wo ich hingehe. Ich sehe, wie die anderen Seelen hineingehen und folge ihnen. Ich will wissen, wie es weitergeht. Hier ist ziemlich viel los, ich fühle mich sicher. In dem Getümmel werden die Seelen von Wesen geführt: Komm hier hin, da lang ... usw. Ein Aufseher macht mir das Kompliment, dass ich besonders hell strahle und bedeutet mir, ich dürfe in eine bestimmte Richtung gehen. Alles ist ganz lichtvoll, ich fühle mich wohl. Da ist eine Rutsche, eine Röhre mit einer Lichtwolke, vor der sich ein kleines dunkles Gitter befindet, aber ich kann hindurchgehen. Es gibt keine Absprache, aber wenn ich hindurchgehe, stimme ich zu und darf runterrutschen. Das schwächt mein Licht. Unten angekommen bin ich schwächer. Es herrscht Dunkelheit. Ich sehe gar nichts, bin absolut verwirrt. Ich weiß nicht, wo ich bin und was ich da wollte, ich habe es vergessen. Mir ist nicht klar, wo ich hin muss. Komplette Verwirrung, keiner ist da, ich bin isoliert. Vielleicht muss ich warten, bis ich geboren werde. Ich vergesse alles. Keine Ahnung. Vielleicht stehe ich kurz vor der Geburt."

Nun hatte die Klientin eine Erkenntnis, mit der ich bereits gerechnet hatte. „Die Seelen, die aufgeregt darüber gesprochen hatten, zur Erde zu gehen, waren gar keine Seelen!" Mehrere Klienten waren auf angebliche Seele oder Lichtwesen getroffen, die freudig und neugierig davon gesprochen hatten, auf die Erde zu wollen. Sie alle waren mit Licht getarnte Dämonen. Auf den ersten Blick ist nicht zu erkennen, dass diese Kreaturen archontische Betrüger sind. Es ist ihre Aufgabe, die Aufmerksamkeit der Seelen und Lichtwesen auf die Erde zu lenken – und schon nimmt alles seinen Lauf. Sie sind die Recruiter des falschen Lichts, die Seelenfänger.

Da die Klientin viel zu schnell durch den Tunnel gerutscht war, bat ich sie, zum Eingang der Rutsche zurückzukehren und den Tunnel erneut in Zeitlupe zu passieren. „Achte auf alle Sinneswahrnehmungen. Was siehst du? Was hörst du? Was fühlst du?" Klientin: „Das schwarze Gitter vor dem Eingang der Rutsche bedeckt mich. Es ist wie mein eigenes Frequenzgitter. Es engt mich ein, es wird kälter. Es bewirkt, dass ich offen werde für Leid. Ich höre Geräusche und mehrere Stimmen, die verschiedene Dinge sagen, z. B. ‚Du sollst unglücklich sein. Ungeliebt. Dich immer anstrengen müssen, aber nie gut genug sein. Wir nähren uns von dir. Komm zu uns, wir wollen dich. Gib uns etwas von deinem Licht. Komm schon!' Im Durchgehen stimme ich allem zu, ohne es zu bemerken, Leid, Unglück, vielen Tränen, Herzschmerzen, körperlichen Schmerzen. Ich höre: ‚Krankheiten warten auf dich, menschliche Gebrechen. Jetzt gehörst du uns!'"

Die Klientin berichtet weiter: „Die Rutsche kann man nicht rückwärts gehen. Es gibt keinen Weg zurück. Die schränken mein Sehen und meine Sinne ein. Ein schweres Gewicht, eine Last hängt an mir. Ich bin traurig und erschöpft. Die flüstern, dass sie nur mein Bestes wollen. ‚Du gehörst zu uns, bist hier genau richtig. Gib uns alles! Eine Familie wartet auf dich, Seelenverwandte.' Das macht mich neugierig auf ein körperliches Leben", erklärt die Klientin und fährt fort. „Ich schüttele viele schwarze Hände. Das sind Abmachungen, die ich gar nicht mitbekommen habe. Es sind dunkle, schemenhafte Gestalten. Dunkle, große Flecken mit orange glühenden Augen. Was sie genau sagen, verstehe ich nicht. Mir ist kalt. Da muss ich jetzt durch, erklären sie mir. Dann bin ich dort, wo ich es mir erhofft habe – die anderen Seelen sind bereits ganz nach unten durchgerutscht. Da will ich auch hin. Die anderen Seelen haben von Freude gesprochen, von vielen sinnlichen Erfahrungen. Es soll schön sein, warm und man liebt sich ganz doll. Ich wollte den Seelen schnell hinterher. Genauere Absprachen höre ich nicht heraus. Die Stimmen sind leise, sprechen schnell, nicht ausführlich. Alles ist allgemein gehalten und unter der Hand. Das Händeschütteln ist die Zustimmung."

Schließlich kommt die Klientin am Ende der Rutsche an. „Das dunkle Gitter ist auf meiner Haut. Dunkle Schatten kommen mit mir mit, die mir Kälte verursachen. Die kleben an mir, sind jetzt irgendwie dabei, ich werde sie nicht mehr los. Mir ist unangenehm kalt, ich bin nicht mehr euphorisch und verstehe nicht, was geschehen wird. Ich muss warten, wollte doch alles sehen, aber das ist gar nicht möglich. Ich warte auf die Geburt." Behandler: „Befindest du dich im Bauch der heutigen Mutter?" Klientin: „Nein, weit, weit vor diesem Leben. Die dunklen Wesen sagen, dass ich jetzt Schmerzen kennenlernen werde. Die lachen vor Freude! Ich weiß gar nicht, was Schmerzen sind."

Nachdem die Klientin durch den Tunnel des Vergessens gerutscht war, bat ich sie, ins Planungsstadium der aktuellen Inkarnation zurückzukehren. Klientin: „Bin da oben. Es ist eher dunkel, jedenfalls kann man es nicht als Licht bezeichnen. Was ich höre, klingt nicht positiv. Schlimme Familiensituation, Qualen. Diese Schatten (Dunkelwesen) erzählen, was mich erwartet: grenzenloses Leid, Familiendramen, sich schlecht fühlen. Ich bin geschwächt, habe aber keine Wahl. Die erzählen mir, was sie sich für mich überlegt haben. Ich habe keine Lust dazu! Es gibt eine Seele, die mit mir inkarnieren soll, wir sollen gleichzeitig geboren werden. Sie erklärt vehement, dass sie keine Lust dazu hat, wird aber trotzdem mit runter geschickt. Sie schafft es aber, nicht geboren zu werden. Ich selbst habe aufgegeben, kann eh nichts dagegen machen. Durch die Seele weiß ich nun aber, dass es Optionen gibt. Ich verspüre Sehnsucht, dieser Seele zu folgen. Ich weiß jetzt, dass es Möglichkeiten und Auswege gibt." Behandler: „Konzentriere dich bitte auf die Absprachen für das aktuelle Leben."

Klientin: „Die haben mich in der Hand. ‚Eine Mutter, die dich nicht lieben kann, macht dir das Leben zur Hölle. Es wird immer Menschen geben, die dir schaden. Freundschaften fallen dir schwer. Du wirst keine Liebe finden.'" Die Klientin fährt fort: „So ist es für mich vorgesehen. Es gibt keinen Diskussionsspielraum. Die brauchen mich als Nährstoff. Es ist meine Aufgabe, mich ihnen zur Verfügung zu stellen und zu leiden."

Behandler: „Was kannst du über die NPCs in Erfahrung bringen?" Klientin: „Es wird Menschen geben, die mir schaden werden. Ich muss das zulassen und werde schicksalsmäßig auf sie treffen. Es ist meine Aufgabe, ihnen zu begegnen. Die Abmachung lautet, dass ich ihnen in die Hände spielen werde. Immer, wenn es mir nicht gut geht, ich geschwächt bin, tauchen die NPCs auf, um meinen geschwächten Zustand auszunutzen, damit ich meine Ziele nicht erreiche. Ich werde ein schweres Leben haben und nicht glücklich werden. Die Dunkelwesen wollen verhindern, dass ich mich an mein Licht erinnere. Die Gefahr, dass das geschieht, ist zu groß, daher erschaffen sie mir diese Belastungen. Viele NPCs sind bereits in meinem Leben und noch mehr stehen in Bereitschaft. Eine frühere beste Freundin ist ein NPC. Diese Verbindung habe ich gekappt, aber schon stand der nächste NPC bereit – der Mann, der meiner Ehe geschadet hat, stalkingmäßig. Wenn ich den ausschalte, kommt der Nächste. Das ist widerlich!"

Behandler: „Wie entstehen diese Statisten?" Klientin: „Die werden mit auf die Erde geschickt. Ein Schulfreund ist am selben Tag geboren wie ich. Teilweise sind sie schon auf der Erde gewesen, bevor ich geboren wurde. Einige werden angefertigt ... Sie haben ein dunkles Licht, sind innerlich leer, haben keine Seele. Das sind Programme! Sie sind so programmiert, dass sie meine Schwachstellen verstärken. Diese Dämonen geben das offen zu, es macht ihnen Spaß, es mir zu erzählen, weil ich es wieder vergessen werde! Sie beschreiben mir alle Probleme mit heller Freude. Ich sehe keine andere Option, als zuzustimmen. Die können mir alles auftischen. Ich weiß, dass es so laufen wird, wie sie sagen. Ich bin es gewohnt, habe aufgegeben. Sie können mir alles nehmen. In einer früheren Inkarnation haben sie mir meine Kinder genommen."

Behandler: „Was hast du für die aktuelle Inkarnation vereinbart?" Klientin: „Ich werde Schmerzen haben. Seelische, emotionale, körperliche. Sie werden mir immer Steine in den Weg legen. Die Statisten in meinem Leben sollen mich von den wirklichen Seelen ablenken. Mein Ex-Freund war ein NPC, ich soll nicht auf wahre Seelen treffen." Die Klientin ist heute glücklicherweise mit einer wahren Seele verheiratet, die auch einen Funken besitzt. Sie erklärt weiter: „Wenn ein NPC ausgeschaltet ist, kommt der Nächste, und das in verschiedenen Lebensbereichen. Ich nehme gerade wahr, wie viele NPCs ich kenne! Aktiv ist gerade der, der meiner Ehe geschadet hat. Er hat noch nicht aufgegeben. Er soll mich an meinen Schwachstellen treffen und von meinem Ehemann ablenken. Ich soll nicht mehr wahrnehmen, was für einen tollen Mann ich habe. Er soll mir alles schlechtreden, bewusst meine Knöpfe drücken, damit ich mir selbst alles schlechtrede. Wenn dieser NPC weg ist, kommt der Nächste. Es gibt unglaublich viele NPC-Projekte."

Ich bat die Klientin, ihren göttlichen Funken und ihr Seelenlicht zu aktivieren, um die negativen Programmierungen zu lösen, die sie für das aktuelle Leben im Tunnel erhalten hatte. Klientin: „Ich bin gerade in einer ganz anderen Verfassung. Ich strahle! Das gefällt diesen Wesen gar nicht, sie sind sogar ängstlich. Sie können ihre NPCs behalten!" Die Klientin rief ihre Zustimmung für das Wirken der NPCs Kraft ihres freien Willens vollumfänglich zurück. Klientin: „Die Wesen haben sich erst noch geweigert. Jetzt geben sie nach, widerwillig, ängstlich. Sie ducken sich weg. Sie verzichten auf die Schadensprogrammierungen! Ich gestatte keine Einflussnahme auf mein Leben! Ich verlange, jede Programmierung aufzuheben, die mir und meiner Familie schadet. Lasst mich komplett in Frieden! Die kuschen, haben Angst vor meinem Licht. Die haben richtig Schiss! Die NPCs sollten sich von meinem Licht und meinen Gefühlen ernähren. Ich dulde gar keine Statisten mehr in meinem Leben! Sie stimmen zu! Ihr schaltet alle NPCs aus! Sie spielen keine Rolle mehr in meinem Leben. Ich fordere eure 100-prozentige Zustimmung! Statisten haben in meinem Leben nichts mehr verloren, stehen mir nicht mehr im Weg!" Die Klientin sprach so lange auf die Wesen ein, bis sie zustimmten, alle NPC-Aufträge auszuschalten. (Anmerkung der Autorin: Wie wir heute wissen, benötigen wir die Zustimmung der Wesen nicht zur Annullierung von Inkarnations- und Karmaverträgen. Unser freier Wille ist Gesetz!)

Ich forderte die Klientin auf, mit ihrem aktivierten Seelenlicht und strahlendem Funken noch einmal durch den Tunnel zu gehen, wobei der Funke alle Programmierungen und Absprachen löscht. Klientin: „Andere Seelen beobachten mich fasziniert und bekommen mit, wie man sich wehren kann. Ich löse alle Absprachen. Es ist wie ein Lichtbad. Wärme. Licht, das mich stärkt und nährt. Ich spüre ganz viel Kraft, habe alle Energien für mich zur Verfügung und für lichtvolle Dinge. Mein 3. Auge hat viel Energie. Ich werde NPCs in Zukunft besser erkennen können. Ich bin über mein Kronenchakra direkt mit der Ur-Quelle verbunden, es strahlt ganz hell." Behandler: „Was tun die Seelen, die gerade zuschauen?" Klientin: „Ihr Licht ist geschwächt. Sie schauen zu und werden an ihr Licht und ihren Funken erinnert – sie werden jetzt heller und strahlen!"

Behandler: „Wie viele Statisten gibt es deiner Einschätzung nach auf der Erde?" Klientin: „Ca. 80 %. Ich nehme die Seelen als helle Punkte wahr. Auf einen hellen Punkt kommen sehr, sehr viele dunkle Punkte, NPCs. Die Dämonen benötigen viele NPCs, um das Licht einer Seele in Schach zu halten. Die Dunkelwesen haben es schwer. Die NPCs sind so schwach, es ist ein Witz!" Behandler: „Kannst du etwas dazu sagen, wie man die Matrix verlassen kann?"

Klientin: „Es ist eigentlich ganz leicht. Es sind große Löcher im Frequenzzaun. Wir können ihn sogar vollständig auflösen, wenn wir unsere Seelenlichter und unsere Funken zusammentun und erstrahlen lassen."

Eine weitere Sitzung mit der Klientin – Wie kamen meine Kinder zur Erde?

In ihrer letzten Rückführung hatte die Klientin erfahren, aus welchen Gründen und auf welche Weise sie zur Erde gekommen war. Sie hatte das Gefühl, ihre beiden, 4- und 6-jährigen Töchter wären direkt aus dem freien Universum zu ihr gelangt, anstatt den üblichen Weg in die Inkarnation über die luziferische Lichtebene zu nehmen. In der Rückführung wollte sie diese Annahme überprüfen und, falls vorhanden, hinderliche Absprachen kündigen, die ihre beiden Mädels für ihr Leben getroffen hatten. Als Mutter Minderjähriger hat sie das Recht dazu, zum höchsten Wohle ihrer Kinder zu entscheiden. In der Nacht vor unserem Termin, so erzählte die Klientin, hatte sie einen Albtraum gehabt. Dunkelwesen hatten ihr gedroht. Sie hatten ihr gezeigt, dass ihr Auto gestohlen wurde und ein guter Bekannter ernsthaft erkrankte. Schließlich sah sie noch, wie eine ihr unbekannte Person direkt vor ihren Augen mit einem Kopfschuss hingerichtet wurde. Aufgrund dieses Traumes vermuteten die Klientin und ich, dass wir in der Rückführung auf bedeutsame Informationen stoßen würden – und sollten recht behalten. Der Traum hatte ihr keine Angst gemacht. Die Wesenheiten hatten ihr nichts anhaben können. Vielmehr mussten sie andere Personen vorschieben und äußere Umstände benutzen, um der Klientin überhaupt ein ungutes Gefühl zu vermitteln. Sie war sich sicher, dass diese Wesen ihr und ihrer Familie in keiner Weise schaden können, da alle Familienmitglieder über starke, helle Funken verfügen. Sie war und ist sich der Bedeutung ihrer göttlichen Essenz bewusst und setzt sie gezielt ein. „Die können uns nichts. Gar nichts!"

Nach kurzer Trance-Einleitung nahm die Klientin ihre Töchter als zwei glückliche, spielende Lichtlein im freien Universum wahr. Die ältere der beiden fand die Erde sehr interessant und wollte dort weiterspielen. Sie schaute durch das Frequenzgitter, das den Planeten umgibt, und sah weitere Seelen, die sie von früher kannte und die ihr Interesse weckten. Sie und ihre jüngere Schwester schlüpften gemeinsam durch ein Loch im Zaun und wurden unverzüglich zur Erde gezogen. Beide umgingen das luziferische Licht, wie die Klientin bereits vermutet hatte. Sie inkarnierten als Zwillingspaar bei anderen Eltern. Es schien einige Seelen auf der Erde zu geben, die die beiden kannten und wiedersehen wollten. Ihr Ziel war es, einfach jede Menge Spaß zu erleben.

Behandler: „Wie sind die Mädchen zu dir und deinem Mann gekommen?" Klientin: „Ich sehe sie wieder im freien Universum. Sie hatten die Matrix nach ihrer letzten Inkarnation wieder verlassen. Um zu uns zu kommen, sind sie einfach erneut durch das Gitter geschlüpft." Behandler: „In vielen Fällen werden die Seelen vom Licht oder dem Lichttunnel verfolgt. Ist den beiden etwas Ähnliches geschehen?" Klientin: „Nein. Sie haben dem Licht null Aufmerksamkeit geschenkt. Sie wussten, wohin sie wollten und blieben stets zusammen. Sie haben ausgehandelt, welche von beiden zuerst zu uns kommt. Mein Mann und ich strahlen hell, so konnten sie uns finden. Sie waren in einem vorherigen Leben bereits unsere Kinder gewesen und wollen uns nun das freie Universum zeigen. Beide inkarnieren aus Spaß. Sie nehmen keine Schwere wahr, kein Risiko. Beide haben ihre Erinnerungen behalten und auf den richtigen Moment gewartet, um in meinen Bauch zu schlüpfen. Sie hatten das Vertrauen, dass es klappt und dass sie beide zu uns kommen können, obgleich mein Mann und ich anfänglich nur ein Kind wollten. Sie waren als Seelen ständig um uns herum und irgendwann in mir. Bis dahin hielten sie sich in der näheren Umgebung und in unserer Aura auf. Die beiden sind alles mit Leichtigkeit angegangen. Über das luziferische Licht wissen sie nicht viel. Das Licht konnte sie nicht erwischen, weil sie stets zusammen waren. Nach jedem Leben konnten sie die Matrix wieder verlassen."

Behandler: „Woher genau kommen die beiden?" Klientin: „Aus dem freien Universum und der Ur-Quelle. Sie haben ihre Herkunft nicht vergessen. Sie sind zuversichtlich, sich überall aufhalten zu können, wo sie wollen. Sie strahlen hell und sehen keine Gefahr. Sie sind neugierig, nicht so ernst. Sie betrachten alles als einen großen Spielplatz. Die beiden sind unglaublich alt und kennen unglaublich viele Seelen, die sie lieben. Sie sind anders als andere Seelen. Sie strahlen genauso hell wie das Ur-Quellenlicht. Ihr Plan ist es, dass mein Mann und ich wieder in unser Strahlen kommen. Sie wollen uns den Weg aus der Matrix zeigen. Sie wissen nicht, was Karma ist. Gegen Dämonen sind sie immun." Behandler: „Inwiefern immun?" Klientin: „Trotz ihrer Inkarnationen ist ihr Licht stark geblieben, da sie die luziferische Lichtebene gemieden haben. Sie haben ihr Licht weder verloren noch wurde es verschüttet. Dunkelwesen können bei ihnen nicht wirklich etwas bewirken. Meine ältere Tochter ist hin und wieder krank, sieht das jedoch nicht als schlimm an. Als ich mit ihr schwanger war, hat ihr Seelenlicht ihren Körper so geformt, wie sie es wollte. Die Jüngere ist immer gesund."

Nun bat ich die Klientin, das Planungsstadium ihrer aktuellen Inkarnation aufzusuchen, um mögliche hinderliche Absprachen bezüglich ihrer Kinder aufzudecken. Klientin: „Ich habe damals die Erlaubnis erteilt, dass Dunkelwesen meiner Familie schaden können und nehme diese jetzt wieder zurück. Die Dämonen haben große Angst. Was die Kinder betrifft, so schwingen die beiden so hoch, als würden die Dämonen sie nicht wahrnehmen können." Behandler: „Bitte lass dein Seelenlicht und deinen Funken strahlen und positioniere dich über dem Tunnel des Vergessens, durch den du in den Leib deiner Mutter inkarniert bist. Spüre hinein. Was nimmst du wahr?" Die Klientin tat wie geheißen und erklärte: „Ich lasse mein Licht jetzt in den Tunnel strahlen, wodurch sich die Programmierungen vollständig auflösen. Die Dunkelwesen oberhalb der Rutsche verziehen sich." Die Klientin ließ ihren Funken zweimal durch den Tunnel gleiten, von oben nach unten und umgekehrt, um alle Programmierungen zu löschen. „Es ist wie eine Lichtreinigung, als würde man alles durchputzen. Die Dunkelwesen fürchten sich! Die Funken meiner Kinder strahlen die ganze Zeit. Sie müssen sie nicht immer wieder zum Strahlen bringen oder aktivieren, so wie wir. Da die Kinder nicht durch das luziferische Licht gegangen sind, haben sie keinerlei Einschränkungen. Sie strahlen so hell! Sie können ihr Licht so hell strahlen lassen, dass die Lichter anderer Seelen gleich mitstrahlen."

Behandler: „Wir inkarnieren nicht mit unserem vollständigen Licht, bestimmte Anteile werden zurückgehalten. Kannst du etwas darüber in Erfahrung bringen?" Klientin: „Anteile unseres Lichts werden als Energiequellen in Käfigen gefangen gehalten. Sie werden gut weggesperrt, damit sie nicht entkommen können. Die Dunkelwesen haben gehörigen Respekt vor diesen Lichtern. Wir inkarnieren nicht mit unserem gesamten Licht. Wie viel Licht wir zurücklassen, hängt von den Absprachen ab, die wir treffen. Die Dämonen zweigen immer mehr Licht ab, je öfter wir inkarnieren. Das Licht wird von Inkarnation zu Inkarnation weniger und die Bedingungen immer schwieriger. Die Kinder wollen viele Seelenlichter aus der Matrix herausführen. Diese Aufgabe haben sie sich selbst auferlegt."

Behandler: „Kannst du noch etwas zu den gefangenen Seelenlichtern sagen?" Klientin: „Sie sind wie Gefäße mit Kerzen, die kleine Lichtlein enthalten wie Glühbirnen – Teile des Seelenlichts und des Funkens. Manche Seelen haben ihre Funken verloren. Man kann sie durch ein Clearing befreien." Behandler: „Durch ein Clearing?" Klientin: „Ja. Man kann sie ebenso befreien wie Seelenanteile, die man an Dämonen verloren hat. Man erhält sie wieder zurück. Seelen, die ihren Funken verlieren, sind mega geschwächt. In jeder Inkarnation wird der Seele mehr und mehr Seelenlicht geraubt. Wer den Funken hat, kann sein Seelenlicht zurückerlangen. Der Funke ist etwas sehr Persönliches. Man kann ihn herbeirufen. Wenn man entsprechende Abmachungen mit den Dämonen löst, kommt er zurück! Die Seele steht unter starker Kontrolle der Dunkelwesen, wenn ihr der Funke fehlt."

Die Klientin und ich realisierten nun, warum sie in der Nacht vor unserem Termin den „Drohtraum" hatte. Sie hatte während unserer Sitzung in ihrem „funkenerfüllten" Zustand Zugang zu bedeutsamen Informationen. Demnach kann jemand seinen Funken zurückerlangen, indem er jene Verträge löst, in denen er der Rückhaltung von Seelenlicht und Funken zugestimmt hat. Die Klientin erklärte weiter: „Es ist notwendig, das eigene Seelenlicht und den eigenen Funken immer wieder zu aktivieren. Dies führt uns aus sorgen- und leidvollen Befindlichkeiten heraus. Stattdessen begeben wir uns in einen äußert ressourcenvollen Zustand, in dem wir fühlen, dass alles in Ordnung ist. In diesem Seinszustand erscheint nichts schlimm. Alle Schwierigkeiten und Herausforderungen sind nichtig. Manche Probleme lösen sich so ganz von selbst. Dann hält uns nichts mehr auf! Alles ist easy! Wenn in unserem materiellen Leben irgendein Problem auftritt, sind wir emotional sofort wieder im Leiden. Egal, was ist – wenn ich Licht und Funken aktiviere, spüre ich, dass alles gut ist. Man sollte sie immer wieder strahlen lassen, dann ist alles leichter. Nicht kämpfen! Manche Probleme lösen sich, sobald man nur hell genug strahlt. Das ist für den Alltag sehr praktisch."

Behandler: „Bitte betrachte noch einmal die gefangenen Funken und das gefangene Seelenlicht. Kannst du noch irgendetwas dazu sagen?" Klientin: „Wir sind sehr geschwächt, wenn wir Anteile des Seelenlichts und den Funken verlieren. Die Dunkelwesen können uns auf diese Weise besser kontrollieren, beherrschen und uns schaden. Wir sind wie Marionetten, deren Fäden sie ziehen, um uns leiden zu lassen und klein und schwach zu halten. Wenn sie nichts von uns haben, keine Seelenanteile und kein Licht, können sie uns nicht mehr kontrollieren oder leiden lassen, dann funktionieren ihre Strategien nicht mehr."

Behandler: „Wie können wir den Funken befreien, wenn er gefangen ist?" Klientin: „Er ist immer noch eng mit seinem Besitzer verbunden. Diese Verbindung kann nicht dauerhaft getrennt werden. Man kann ihn rufen. Wenn er nicht zurückkommt, muss man Abmachungen und Verträge lösen. Wenn sie nichts von uns haben, keinen Funken und kein Seelenlicht, dann haben die Dunkelwesen keine Macht mehr über uns. Gar keine! Sie können sich abmühen, wie sie wollen. Dann sind wir komplett in unserer Kraft, in unserem Licht. Dann suchen sie schleunigst das Weite. Dann haben sie so was von Angst vor uns. Licht besiegt die Dunkelheit. Es ist für uns alle hilfreich, in den Zustand zu kommen, in dem ich jetzt gerade bin. Funken spüren und Seelenlicht fließen lassen. Der Funke arbeitet für uns. Ich kann auch Licht befreien, das nicht zu mir gehört. Wenn ich diese Käfige wahrnehme und dann mit meinem Funken und meinem Licht erscheine, dann strahle ich so hell, dass sich die Käfige auflösen! Das Licht und die Funken fliegen dann zurück zu ihren Besitzern. Wir müssen gar nicht viel tun. Der Funke strahlt noch viel heller als das Seelenlicht. Er strahlt kristallines Licht aus, das blenden kann, weil es so unglaublich hell ist. Das zeigt, das Dunkle ist eine Illusion, es hat keinen Bestand. Ohne unser Licht und ihre Tricks hat die dunkle Seite keine Chance gegen uns. Mein eigenes Licht und mein Funken sind vollständig befreit. Es gibt nichts, was noch im Käfig wäre."

<hr>

Behandler: „Prima. Schau doch bitte einmal, ob das bei mir ebenso so ist. Wennschon, dennschon ..." Klientin lachend: „Ich sehe dich genauso hell, genauso strahlend mit deinem Funken. Du hast alles Licht zurückerhalten. Ich sehe aber, dass du Klienten hast, deren Licht und Funken in Käfigen existieren. Du kannst diese Käfige auflösen! Die Käfige, die ich aufgelöst habe, gehörten zu Menschen aus meiner Umgebung und Familie. Du kannst das auch für deine Klienten tun. Du musst nichts Aktives tun, wo man sagen könnte, du wärst übergriffig. Nur an sie denken. Es geschieht zum höchsten Wohle aller! Du lässt dein Licht strahlen und es geschieht ganz von selbst. Das kannst du auf jeden Fall machen und fokussieren. Wenn wir in unserem Seelenlicht und Funken baden, dann strahlt unser Licht ebenso hell, wie ich das Licht meiner Töchter wahrnehme. Dann ist alles vollständig. Es ist wirklich ein richtig schöner, heller Zustand. Man ist beschützt und bietet keine Angriffsfläche. Man badet im Ur-Quellenlicht. Sobald uns irgendetwas schwächt, können wir es sofort ausgleichen, indem wir unser Licht wieder strahlen lassen. Es kann geschehen, dass dir irgendein Problem oder eine Herausforderung wieder etwas von deinem Seelenlicht raubt oder es schwächt, aber dein Funke kann es problemlos wieder auffüllen. Man kann sich mit anderen Seelenlichtern und Funken verbinden. Wenn wir uns als Familie zusammentun, mein Mann, meine Kinder und ich, dann strahlen wir noch heller, weil wir zu viert verbunden sind."

Behandler: „Wir sollten nicht nur unser eigenes Licht strahlen lassen, wenn wir an uns arbeiten, sondern uns jedes Mal mit allen Funken und Seelenlichtern verbinden, die gerade verfügbar sind und mitmachen möchten. Dann sind wir alle um ein Vielfaches stärker, die Verbindung tut allen gut! Man stärkt sich gegenseitig und kitzelt die anderen, noch schlafenden Funken wach. Manche Funken wurden von der dunklen Seite mit einer Kruste umgeben, um zu verhindern, dass der betreffende Mensch seine göttliche Essenz wahrnehmen kann. Tun sich viele Funken zusammen, bricht die Verkrustung auf, sodass die jeweiligen Besitzer zu ihrer Schöpferkraft erwachen. Was glaubst du, wie ich bei meinen Klienten vorgehen könnte?" Klientin: „Einfach deinen Funken wahrnehmen und strahlen lassen, an deine Klienten denken und ihre eingesperrten Seelenlichter. Dann müsste alles von selbst geschehen. Vielleicht ist ein Nachbar von dir dabei oder wer auch immer in deiner Umgebung ist. Wenn wir uns fokussieren, können wir reichlich aufräumen, immer wieder. Im Clearing rutschen die Dunkelwesen einfach ab. Wenn das Licht des Klienten leuchtet, finden sie keinen Halt mehr." Behandler: „Wow! Was für eine Sitzung! Vielen lieben Dank für diese erhellende Reise!"

Diese Rückführung ist eine von vielen, in denen die Klienten und Mitglieder unserer Arbeitsgruppe mit aktiviertem Seelenlicht und Funken Zugang zu unendlich wertvollen Informationen erhalten. Die junge Dame, die die geschilderte Rückführung erlebte, ist Mitglied unseres Funkenteams. Mittlerweile nennen wir sie „unsere Manifestations-Queen", weil sie sich beharrlich und mit großem Erfolg genau die Lebensumstände erschafft, die sie sich wünscht. Sie erkennt NPCs, sobald diese in ihr Leben treten, und ist in der Lage, eine ungute Einflussnahme auf ihr Leben zu verhindern. Die Arbeit mit dem göttlichen Funken ist ein wahrer Segen. Sie muss noch intensiver erkundet werden und bleibt hoch spannend!

Eine große Seele eingesperrt in einem kleinen Körper

In einer Rückführung arbeitete ich mit dem Ehemann der Klientin, deren Geschichte im letzten Fallbeispiel geschildert wurde. Wir wollten erkunden, auf welche Weise der Klient zur Erde gekommen war und welche Absprachen, Vereinbarungen und Programmierungen man ihm aufgebürdet hatte. Einige Monate vor der Rückführung hatte der Klient ein Clearing durchlaufen. Er ließ mich bereits damals wissen, er könne auf der energetischen Ebene bei Weitem nicht so viel wahrnehmen wie seine Frau, was er zutiefst bedauerte. Er hätte sehr gerne einen ebenso leichten Zugang zu spirituellen Themen und Übungen gehabt wie sie. Was wir beide nicht wussten: In der Rückführung sollten wir die Gründe für die eingeschränkte Wahrnehmungsfähigkeit des Klienten erfahren.

Der Klient nahm sich als ein großes Lichtwesen wahr, das die Erde von oben betrachtete. Er sah das Gitter, das den Planeten umgibt, und beschrieb es als eine Art Spinnennetz, das aus hellblauen Blitzen besteht. Klient: „Ich sehe eine Öffnung, die wie ein Dreieck aussieht. Es gibt noch weitere Öffnungen, aber diese eine ist schwarz, während ich durch die anderen hindurchschauen kann. Ich gehe hindurch – und dann weiß ich nichts mehr." Behandler: „Bitte fülle dich mit deinem Funkenlicht an und begib dich zurück zur Ausgangsposition. Geh dann bitte noch einmal durch die Öffnung, aber ganz langsam und berichte, was du wahrnehmen kannst. Was kannst du hören, sehen, fühlen?" Klient: „Es ist ein schwarzer Tunnel, eine schwarze Röhre. Da, wo ich gerade bin, ist es hell, als wäre dieser Bereich von einer Taschenlampe erleuchtet. Die restliche Umgebung ist dunkel. Jetzt geht es nach unten, nicht direkt, sondern hoch und runter wie auf einer Achterbahn. Mein Körper ist hibbelig. Zuckt. Ist ganz aufgeregt. Ganz komisch. Kalt. Unangenehm. Anstrengend. Die Energien werden dichter. Ich habe das Gefühl, dass mich jemand von hinten bei der Schulter und den Oberarmen fasst und mich zusammen- oder herunterdrückt. Meine Beine fühlen sich schummerig an. Irgendjemand formt meinen Körper. Ich spüre ein aufgeregtes Gefühl im Bauch, als hätte ich zu viel Cola oder Kaffee getrunken. Mir kommt der Gedanke, dass ich in den Körper hineingedrückt werden soll, den ich jetzt habe. Ich soll da rein, damit ich mich nicht so stark und groß fühle, sondern kleingehalten werde. Ich soll mich als Mann klein fühlen. Und die Außenwelt soll mir bestätigen, dass ich klein bin." Zur Erklärung:

Der Klient misst 1,60 m. Er fuhr fort: „Ich werde in meinen Körper gequetscht. Es ist dicht und eng. Zu viel Masse auf kleinem Raum." Behandler: „Was genau ist die Masse?" Klient: „Die Masse bin ich. Mein Licht und meine Energie. Sie werden verdichtet und zusammengedrückt, kleingehalten. Nun ist es etwas entspannter. Das Hibbelige ist weg und der Druck ebenfalls. Ich bin jetzt wieder entspannt."

Da es dem Klienten schwerfiel wahrzunehmen, was mit ihm geschah, und es immer wieder längere Pausen gab, bat ich ihn, seinen Funken strahlen zu lassen, um seine Wahrnehmung zu verbessern. Klient: „Ich bin irgendwo auf der Erde, keine Ahnung. Ich sehe das Bild einer Landschaft, den Grand Canyon. Ich fliege etwa 5 Meter über dem Boden und erkunde die Gegend. Da ist niemand. Ich bin in einer Wüste mit komischen Büschen und roten Bergen. Ich fliege hin und her und schaue mir alles an." Da es wieder eine längere Pause gab, bat ich den Klienten: „Geh bitte zur nächsten bedeutsamen Szene." Klient: „Ich sehe einen Berg in der Wüste. Dort ist ein Indianerstamm. Die Menschen tanzen ums Feuer. Ich schaue von oben zu und finde das cool. Wieder werde ich hibbelig und bin durcheinander. Nun sehe ich mich als Mann, der ein Baby trägt, das in eine Decke gewickelt ist. Ich halte das Baby." Da die Wahrnehmung an dieser Stelle erneut abriss, bat ich den Klienten, seinen Funken noch stärker strahlen zu lassen und ihm zu zeigen, was weiter geschehen war. Er sah, wie er auf einem Pferd ritt, mehr jedoch nicht. Daher führte ich ihn in das Planungsstadium seines heutigen Lebens.

Klient: „Ich laufe auf Wolken. Ich sehe ein Lichtpodest, das aus Wolken besteht, und drei Wesenheiten. Sie haben keine richtige Gestalt, kein Gesicht. Sie sehen gräulich aus, mit langem weißem Haar. Ich stehe vor ihnen". Die drei Wesen waren Vertreter des Ältestenrats. Klient: „Ich stehe da als Mann mit einem kleinen Körper, damit ich nach außen hin nicht groß und stark wirke und von der Gesellschaft das Prädikat ‚klein‘ aufgedrückt bekomme. Die wollen mich körperlich und auch anderweitig komplett kleinhalten – und stecken mich in diesen Körper, der viel zu klein für mich ist! Meine Muskeln verspannen. Ich bin zu groß für diesen Körper! Ich bekomme ihn aufgezwungen, damit ich nicht in meine Stärke komme. Ich soll nicht wissen, wer und was ich bin. Ihr Hauptanliegen ist es, mich kleinzuhalten. Ich soll nicht wissen, was los ist. Ich soll alles vergessen. Und so soll es bleiben. Ich soll nicht herausfinden, was wirklich los ist. Ich soll unwissend bleiben, spirituell und auch in anderer Hinsicht. Aber dann kam meine kleine Tochter zur Welt und ich habe die Spiritualität für mich entdeckt. Das hatten sie nicht geplant. Meine Tochter hatten sie nicht vorausgesehen!“

An dieser Stelle bat ich den Klienten, den Vertrag zu lösen, dass er sich nicht erinnern und nicht wissen soll, was und wer er ist. Danach fuhr er fort: „Meine Mutter ist depressiv. Auffällig ist, dass ich depressive Menschen in mein Leben ziehe, die meine Energie anzapfen. Sie sollen mich gedämpft halten, vor allem meine Freude. Und dass ich nicht weiß, wer ich bin. Ich soll ein Mitläufer sein und mich immer anpassen. Ich soll nicht auffallen, daher bin ich so klein. Ich soll nicht sagen oder wissen, was ich will.“ Ich bat den Klienten noch einmal zu betonen: „Ich erinnere mich jetzt an alles, was wichtig für mich ist.“

Der Klient sprach es und fuhr fort: „Meine Eltern haben mich als Kind nicht geliebt, damit ich keine Emotionen gezeigt bekomme. Meine Eltern wurden dazu benutzt, mich emotional zu dämpfen. Beruflich bin ich einige Umwege gegangen, aber schließlich doch noch dahin gekommen, zu tun, was ich will und was mir Spaß bereitet. Ich soll keine Partnerin haben, die mir auf Augenhöhe begegnet, intellektuell wie spirituell. Dann kam meine heutige Frau …

Meine Frau hatten die Wesen nicht vorausgesehen. Ich sollte eine Partnerin haben, mit der ich mich nicht auf Augenhöhe unterhalten kann – auch das sollte mich kleinhalten. Dadurch sollte ich nicht in meine Stärke kommen. Was Krankheiten angeht, so ist mein Körper sehr robust, weil ich so klein bin."

Der Klient hatte nicht klein sein wollen, also fragte ich ihn, ob er zugestimmt oder sich dagegen gewehrt hatte. Klient: „Ich sage: Ich will nicht klein sein! Und der Ältestenrat, dass es dennoch so sein wird. Weil ich es verdient hätte. Weil ich zu stark bin." Behandler: „Was genau macht dich so stark? Und warum hast du es verdient? Gibt es irgendeine Ursache aus einem Vorleben?" Klient: „Nein, kein Vorleben. Mein Licht macht mich zu stark. Deren Hauptanliegen ist es, mich nicht in meine Stärke kommen zu lassen. Und dass die Außenwelt mir dies bestätigt." Da der Klient sich scheinbar kaum bis gar nicht gewehrt hatte, hakte ich nach: „In welcher geistigen und emotionalen Verfassung warst du, als du vor dem Ältestenrat gestanden hast?" Klient: „Kraftlos. Unwissend. Ganz anders als jetzt." Demnach war der Klient noch vor seinem Treffen mit dem Ältestenrat elektrogeschockt worden. Sein Gedächtnis war bereits gelöscht. Ist eine Seele nicht mehr im Vollbesitz ihrer Kräfte und ihres Erinnerungsvermögens, haben die Dunkelwesen leichtes Spiel. Sie wird sich nicht oder nur halbherzig wehren, da sie emotional und geistig nicht mehr dazu in der Lage ist. Ihr Kopf ist wie leergefegt, ihr fehlt der freie Wille – wie praktisch für die betrügerischen Archonten.

Nachdem die Audienz beim Ältestenrat beendet war, bat ich den Klienten, sich mit seinem Funkenlicht anzufüllen und sich oberhalb des Tunnels des Vergessens zu positionieren. Wir riefen noch andere Funken herbei, die ihr Licht gebündelt in den Tunnel strahlen ließen, um alle hypnotischen Befehle, Bilder, Energien, Emotionen und Programmierungen zu löschen.

Der Klient erklärte:„Ich soll mich an gar nichts mehr erinnern! An gar nichts! An aber auch wirklich gar nichts! An null!" Diese Programmierung hoben wir unverzüglich auf, bevor sich der Klient weiter auf den Strudel konzentrierte. Klient: „Meine Emotionen sollen gedämpft sein. Ich soll klein sein, nicht in meine Stärke kommen dürfen. Ich soll nicht wissen, was und wer ich bin. Ich soll mich kleinmachen, als Mitläufer unter dem Radar bleiben. Ich soll mich immer anpassen an andere. Sie wollen unterdrücken, dass ich ich selbst bin. Ich soll körperlich klein sein und on top von anderen kleingehalten werden, die mir auch noch kundtun, wie klein ich bin. Ich vergesse, dass ich ein Lichtwesen bin. Ich soll nicht in meine Spiritualität kommen, kein spirituelles Wissen erwerben. Ich soll nicht wissen, dass es Spiritualität überhaupt gibt! Und ich soll nicht wissen, an wen ich mich wenden kann. Egal in welchem Bereich, ich soll kleingehalten werden! Die Gefühle sollen gedämpft und kleingehalten werden. Mein Körper ist klein. Meine Spiritualität. Alles! Kleingehalten werden zieht sich durch mein gesamtes Leben! Aber die Dunkelwesen hatten meine Frau und meine beiden Töchter nicht auf dem Schirm, nicht geplant. Ich wurde kleingehalten – und dann kam meine Frau. Und es wurde anders! Meine Frau hat ihren Plan durchkreuzt. Und als meine kleine Tochter geboren wurde, änderte sich mein Leben komplett und ich begann, mich für Spiritualität zu interessieren." Wir baten die Funken noch, sämtliche Programmierungen im Tunnel zu löschen. Er wurde mit Licht durchflutet und erstrahlte hell. Er leuchtete nun an seinem Anfang und an seinem Ende wie eine Leuchtröhre. Behandler: „Wie fühlst du dich jetzt?" Klient: „Stark!" Behandler: „Wie groß bist du?" Klient: „Fünf Meter!" Behandler: „Wie stark bist du?" Klient: „Unendlich!"

Beim Klienten hatte sich nach der Sitzung im Hinblick auf die spirituelle Wahrnehmung noch nicht viel getan. Es musste demnach weitere Ursachen geben, die ihn blockierten. Erst als ich noch einmal mit seiner Ehefrau arbeitete, die als Stellvertreter für ihn in die Rückführung ging, um alle Fremdenergien und Kontrakte zu eliminieren, die seine Wahrnehmung und sein Gefühlsleben einschränkten, konnten wir einen bemerkenswerten Durchbruch erzielen. Der Klient hatte stets Schwierigkeiten, seine Gefühle und die anderer Menschen wahrzunehmen. Nach der Sitzung war diese Blockade wie weggeblasen. Der Klient fühlt seither eine nie gekannte emotionale Verbundenheit zu Frau und Kindern, nimmt seine Gefühle und die anderer viel deutlicher wahr und ist sehr glücklich darüber.

Ehestreitigkeiten

Die Klientin lebte in einer glücklichen Ehe, in der allerdings in schöner Regelmäßigkeit die Fetzen flogen. Die beiden hatten eine innige Liebesbeziehung. Ihre Konflikte waren jedoch heftig und führten zu tiefen Verletzungen auf beiden Seiten, die völlig unnötig waren. Durch frühere Rückführungen wussten die Klientin und ihr Mann, dass sie miteinander zur Erde gekommen waren. Sie hatten ihren Inkarnationsverträgen gemeinsam zugestimmt und würden die Matrix nach diesem Leben auch gemeinsam wieder verlassen – so hatten sie es abgesprochen. Die Streitigkeiten wollten beide nicht hinnehmen. Die Klientin hatte in einer eiligen Aktion alle Absprachen, die sie mit ihrem Mann für die aktuelle Inkarnation getroffen hatte, für null und nichtig erklärt. Sie dachte, auf diese Weise wären beide zu nichts gezwungen und könnten aus freiem Willen zusammenbleiben. Als ihr Mann dies hörte, flippte er aus und sie stritten sich erneut. Die Rückführung sollte zeigen, ob sie und ihr Ehemann den heftigen Konflikten vertraglich zugestimmt hatten oder ob diese Streitigkeiten ohne ihr Wissen im Tunnel des Vergessens „zwangsprogrammiert" worden waren.

Ich führte die Klientin in Trance und anschließend in das Planungsstadium der heutigen Inkarnation. Sie erklärte: „Mein Mann und ich stehen vor diesem Gericht (Ältestenrat). Wir sind immer zusammen, nie getrennt. Wir hatten einige unschöne Vorleben miteinander und fordern beide, dass wir im nächsten Leben endlich friedlich als Paar zusammenleben und glücklich werden möchten. Ohne dass etwas oder jemand dazwischenfunkt." Die Klientin fuhr fort: „Die Wesen grinsen vielsagend. Da ist ein Schreiber, der alles, was wir fordern, ins Gegenteil verkehrt und schriftlich festhält. Wenn wir beispielsweise sagen, wir wollen nicht, dass jemand dazwischenfunkt, dann hält der Schreiber fest, es sollen zunächst einmal viele dazwischenfunken. Ja, klar. Ja, sicher! Wir sind sauer, weil es immer schiefgeht und jemand die Beziehung stört! In einem Leben waren wir getrennt, weil mein Mann dachte, ich hätte seine Mutter beklaut. Ich war damals Dienstmädchen auf einer Plantage, er der Sohn des Hauses. Wir hatten eine Beziehung begonnen, von der seine Mutter wusste. Sie schickte mich zur Arbeit aufs Feld, damit ich nicht mehr im Haus und in seiner Nähe war. Sie versteckte Schmuckstücke unter meiner Matratze, sodass er sich von mir trennte und ich ins Gefängnis kam. Die Mutter ähnelt meiner Schwiegermutter im heutigen Leben. Sie ist eine innerlich schwarze und hohle Gestalt mit einer ähnlichen Programmierung, ein NPC. Mein Mann und ich können uns an jenes Vorleben erinnern – und wir beschweren uns!" Einer der Dämonen fragt: „Was wollt ihr denn?"

Klientin: „Wir nehmen uns an den Händen und sagen: Wir sind jetzt ein ganzes Leben lang zusammen. Wir wollen uns finden, um gemeinsam glücklich zu sein. Wir wissen, dass das heutige Leben unsere letzte Inkarnation ist. Das fordern wir. Danach sind wir fertig hier auf der Erde und gehen nach Hause." Nun erklärte die Klientin: „Das Wesen lacht sich kaputt! Und schaut vielsagend zum

Schreiber." Behandler: „Welche Augenfarbe hat es?" Klientin: „Rot! Es sagt uns, es ist ja schön, was ihr wollt – und der Schreiber schreibt die ganze Zeit, eine ganze Litanei. Der gibt uns eine extra Dosis, wie folgt: Die wollen sich finden? Dann müssen sie sich erst sehr suchen! Die wollen, dass keiner dazwischenfunkt? Dann müssen zunächst viele dazwischenfunken. Der Schreiber dreht alles um! Alles ist ins Gegenteil verkehrt! Das Dunkelwesen bedeutet dem Schreiber, er solle gut zuhören und alles mitschreiben. Wir sagen, wir wollen in Frieden und glücklich zusammenleben. Und das Dunkelwesen instruiert den Schreiber telepathisch, ohne dass wir es wahrnehmen können: Dann müssen sie zuerst einmal lernen, was Unfrieden und Unglück ist. Dann müssen sie sich erst bekriegen, damit sie Frieden und Glück zu schätzen wissen. Das Unglück kommt zuerst." Behandler: „Habt ihr das damals gewusst, dass eure Wünsche und Ziele umgedreht werden?" Klientin: „Nein, wir haben das gar nicht mitbekommen. Wir waren so euphorisch und freuten uns, dass wir nun endlich zusammen sein konnten. Wir waren sehr bemüht, alles positiv zu formulieren, nichts falsch zu machen." Behandler: „Wenn die aktuelle Inkarnation eure letzte sein sollte, warum habt ihr euch dann für Kinder entschieden?" Klientin: „Dieses Mal wollten wir die Kinder bekommen, die man uns in den letzten Leben geklaut hat und gemeinsam glücklich werden. Wir wollten als glückliche Familie zusammenleben. Das Dunkelwesen guckt schon wieder so seltsam zum Schreiber. Die sagen, die Kinder sind nicht zwingend von uns beiden." Und in der Tat war der Mann der Klientin bereits verheiratet gewesen und hatte drei Kinder mit seiner ersten Frau. Die Klientin schilderte nun, wie die Ex-Frau ihres Mannes auf der Astralebene zu ihnen stieß. Diese hatte keine Lust zu inkarnieren, schien willenlos, teilnahmslos, wie hypnotisiert, gehirngewaschen und ferngesteuert zu sein. Sie war unglücklich, wurde aber letztlich zur Inkarnation gezwungen und sollte die Beziehung zwischen der Klientin und ihrem Mann torpedieren.

Klientin: „Mein Mann und ich wissen, dass unser Vertrag auf der Erde mit diesem Leben endet. Aber da ist dieses Dunkelwesen. Es sagt, das werden wir noch sehen und sendet wieder eine telepathische Botschaft an den Schreiber. Wenn ihr das schafft, sagt das Dunkelwesen, als glückliche Familie zusammenzuleben, war das eure letzte Inkarnation. Wenn nicht, fangt ihr wieder von vorn an. Wir sind furchtlos und stimmen zu." Behandler: „Wie kommt es, dass eure Erinnerungen intakt sind und ihr euch an Abmachungen und Vorleben erinnern könnt?" Klientin: „Wir haben keine Elektroschocks erhalten. Wir sind irgendwie daran vorbeigeschlittert. Als die Dunkelwesen kamen und sagten, jetzt ist es Zeit, auf die Erde zu gehen, haben wir gesagt, dass wir freiwillig gehen und keine Schocks benötigen. Unsere Erinnerungen sollen intakt bleiben. Da wurden die Dämonen wütend. Aber mein Mann und ich wissen ganz genau, dass wir gemeinsam auf die Erde kamen und den Vertrag freiwillig unterschrieben haben. Wir werden anders behandelt als Seelen, die unfreiwillig inkarnieren. Wir werden nicht so drangsaliert und gefoltert – das steht auch im Vertrag. Sie haben uns durch Versprechungen geködert, indem sie uns das Leben schmackhaft machten. Wenn etwas Gutes nicht eingetreten ist, haben sie uns vertröstet. Mein Mann und ich sehen, dass andere Seelen zur Inkarnation gezwungen werden."

Behandler: „Wo habt ihr euch zwischen den Leben aufgehalten?" Klientin: „In einer Stadt. In einer Art kriminellem Viertel wie der Bronx oder so ähnlich. Dort lässt man uns den freien Willen, weil wir freiwillig zur Erde gekommen sind. Wir haben eine innere Gewissheit, eine Bruststimme, die uns sagt, was wir machen sollen. Das ist der göttliche Funke, der uns über die ganzen Leben hinweg angeleitet und geschützt hat. Der Funke ist wie ein riesiges Licht, eine Wunderkerze, aber viel stärker. Er hat uns immer vor den Elektroschocks bewahrt. Der Funke tarnt sich, wenn die Dunkelwesen durch die Stadt gehen, und kann uns unsichtbar machen.

Die Dunkelwesen verschonen einen dann mit Elektroschocks. Mit getarntem Funken sehen wir für sie ungefährlich aus. So hat sich auch Tante Agnes geschützt. Sie hat sich für die Dunkelwesen unsichtbar gemacht. Der Funken tarnt sich nach außen, strahlt nicht nach außen und die Dunkelwesen nehmen ihn nicht wahr. Er strahlt aber nach innen mit voller Kraft. Wenn ein Dunkelwesen eine Seele mit getarntem Funken wahrnimmt, erscheint diese innerlich schwarz und wird von den Dunkelwesen nicht als gefährlich wahrgenommen."

Nun ging die Klientin noch einmal in die Situation zurück, als die Ex-Frau ihres Mannes die Szenerie betrat. Klientin: „Sie war bereits elektrogeschockt. Sie will meinen Mann gar nicht heiraten, wird aber gezwungen. Sie ist eine verletzte Seele. Mein Mann nimmt sie nicht wahr, ich aber schon. Die Ex-Frau ist der Deal! Das Wesen sagt, es ist doch gar nicht so schlimm. Du bist die Jüngere und dein Mann kann sich vor eurer Ehe noch austoben. Schließlich sind mein Mann und ich einverstanden. Die Elektroschocks bleiben uns erspart."

Behandler: „Geh bitte zu jenem Zeitpunkt zurück, an dem du dich mit deinem Mann für das aktuelle Leben abgesprochen hast, noch vor der Besprechung beim Ältestenrat. Wir wollen in Erfahrung bringen, was genau ihr vereinbart hattet." Klientin: „Wir sind in dieser Stadt wie in der Bronx. Dort ist es gefährlich. Dunkelwesen patrouillieren als Wächter. Sie schnappen sich Seelen, die dann auf der Erde inkarnieren müssen. Sie haben Taserwaffen, Elektroschockpistolen, aus denen sie Blitze auf Seelen abfeuern. Die Seelen werden dann abgeführt. Meinen Mann und mich lassen sie in Frieden, weil sich unser Funke tarnt und nach außen hin nicht sichtbar ist. Für sie sind wir innerlich schwarz und wollen außerdem freiwillig auf die Erde. Wir gehen auf die Wächter zu und sagen, dass wir jetzt hier weg und inkarnieren wollen. Es ist so wichtig, dass wir als Mann und Frau zusammenkommen, dass wir heiraten und zusammen alt werden. Wir wollen zwei Kinder haben, also noch zwei Seelen mitnehmen und befreien. Wir müssen den Menschen beibringen, dass sie einen Funken haben, damit sie sich selbst befreien können. Die beiden Kinder waren in vielen Leben bei uns, wurden uns jedoch weggenommen oder verstarben. Wenn unsere Kinder wiederum Kinder haben, können sie diese auch über die Matrix und den Ausweg aufklären. Die Wesen zwingen immer mehr Seelen, auf die Erde zu kommen. Die Nahrung der Dunkelwesen und die Zeit werden knapp. Es gibt zu viele von ihnen und nicht genügend Nahrung. Luzifer ist wütend und macht Druck, aber er wird immer schwächer. Er braucht Nahrung und sein Ultimatum läuft aus (seine Herrschaft über die Erde). Er braucht die Seelen."

Strudel des Vergessens

Nach dem Aufenthalt beim Ältestenrat ging es für das Paar in den Strudel des Vergessens. Der Ehemann der Klientin drehte sich noch einmal zu ihr um und sprach: „Du weißt ja. Sei aufmerksam, damit wir uns auch wiederfinden." Behandler zur Klientin: „Füll dich mit Funkenlicht an und positioniere dich über dem Strudel, durch den dein Mann jetzt geht. Wir rufen jetzt weitere Funken herbei, die helfen wollen. Liebe Funken, fusioniert euch, bündelt euer Ur-Quellenlicht und strahlt es gemeinsam in den Strudel hinein."

Die Klientin nahm nun mit allen Sinnen die Programmierungen ihres Mannes wahr. „Es ist sehr unangenehm im Strudel. Die hypnotischen Befehle lauten: Du wirst ständig an dir zweifeln. Deine Männlichkeit wird infrage gestellt. Du hast keinen Willen. Du gibst dich auf. Du kommst nicht in deine Kraft. Dein Funke kann dir auch nicht helfen. Du bist ein Loser. Du weißt am Ende nicht einmal mehr, ob du männlich oder weiblich bist. Du kriegst sie nicht (seine Frau, meine Klientin). Du wirst resignieren. Du verlierst den Glauben an das Gute. Du siehst nur noch Arbeit. Belohnung und Anerkennung sind dir nicht gegönnt. Wie gewonnen, so zerronnen. Alles, was du dir verdienst, musst du direkt wieder abgeben. Du gehst leer aus, musst hart kämpfen und arbeiten. Du kannst es nicht genießen, bist zu müde und abgekämpft. Du läufst wie in einem Hamsterrad. Du fühlst dich nur wohl, wenn du arbeitest. Du musst dich nützlich machen."

Nachdem wir alles deprogrammiert hatten, richteten wir die gesamten Funkenenergien auf den Strudel des Vergessens, durch den die Klientin gegangen war. Sie erinnerte sich an ihre Programmierungen: „Du schlitterst immer haarscharf am Erfolg vorbei. Du hast viele Talente, aber keines davon ist durchschlagend. Du wirst allen zuschauen, wie sie erfolgreich sind, nur du nicht. Du wirst immer hungern nach wahrer Liebe, sie zerrinnt dir zwischen den Fingern. Du kriegst ihn nicht (den heutigen Ehemann), du bist nur 2. Wahl. Du wirst ihn nicht richtig heiraten, alles wird nur Fake sein." (Die Klientin konnte ihren geschiedenen Mann nicht kirchlich heiraten, sondern nur standesamtlich, das war mit der Aussage gemeint.) „Du wirst nicht glücklich, nicht erfüllt von Glück. Niemand wird dich verstehen. Du bist schuld an allem, was um dich herum geschieht und wirst verantwortlich gemacht für alles, was passiert, was schiefgeht. Du bist lächerlich. Du bist erbärmlich. Du wirst dein Strahlen niemals wahrnehmen können. Du sorgst nur für Ärger, Hass und Neid. Sie werden dich beneiden und du beneidest sie. Sie werden dich hassen, den Tag verfluchen, an dem du geboren bist. Sie werden dich in den Tod treiben. Wir kriegen dich schon klein. Wir werden einen Weg finden, euch zu trennen. Du bist jämmerlich. Du wirst keine Freunde haben, keine Glaubwürdigkeit. Du bist nicht ernst zu nehmen. Du hast viele Talente und wirst sie nie richtig genießen können."

Nachdem wir die Programmierungen im Tunnel gelöst hatten, bat ich die Klientin, noch etwas über die Städte zu sagen, die auf den Astralebenen existieren. Klientin: „Die Seelen, die nicht durch das Licht oder den Lichttunnel gehen, können sich dort aufhalten. Sie können die Städte allerdings nur durch eine Inkarnation wieder verlassen. Dort herrschen kriegsähnliche Zustände. Es gibt verschiedene Dimensionen innerhalb der Matrix, die etwas freier sind als die Dimensionen, die die Seelen erreichen, die durch das Licht gehen. Aber wenn die Seelen dort nicht aufpassen, werden sie von den patrouillierenden, mit Elektroschockpistolen bewaffneten Dunkelwesen eingefangen und zwangsinkarniert.“

Beziehungslosigkeit und Verlustängste – mit sexuellem Missbrauch zur Inkarnation erpresst

Die 30-jährige Klientin aus der Schweiz litt sehr darunter, dass sie keine glückliche Beziehung zu einem Mann eingehen konnte. Immer, wenn sie jemanden kennenlernte, gestaltete sich der Kontakt schwierig und ging letztlich auseinander. Und wenn es doch einmal jemanden gab, der ihr gefiel, stellten sich starke Verlustängste ein, obwohl sie noch keine Beziehung mit diesem Mann eingegangen war. Der Muskeltest ergab, dass vertragliche Vereinbarungen im Zwischenleben die Ursache für die Beziehungsprobleme der Klientin waren.

Zwischenleben

Klientin: „Ich bin ein Geist. Ich bin verwirrt und weiß nicht, wo ich mich befinde. Da kommt jemand auf mich zu und fragt, ob er mir helfen kann. Er fasst mir an die Schulter und führt mich irgendwo hin. Er bedeutet mir, ich solle nach unten schauen. Ich sehe eine Wiese und ein spielendes Kind. Ich verstehe nicht, warum ich mir das anschauen soll. Mein Begleiter meint, ich solle genauer schauen." Behandler: „Wie sieht der Begleiter aus?" Klientin: „Er trägt einen hellen Umhang. Sein Gesicht ist schwer zu erkennen, seine Augen sind verdeckt durch eine Kapuze. Da sind noch drei weitere Gestalten (Ältestenrat). Mein Begleiter zeigt ihnen einen Daumen hoch, will heißen, er ‚bearbeitet' mich gerade. Er deutet nun wieder auf das Kind. Ich verstehe nicht, was er will. Jetzt kommen noch die Eltern dazu. Das Mädchen spielt unbeschwert, läuft zu ihrer Mutter und sie nimmt sie in den Arm. Der Vater steht daneben. Dann erscheint eine dunkle Gestalt mit einem schwarzen Umhang. Das Kind rennt zu ihm, neugierig, und zupft an seinem Umhang herum. Ich soll zuhören, was der Mann zu dem Kind sagt. Er fragt es, ob es artig sein möchte und es nickt natürlich. Ich verstehe immer noch nicht, warum ich mir das anschauen muss. Die drei Gestalten mit Umhängen und Kapuzen haben kein Gesicht. Sie stehen an einem Pult und werden langsam aggressiv. Sie diskutieren und schreiben etwas nieder (Inkarnationsvertrag)."

„Ich soll runter schauen. Ich weiß nicht, warum ich mir das anschauen muss. Jetzt geht das Mädchen mit dem Mann mit. Er nimmt sie an der Hand und führt sie weg von ihren Eltern. Er entführt das kleine Mädchen, dreht sich um und winkt den Eltern zu. Er bringt das Kind irgendwo hin, wo noch andere Leute sind – als wenn sie dem Mädchen etwas antun wollen – etwas Sexuelles, alle, die da sind! Ich sage, sie sollen das stoppen, damit ich mir das nicht anschauen muss. Bitte stoppt das!" Die Klientin weint. „Ich würde gerne helfen, aber ich kann es nicht. Ich frage, was ich tun kann, damit das aufhört. Mein Begleiter fragt mich, ob ich etwas dagegen unternehmen möchte. Ich nicke, sage ja! Die drei Gestalten (Ältestenrat) zeigen mir ein Blatt (Vertrag). Ich kann die Punkte nicht lesen, aber ich unterschreibe. Mein Begleiter klopft mir auf die Schulter und grinst. Ich frage mich, was ich da unterschrieben habe. Ich möchte den Zettel noch einmal sehen. Einer von den Gestalten nimmt das Blatt weg, damit ich es nicht lesen kann. Ich möchte aber unbedingt den Vertrag sehen. Mein Begleiter hält mich davon ab, zu den drei Gestalten zu gehen. Aber einer gibt mir jetzt den Vertrag. Darin sind Punkte aufgelistet, was mir im Leben widerfahren soll. Der Vertrag lautet: ‚Du wirst nicht lieben und nicht geliebt werden. Wenn du ein Kind bekommst, soll es dir entrissen werden. Männer sollen sich von dir abwenden. Du bleibst allein. Du sollst dir ansehen, wie andere ein glückliches Familienleben erfahren – aber du nicht.‘ Ich frage, wieso. Der Begleiter zeigt nach unten und sagt, weil ich das (den sexuellen Missbrauch des Mädchens) verhindern wollte. Ich frage: Nur deswegen soll ich keine Familie haben? Er nickt. Ich sage, wieso? Ich kann doch nichts dafür! Er sagt, dass das jetzt mein Schicksal ist.“ Behandler: „Was steht noch in dem Vertrag?“ Klientin: „Du sollst kämpfen für die Liebe. Du wirst es nicht einfach haben. Du bist nicht gut genug. So soll es sein! Das steht da! Ich werde immer verstrickt sein in schwierige Partnerschaften. Sobald ich eine Beziehung eingehe, soll mich der Partner verlassen. Es fühlt sich an, als ob ich auf einen Mann zugehe und er dreht sich immer weg. Ich soll Liebe erfahren in jeglichen Bereichen, nur nicht mit einem Mann. Es wird immer kompliziert sein. Ich soll immer leiden, wenn ich jemanden kennenlerne. Ich sehe ein Bild, auf dem ich meine Hände ausstrecke, aber nicht ans Ziel komme. Es gibt weitere Bilder. Als wenn ich immer um die Gunst von jemandem kämpfen müsste, es fühlt sich nicht locker an. Da steht: Du wirst deine große Liebe finden und wieder verlieren. Amen.“

Behandler: „Gibt es noch Aussagen speziell zu deiner Verlustangst?“ Klientin: „In einem Bild strecke ich meine Arme aus, aber der Mann dreht mir den Rücken zu. Alles ist verkrampft. Kampf, nicht locker. Ich versuche Männer krampfhaft zu halten. Ich kämpfe gegen den Vertrag an. Da gibt es noch einen Zettel, auf dem ganz groß zu lesen ist: ‚Du bist es nicht wert.‘ Ich bin nicht gut genug, geliebt zu werden. Ich schüttle den Kopf, kann nicht fassen, was ich da lesen muss. Wer unterschreibt denn so etwas? Ich bereue meine Unterschrift und frage mich, ob ich dieses Leben überhaupt leben möchte. Sie sagen: Du musst! Du hast unterschrieben! Und sie lachen. Ich überlege, ob es eine andere Möglichkeit gibt, dass das Mädchen weiterleben kann und ich den Vertrag nicht erfüllen muss. Das kann es nicht sein, ich suche nach Lösungen. Die Gestalten sind sauer, dass ich so lange überlege. Ich suche nach einem Schlupfloch, den Vertrag nicht erfüllen zu müssen. Eine Gestalt reißt mir den Zettel aus der Hand. Fertig jetzt! Ich soll runter auf die Erde. Ich habe unterschrieben, es gibt nichts mehr zu überlegen. Jetzt bekommt die Gestalt rote Augen. Ich frage: Und nun? Wie komme ich da runter? Man erklärt mir alles. Ich bin sauer, nicht einverstanden und angepisst. Ich habe keinen Bock auf das Leben, aber ich will weg von denen. Die sollen mich in Ruhe lassen."

„Mein Begleiter zeigt mir meine Mama. Sie scheint bereits schwanger zu sein. Ich denke mir: ‚Ja, doch, die sieht sympathisch aus, da gehe ich hin.‘ Die Gestalten lassen mich allein. Für sie ist die Sache erledigt. Ich warte auf meine Geburt." Behandler: „Wie gelangst du zur Erde?" Klientin: „Ich springe runter in den Mutterleib." Behandler: „Gibt es eine Rutsche oder einen Tunnel?" Klientin: „Ja. Wie eine Leiter oder Treppe, die zur Rutsche wird." Behandler: „Bitte geh in Zeitlupe hindurch und nimm mit allen Sinnen wahr, was auf der Rutsche geschieht." Klientin: „Ich höre Sätze von links und rechts. Das sind dieselben wie im Vertrag. Die gleichen Bilder. Dunkle Energien, eine Art schwarzer Rauch, kommen von links und rechts und werden in meine Herzregion geleitet. Jetzt sehe ich ein männliches Gesicht, das mir zuschaut, wie ich programmiert werde."

Ich bat die Klientin, ihren Funken zu aktivieren und zu den drei Gestalten zurückzukehren, die recht erschrocken wirkten und sagten: „Nicht schon wieder eine, die alles löschen will." Wir lösten alle Vertragsklauseln und letztlich den gesamten Vertrag auf. Im Anschluss daran programmierten wir der Klientin mithilfe ihres Funkens die gegenteiligen bzw. neue, positive Glaubenssätze ein. Sie war zu dem Vertrag und in die Inkarnation gezwungen worden, weil sie Mitgefühl hatte und den Missbrauch eines kleinen Mädchens verhindern wollte.

Die Klientin ist mittlerweile eine Beziehung eingegangen, die sich zu ihrer Freude sehr positiv gestaltet. Hin und wieder melden sich Verlustangst und ein Anflug von Eifersucht. Die Klientin hat diese Gefühle jedoch im Griff. Sie hinterfragt sie und weiß, dass sie unnötig sind.

Schwere Symptomatik

Die Klientin litt unter diversen Phobien und Ängsten. Sie hatte häufig mit Schwindelgefühlen zu kämpfen. Sie traute sich kaum aus dem Haus, da sie Angst hatte hinzufallen. Selbst im Liegen überfiel sie der Schwindel. Sie hatte ferner Angst vor dem Erbrechen. Schlucken und Trinken fielen ihr schwer, sodass sie täglich viel zu wenig Flüssigkeit zu sich nahm und auch keine Tabletten zu sich nehmen konnte. Als sie diese Symptome zum Termin am Telefon schilderte, waren die Gefühle sehr präsent. Daher führte ich sie zu jenem Ereignis zurück, wo diese erstmalig aufgetreten waren.

Vorleben

Die Klientin erlebte sich als 20- bis 22-Jährige, eingesperrt in einem dunklen Raum auf dem Boden liegend. Ihre Hände waren gefesselt, ihre Beine wie gelähmt. Sie hatte Herzrasen, Schwindelgefühle und wahnsinnige Angst. „Ich halte das nicht mehr aus. Ich will hier raus! Das ist eine Katastrophe. Ich kann nicht weg!" Sie war von Männern in Gewändern umgeben, die Ketten mit einem Kreuz trugen. Es waren Kirchenmänner. „Einer dieser Männer steht groß und mächtig über mir. Die anderen schauen auf mich runter. Ich liege da völlig ausgeliefert." Da die Klientin Panik hatte, die Situation nicht aushalten zu können, leitete ich sie an, sich zu dissoziieren und das Geschehen aus einiger Entfernung zu betrachten. Klientin: „Einer packt mich am Hals. Ich habe keine Kraft zu kämpfen. Er würgt mich, aber nicht so stark, dass ich sterbe. Er hat eine unglaubliche Wut auf mich und zeigt ansonsten Gefühlskälte. Ich habe viel Hass in mir und Resignation. Mein Kopf schwankt. Ich bekomme wieder Panik. Ich halte das nicht mehr aus. Es ist wie sterben gerade."

Nachdem wir die Klientin ein weiteres Mal dissoziiert hatten, berichtete sie weiter: „Ich liege in der Stube, mehr tot als lebendig, bin ganz allein. Keiner da, der mir helfen kann. Mir ist übel. Ich will jetzt tot sein. Aber ich sterbe nicht, das ist das Schlimmste. Ich kann nicht sterben, keiner erlöst mich. Ich spüre Verzweiflung, Einsamkeit und Angst. Ich halte das nicht mehr aus!" Nun ruft die Klientin in ihrer Not Dunkelwesen herbei: „Bitte lasst mich sterben. Ich will hier weg! Holt mich hier weg. Ich bettle darum. Ich würde alles dafür tun zu sterben. Ein Dämon geht in meinen Körper. Ich bettle und flehe. Etwas würgt mich. Der Dämon greift mit seiner Hand um meinen Hals. Ich werde ruhiger. Der Dämon liegt neben mir. Das ist schrecklich, weil es ein Dämon ist, und gut, weil ich nicht mehr allein bin. Es ist dunkel und ich wünsche mir Licht. Ein ganz helles Licht befindet sich jetzt neben mir."

Zwischenleben

„Ich steige aus meinem Körper aus und gehe in dieses Licht. Ich schwebe nach oben. Nun werde ich von Händen gepackt und hochgezogen, immer voller Panik und Angst. Ich stehe vor einem Gericht. Es sind Dämonen. Der Typ, der über mir stand, ist dabei –

und richtet mich. Ich habe ein weißes Hemdchen an und kauere da als kleine Figur. Ich werde in weißes Licht eingehüllt. Es fühlt sich alles falsch an! Ich bin immer noch in Todesangst und Schwindel. Ich will da weg!" Behandler: „Wofür werden Sie gerichtet?" Klientin: „Wegen meines Frauseins. Es geht um ein Kind und ich bin schuldig." Ich leitete die Klientin noch einmal in ihr Vorleben zurück, um in Erfahrung zu bringen, was passiert war, bevor die Männer sie gefangen genommen hatten. Klientin: „Ich wollte mein Kind vor den Männern schützen, die kamen, um es abzuholen. Da ich mich schützend vor meine Tochter gestellt hatte, haben sie mich mitgenommen. Das Kind hatte trotzdem keine Chance. Sie haben es umgebracht und mich in einen Turm gesperrt. Um mich herum liegen Menschen, die alle tot sind. Nur ich nicht. Die Männer schleppen mich aus dem Haus mit einem Strick um den Hals." (Nun ereignete sich die Szene, in der die Klientin gefesselt auf dem Boden lag und die Kirchenmänner über ihr standen.)

Behandler: „Was ist mit dem Kind geschehen?" Klientin: „Die Kinder sind entweder geopfert oder einem bösen Herrn zugeführt worden. Ich wurde abgeführt und verurteilt, weil ich meine Tochter nicht rausgeben wollte und das System durchschaut hatte." Behandler: „Okay, bitte gehen Sie noch einmal zurück zu dem Gericht. Fragen Sie die Dämonen, wofür Sie verurteilt werden." Klientin: „Warum richtet ihr mich? Oh, sie kommen ins Straucheln und stottern rum. Ich grinse und sehe, dass sie nichts gegen mich in der Hand haben. Nun werden sie wütend. Das Urteil lautet: 10 Jahre Verdammnis und Isolation!"

Szenenwechsel. Klientin: „Ich sitze jetzt wieder ganz allein in einer Hütte (immer noch im Zwischenleben). Wenn sich der Boden unter mir öffnet, lande ich in der Hölle. Ich soll da sitzenbleiben und nachdenken über meine Taten. Zunächst einmal ist Ruhe, aber dann kommt der Richter (Dämon). Den Typen werde ich nie los! Wir sitzen an einem Tisch und er versucht es auf die nette Tour. Was er sagt, ist vernebelt. Aber er drückt es nett aus, nicht drohend. Ich habe keine freie Wahl. Er fasst über den Tisch, um meine Hände zu berühren. Das verursacht mir körperliches Unbehagen, es ist ganz schrecklich. Mir wird schwindlig, alles dreht sich. Mein Magen verkrampft. Ich komme hier nie raus! Kein Entkommen! Das ist jetzt für immer so, dass ich in diesen Gefühlen stecke. Ich bin einsam und allein, keiner hilft mir. Mir geht es schlecht! Es gibt kein Entrinnen, noch nicht einmal im Tod. Nach dem Tod geht es genauso weiter. Dieser Gedanke ist unerträglich! Ich erkenne das und sehe jetzt auch, dass diese Kirchenmänner Dämonen waren. Ich sitze fest in der Hütte. Dann sagt eine Stimme: ‚Wenn es Dunkles gibt, muss es auch Helles geben.‘ Das ist wie ein Strohhalm für mich, meine Seele klammert sich daran. Meine Seele zerbricht in tausend Teile, windet sich, will da raus. Ich bin in höchster Not!"

Behandler: „Was bietet Ihnen der Dämon, der mit Ihnen am Tisch sitzt, an?" Klientin: „Einen Ausweg! Ich unterschreibe irgendetwas, weil ich es nicht mehr aushalte. Mir ist scheißegal, was ich unterschreibe, weiß nicht, was ich unterschreibe. Schrecklicher kann es nicht mehr werden. Der Dämon geht. Ich sitze in dieser Hütte mit diesem schrecklichen Gefühl und einem Druck auf der Brust. Meine Hände sind gefesselt. Ich habe einen Knebel im Mund, halte es nicht mehr aus. Katastrophe! Eine Frau kommt, um nach mir zu schauen, egal. Ich habe das Gefühl, ich muss mich übergeben." Da die Klientin Angst vor dem Erbrechen hatte, dissoziierte ich sie noch einmal, sodass sie die Situation aus einer sicheren Distanz betrachten konnte. Klientin: „Mir geht es einfach nur elend. Bin völlig entkräftet. Ich lege meinen Kopf in den Schoß der Frau, die mich trösten will. Ich bin einfach nur fertig, kann den Trost nicht annehmen und sie geht. Ich schleiche ihr hinterher – in ein Dorf. Lege mich in ein Grab. Stille. Ruhe. Etwas zieht an meinem Kopf. Ich könnte jahrhundertelang da liegen, um Kraft zu schöpfen, habe immer noch dieses schreckliche Gefühl."

Behandler: „Gehen Sie jetzt zu jenem Zeitpunkt zurück, wo Sie waren, bevor Sie ins heutige Leben inkarniert sind." Klientin: „Ich bekomme einen Metallanzug, einen Panzer. Handschellen und Armreife, Gewichte um Hals und Füße. Mein Herz tut weh. Ich muss etwas unterschreiben, aber ich schaue nicht hin." Behandler: „Aktivieren Sie Ihren Funken. Er dehnt sich in Ihrem gesamten Körper und Energiesystem aus und strahlt hell. Sie erinnern sich wieder an die Inhalte des Vertrages, den Sie unterschrieben haben. Jetzt." Klientin: „Ich habe unterschrieben, dass ich mich nicht befreien werde. Keinen Versuch unternehme, die Gefühle und den Panzer loszuwerden. Schwere, keine Freude, keine Leichtigkeit. Keine Kinder. Der Vertrag gilt für sieben Leben, nein endlos! Hiermit erkläre ich, dass das mein freier Wille ist. Im Namen der Engel. Ich verpflichte mich, den Menschen zu dienen. Im Namen des Teufels: Ich habe keinen freien Willen. Die Ketten bleiben angelegt. Ich spüre einen Würgegriff an meinem Hals (Angst vor dem Erbrechen). Es geht um Bestrafung. Es ist egal, was ich unterschreibe. Mir geht es hier schlecht und da schlecht (auf der Erde und nach dem Tod)."

„Ich spüre keine Lebendigkeit mehr. Schwere. Im Kopf, im ganzen Körper. Rückenschmerzen. Resignation. Es gibt eine Klausel, es gibt ein bisschen Licht. Meine Hände sind gebunden – ich darf meine Gabe nicht nutzen." (Die Klientin würde gerne mit Handauflegen heilen, tat das aber bislang nicht.) Sie fuhr fort mit den Vertragsinhalten: „Keine Musik. Keine innere Kraft. Kein Strahlen – mein Strahlen muss klein sein. Es geht um meinen Funken, der muss abgedunkelt sein, darf nicht nach außen strahlen. Mein Herz ist schwer. Ich habe Pech in Liebesdingen. Ich darf kein Geld und keinen Reichtum haben. Ich darf nichts erschaffen. Ich würde so gerne

Kinderbücher schreiben, aber das darf ich nicht. Ich darf nichts tun, was Menschen helfen könnte. Tue ich es dennoch, entzieht es mir Kraft (die Klientin ist in der Sozialarbeit tätig). Ich soll keine Freude an der Natur haben." Die Klientin unterschrieb den Vertrag und berichtete weiter: „Ein Dämon küsst mich auf die Stirn. Es ist ein Stempel oder Siegel. Ich soll Angst haben vor dem, was kommt. Ich bin nicht freiwillig zur Erde gegangen. Jemand gibt mir einen Tritt in den Hintern und ich befinde mich im freien Fall. Ich habe nach einer Mutter gesucht, die ängstlich ist, es durfte keine starke Frau sein. Ich werde von meiner Mutter angezogen und drücke ihr den Vertrag in die Hand, nach dem Motto: Mit diesem Paket komme ich! Ich bin mit dem schrecklichen Gefühl in den Mutterleib gegangen und habe es auch während meiner Kindheit gespürt." Die Klientin erklärte weiter: „Da ist ein Schatten, der mich beobachtet – es ist ein Dämon. Ich trage die Kruste und den Panzer, den sie mir verpasst haben, heute noch. Als Kind habe ich mit dem Dämon gespielt, er war mein Wegbegleiter. Irgendwann wurde er durch eine schwarze Masse abgelöst, die mich wie eine Aura umgibt."

Die Klientin hatte von einem „freien Fall" oder auch einem Schlund gesprochen, der sie in den Mutterleib geführt hatte. Das ist eine andere Bezeichnung für den Tunnel oder Strudel des Vergessens, in dem die Seelen programmiert werden. Ich bat die Klientin, sich über dem Tunnel zu platzieren und ihren Funken hineinstrahlen zu lassen. Sie sollte ihren Fall im Zeitlupentempo nachvollziehen und mit allen Sinnen wahrnehmen, was während des Falls geschah. Die Klientin erklärte: „Ich sehe Flügel um mich herum. Und ich sehe andere Funken leuchten, aber ganz weit weg. Man zieht mir einen durchsichtigen Umhang über, sodass ich Menschen nicht zu nahe komme. Körperliche Nähe fühlt sich gefährlich an – ich finde es schrecklich, in den Arm genommen zu werden. Man steckt mir kleine Zettel zu. Das sind Arbeitsaufträge oder Nachrichten von anderen Seelen, aber die Zettel sind leer."

Behandler: „Lassen Sie Ihren Funken auf den Zettel strahlen, sodass die Schrift sichtbar wird." Klientin: „Ich kann nichts erkennen, aber die Zettel stammen von anderen Seelen mit Funken, die sie mir heimlich zugesteckt haben. Sie enthalten Warnungen und Geheimwissen. Ich soll optimistisch bleiben. Es werden Menschen in mein Leben treten, die mir helfen werden. Die Zettel leuchten, wenn mein Funke darauf scheint." Die Klientin konzentriert sich wieder auf den freien Fall durch den Schlund. „Das Gefühl, nach unten gezogen zu werden, ist schrecklich. Mein Kopf ist wahnsinnig schwer. Hände greifen nach mir – ‚nimm mich mit'. Es sind geschundene Seelen oder Seelenanteile. Sie wollen sich anhaften, um mein Gefühl von Pein zu verstärken. Eine schwarze Klammer wird in meinem Hals platziert. Sie verengt meinen Hals!" (Zur Erinnerung: die Klientin leidet unter Schluckbeschwerden und der Angst vor dem Erbrechen.)

Die Klientin berichtete weiter: „Auf meinem Kopf wird eine Schraubzwinge platziert, die mir Druck verursacht. Sie verhindert, dass mein Kopf frei ist und drückt meine Lebensfreude. Diese Armreife verursachen jede Menge Schwere, sodass meine Hände nicht agieren können. Und dieses Siegel auf der Stirn … Meine Beine sind verkrüppelt und schwach. Ich stehe nicht fest auf dem Boden. Meine Beine sind wie Pudding und zittrig." (Anmerkung: Sie verursachen den schwankenden Gang im heutigen Leben.) Klientin: „Es gibt eine Mauer zwischen Kopf und Herz. Meine Augen werden von innen mit einer Zange zugekniffen. Das macht mich blind, d. h. ich sehe meinen Weg nicht und sehe nicht, was los ist. Man legt mir eine Kralle ums Herz, damit es nicht groß und weit werden kann."

Es ist schier unglaublich, was die Dämonen alles veranlasst haben, damit die Klientin ein schweres Leben hat und nicht in ihre Schöpferkraft gelangen kann. Es hat eine Weile gedauert, die Vertragsin halte zu annullieren und vor allem die energetischen Belastungen wie den Metallanzug, die Armreife etc. zu lösen.

Beziehungsprobleme und Alkoholabhängigkeit

Die 32-jährige Klientin hatte Schwierigkeiten, Beziehungen einzugehen. Sie konnte sich nicht auf potenzielle Partner einlassen und hatte Angst, niemals jemand Passenden zu finden. Sie war jahrelang allein und wurde von Verlustängsten geplagt, noch bevor eine Partnerschaft überhaupt zustande kam. Daher hielt sie die Männer auf Abstand. Außerdem trank sie regelmäßig zu viel Alkohol – ein Problem, das sie dringend angehen wollte.

Vorleben

Die Klientin nahm sich im Mittelalter als Zigeunerin in einem Wirtshaus wahr, wo alle aus Holzbechern tranken. Plötzlich stand ein fünf- bis sechsjähriger Junge in der Tür. Es war ihr Kind, das ihr ein Freund weggenommen hatte, weil sie stets zu viel trank. Sie ging zu ihm, aber der Junge erkannte sie nicht. Sie war erleichtert gewesen, ohne ihren Sohn zu sein, seither konnte sie in Ruhe ihr Bier trinken. Es war ihr zu anstrengend gewesen, um den Jungen zu kämpfen. Ohne ihn war sie sorglos, ohne Verpflichtungen. Sie konnte sich nicht dazu aufraffen, sich gegen den Alkohol zu entscheiden, war gefangen in ihrer Sucht. Alle hatten sich von ihr abgewandt. Sie hatte eine gute Mutter sein wollen, dachte jedoch, es sei besser für ihr Kind, in einer anderen Familie aufzuwachsen, sie war ja nicht einmal in der Lage, auf sich selbst aufzupassen.

An ihrem Todestag war sie alt und verfallen und nicht mehr klar im Kopf. Sie verweilte im Wirtshaus, als ihr erwachsener Sohn hereinkam und mit ihr reden wollte. Sie beschloss, es sei zu spät, und gebot ihm zu gehen. Sie machte sich bittere Vorwürfe, denn sie hatte ihr Leben verpasst. Es war an ihr vorbeigegangen. Ihr Sohn schubste sie an. Vollkommen betrunken kippte sie vom Stuhl, zog sich eine blutende Kopfwunde zu und verstarb.

Szenenwechsel: Die Klientin sah ihren Sohn an ihrem Grab stehen und nahm sich vor, im nächsten Leben alles besser zu machen. Sie hatte ihr letztes Leben vergeudet, das sollte nicht noch einmal geschehen. Ein Wesen mit einem weißen Umhang winkte ihr von oben zu, sie solle kommen.

Zwischenleben

Klientin: „Ich bin in einem Raum mit einem Bildschirm. Ein ‚Mann‘ kommt und sagt, ich solle mir mein Leben anschauen. Er fragt mich, was ich anders machen würde. Ich sage ganz klar: Keinen Alkohol! Ich will mein Leben leben, klar im Kopf sein! Er nickt und ich muss etwas unterschreiben." Behandler: „Was genau musst du unterschreiben?" Klientin: „Ich kann nicht lesen, was da steht." Behandler: „Dehne deinen Funken aus und lass ihn strahlen. Du kannst jetzt deutlich erkennen, was du unterschrieben hasst." Klientin erschüttert: „Du wirst täglich trinken! Der Alkohol haftet an meinem Körper. Ich soll es schwer haben, mich davon zu trennen! Ich werde auf Menschen treffen, die mich zum Trinken animieren. So einfach komme ich nicht los vom Alkohol. Er hindert mich an gewissen schönen Dingen in meinem Leben. Ich kann nicht frei sein. Der Alkohol wird an mir kleben. Ich werde gegenüber dem Alkohol schwach sein. Er wird mir schmecken. Ich werde mich immer für den Alkohol entscheiden. Auch wenn ich es nicht mehr will, werde ich immer wieder zum Alkohol greifen. Ich habe die Möglichkeit aufzuhören, aber es wird sehr schwer sein. Alkohol ist mein ständiger Begleiter, immer präsent. Sollte ich wieder ein Kind bekommen, werde ich mich wieder für den Alkohol entscheiden. Alkohol soll mein heutiges Leben dominieren. Ich unterschreibe."

Die Klientin fuhr fort: „Ich streite mich dem Dunkelwesen. Das war so nicht abgemacht! Ich will nicht mehr trinken! Das Wesen zuckt mit den Achseln und sagt, ich hätte eben Pech gehabt, ich muss das heutige Leben leben. Aber ich weiß jetzt, dass ich in Bezug auf den Alkohol wesentlich früher reagieren muss. Ich habe das Gefühl, stark zu sein und werde das schaffen. Es ist wie eine Herausforderung. Nun warte ich auf meine Geburt."

Behandler: „Welche vertraglichen Vereinbarungen hast du bezüglich Partnerschaften getroffen?" Klientin: „Im Vertrag steht, du sollst nicht lieben und wirst nicht geliebt. Männer sollen weglaufen vor mir. Ich soll mich nicht öffnen können. Beziehungen werden schwierig werden. Ich soll keine richtige Beziehung haben. Irgendetwas bremst die Männer. Ich gebe ihnen das Gefühl, dass sie ‚nicht reichen' oder unzulänglich sind und dass ich immer gehen könnte. Verlustängste hindern mich, eine Beziehung einzugehen."

Als die Klientin durch den Strudel des Vergessens in den Leib ihrer heutigen Mutter rutscht, werden ihr die Verträge einprogrammiert. Die Alkoholenergie haftet fest an ihr. Die Klientin entdeckte einen Bierkrug, der an ihrem Rücken klebt und ihre Sucht verstärken soll. Am Ende der Sitzung konnten wir zur großen Erleichterung der Klientin alle Energien, die mit Alkohol und Sucht zu tun hatten und Sucht auslösend waren, auflösen und den gesamten Vertrag annullieren.

Nach der Sitzung schaffte es die Klientin problemlos für drei Monate ohne Alkohol auszukommen, d. h. Suchtdruck verspürte sie während dieser Zeit nicht. Hin und wieder trinkt sie, scheint aber ihren Konsum unter Kontrolle zu haben, zumal sie nun eine gesunde Beziehung zu einem neuen Partner eingehen konnte. Bei unserem letzten Telefonat ließ sie mich wissen: „Mir geht es sehr, sehr gut. Die Beziehung hat sich in super Bahnen entwickelt. Ich trinke nur hin und wieder."

Rückführung zur Lösung der energetischen Angriffe auf unser Team

Sie, liebe Leser, erinnern sich noch daran, dass mein Team und ich von Dämonen angegriffen wurden, weil wir im Astralbereich gefangene Funken und Seelenlichter befreit hatten. Wir beschlossen, dass einer von uns in die Rückführung geht und die Verträge aller Teammitglieder annulliert, die es den Kreaturen erlauben, uns emotional, gedanklich und physisch anzugreifen. Dass solche Kontrakte bestanden, zeigte der kinesiologische Muskeltest. Zu diesem Zeitpunkt wussten wir noch nicht, dass sich in der Rückführung eine erstaunliche Lösung ergeben würde – für alle Betroffenen.

Meine Freundin, nennen wir sie Carolin, suchte erst einmal den Ältestenrat auf. Zunächst traf sie dort niemanden mehr an, weil die Verträge ja bereits geschlossen worden waren. Als sie rief, zeigte sich jemand und fragte: „Ja? Ist noch was?" Carolin: „Ich möchte den Vertrag sehen, den wir geschlossen haben." Das Wesen schien aus allen Wolken zu fallen und fragte: „Was? Nein, das geht nicht. Warum?" Carolin: „Ich möchte den Vertrag noch einmal lesen!" Wesen: „Du kannst den Vertrag nicht revidieren, du kannst nicht zurück. Du hast bereits unterschrieben!" Carolin: „Ich weiß, dass ich ihn unterschrieben habe. Ich will ihn nur lesen." Das Wesen parierte: „Wir kümmern uns um das, was auf dich zukommt, alles okay." Carolin bestand jedoch auf ihrer Forderung. „Gebt mir den Vertrag. Jetzt! Sofort! Das fordere ich Kraft meines freien Willens. Ihr müsst das tun! Ich kann auch der Ur-Quelle Bescheid geben, dass ihr meinen freien Willen missachtet." Das Wesen zeigte einen Anflug von Panik. Carolin forderte: „Gebt den Vertrag raus!" Nun waren mehrere Wesen zugegeben, die sich vielsagende Blicke zuwarfen. Carolin warf einen Blick auf den Vertrag und stellte fest: „Das Großgedruckte kann man lesen, aber das Kleingedruckte nicht. Das erinnert mich an die magischen Stifte damals in der Schule, die das Geschriebene unsichtbar machen. Wir Seelen bekommen nur das grobe Bild gezeichnet, das, was großgeschrieben ist. Zwischen den großgeschriebenen Linien ist viel Platz. Da stehen das unleserliche Kleingedruckte und die Vertragsklauseln. Wenn wir den ganzen Vertrag unterschreiben, stimmen wir auch diesen Klauseln zu, ohne ihren Inhalt zu kennen. Die Wesen fragen ‚Vertraust du uns?‘ Und wenn die Seelen zustimmen, haben sie freie Hand!“

Carolin fragte die Wesen: „Warum ist so viel Platz zwischen den Vertragsparagrafen?“ Antwort: „Damit du sie besser lesen kannst.“ Was für eine Ausrede. Carolin ließ sich nicht einschüchtern und verlangte: „Ich will den Vertrag mit euren Augen sehen. Ich weiß, dass es Klauseln gibt. Euer Spiel ist aus! Zeigt mir jetzt den kompletten Vertrag!“ Die Wesen weigerten sich und boten stattdessen an: „Wenn du den Vertrag mit unseren Augen sehen willst, kannst du eine von uns werden!“ Es gesellten sich noch andere Wesen hinzu, Carolin war verwirrt. Behandler: „Lass deinen Funken strahlen. Stell sie zur Rede. Sie haben uns angegriffen!“ „Wir haben euch nicht angegriffen“, behaupteten die Wesen. Carolin schaute in ihr Herz und ließ ihren Funken noch heller strahlen. Nun zeigten sich die roten Augen der Wesen. Sie gerieten in Panik und wurden aggressiv. „Du darfst den Funken nicht strahlen lassen, das darfst du nicht!“ Carolin parierte: „Warum nicht? Ich lasse den Funken noch stärker strahlen!“ Ein Wesen antwortete: „Das ist gegen die Regeln, gegen das Erdengesetz. Das einzige, was hier strahlt, ist das Licht, das wir geschaffen haben – Luzifers Licht! Jeder, der versucht, ein anderes Licht strahlen zu lassen, wird verfolgt, gejagt und bestraft, bis er geht!“ (Sie treiben Menschen also in den Tod!) „Niemand darf mit unserem Licht konkurrieren. Die Arbeit mit dem Funken ist verboten!“

Damit hatten wir etwas sehr Wichtiges erfahren. Carolin erklärte: „Das Funkenlicht strahlt heller als das luziferische. Alle, die es sehen, würden zum Funkenlicht gehen und Luzifer verlassen. Es wäre seine Verdammnis." Behandler: „Sag ihnen, das in den Tod treiben geht gar nicht!" Wesen: „Hier ist das so!" Behandler: „Carolin, bitte verbinde dich mit der Ur-Quelle." Carolin zu dem Wesen: „Kannst du das bitte wiederholen, damit die Ur-Quelle das hört?" Nach einigem Hin und Her bat ich Carolin: „Lass den Funken strahlen und sag denen, du möchtest den Vertrag prüfen, das Kleingedruckte." Carolin sagte zu den Wesen: „Ich habe dem Kleingedruckten nicht zugestimmt. Ihr habt mich betrogen. Betrügerische Verträge sind hinfällig. Ich kannte das Kleingedruckte nicht! Alles, was mir schadet, kündige ich!" Die Wesen muckten auf: „Es ist doch nur zu deinem Besten." Carolin: „Nein, ganz bestimmt nicht! Nein!" Nun schauten die Wesen betreten zu Boden. Carolin: „Ich bestimme! Es reicht! Ihr habt mir was angedichtet! Das verstößt gegen den freien Willen! Ich verlange, dass ihr das Kleingedruckte auflöst. Ihr hattet euren Spaß, es ist jetzt genug." Die Dunkelwesen versuchten, Carolin davon zu überzeugen, dass sie nichts machen könnten. Carolin persistierte: „Alles Kleingedruckte, alles, was mir schadet, mich unglücklich macht, wird eliminiert! Ich habe ein Recht auf das Leben, dass ich geplant hatte. Alle Programmierungen und hypnotischen Befehle aus dem Tunnel des Vergessens sind hinfällig. Und ihr zieht auch sofort die zwei Wächter ab, die ihr mit zugeteilt habt. Kein Schaden, keine Tricks, keine Angriffe mehr! Mein Funken ist meine Grundausstattung und gehört zu mir. Ich kann ihn einsetzen. Verstanden?!" Die Wesen schwiegen. Behandler: „Sag ihnen, sie sollen es laut aussprechen: Wir schaden dir nicht mehr, wir nutzen keine Tricks. Wir ziehen die Wächter ab und starten keine Angriffe mehr. Sie sollen sagen: Wir schaden dir nicht mehr!" Die Wesen schwiegen weiterhin. Behandler: „Die sollen jemanden herbeiholen, der die Verträge lösen kann, jemanden, der dafür verantwortlich ist. Der soll klar und deutlich sagen: Wir

schaden dir nicht mehr. Sie sollen es aufschreiben!" Ein Dämon erschien und tat schließlich, was wir verlangten. Wir vereinbarten,
dass sie Carolin nicht mehr angreifen dürfen, wenn sie mit ihrem
Funken arbeitet. Die Wesen hatten Angst vor dem Funken. Eines
von ihnen sagte: „Wir haben keine Chance, lasst sie in Ruhe."

Carolin vereinbarte noch vieles andere. Nicht nur, dass sie nicht
attackiert werden würde, wenn sie mit dem Funken arbeitet, sondern auch, dass sie ihr Leben bestimmen kann, dass die Dunkelwesen nicht mehr in ihr Leben eingreifen dürfen. Dass sie bestimmt,
wann sie die Erde verlässt und ihr Leben bis dahin noch unbehelligt genießen will. Und dass sie nach dieser Inkarnation die Erde
unbehelligt verlassen kann. Carolin: „Ihr lasst mich und meine Lieben in Ruhe! Keine Krankheiten! Keine Ein- oder Übergriffe. Kein
Schaden. Keine Tricks. Keine Frequenzwaffen." Die Wesen waren
mittlerweile mürbe geworden. Ihnen war klar, dass sie nichts in der
Hand hatten und dass sie dem freien Willen entsprechen mussten.
Plötzlich kam mir die Idee zu fordern, dass die Vereinbarungen für
alle Mitglieder der „Funkengruppe" gelten sollten – für jedes einzelne Mitglied, ausnahmslos. Wir forderten, dass die Statisten, die
die Wesen auf uns angesetzt hatten, deprogrammiert werden sollten, damit sie uns nicht mehr schaden. Die Dunkelwesen lamen-
tierten: „Das sind zu viele. Das ist zu kompliziert wegen der Ketten-
reaktionen." Wir blieben bei unseren Forderungen. Die Wesen
antworteten: „Das kann aber noch dauern." Wir bestimmten:
„Nein! Es geschieht jetzt sofort. Auf der Astralebene gibt es weder
Raum noch Zeit."

Vor allem aber stellten wir sicher, dass die Menschen, mit denen
wir arbeiten und die wir in die Arbeit mit ihren Funken einführen,
in keiner Weise angegriffen werden dürfen! Sie alle dürfen mit
ihrem Funken arbeiten, ohne Schaden zu erleiden. Wir vereinbarten ebenfalls, dass wir nicht mehr mit luziferischem Licht angefüllt

werden dürfen. Luziferisches Licht bewirkt, dass es einem an einem Tag gut ergeht und man denkt, die Welt sei Ordnung, nur damit man am nächsten Tag in ein tiefes Loch fällt und feststellt, dass doch nichts in Ordnung ist. Carolin erhielt die Verträge und sandte Kopien über ihren Funken an die Ur-Quelle. Wir stellten klar, dass die Ur-Quelle bei Vertragsbruch unverzüglich eingreifen darf und wir sie umgehend informieren würden. Bleibt zu hoffen, dass es nun allen Mitgliedern der Funkengruppe wohlergehen wird.

Kurze Zeit nach dieser Sitzung mit den Wesen fand ich heraus, dass wir nicht mit ihnen verhandeln müssen. Jeder Mensch kann kraft seines freien Willens seine Verträge unverzüglich annullieren. Die Kreaturen können nichts dagegen tun. Zudem verfügt jede Seele mit Funken über einen Schutz, den ihr die Ur-Quelle verliehen hat und der sich dauerhaft aktiviert, sobald man um ihn weiß.

Über die Autorin

Lucia Beatrix Stellberg, Jahrgang 1965, ist Diplom-Psychologin und Betriebswirtin. Sie ist in zahlreichen alternativen Heilverfahren ausgebildet, u. a. in Psychokinesiologie, Clearing, Reinkarnationstherapie, Hypnose, Schamanismus, NLP etc. Sie lebt und praktiziert seit 2000 erfolgreich als Coach in Köln. Sie ist darauf spezialisiert, die Ursachen hartnäckiger Lebensprobleme ihrer Klienten in Rückführungen aufzudecken und zu lösen. Ferner befreit sie ihre Klienten von Fremdenergien, ein entscheidender Erfolgsfaktor und weiterer Schwerpunkt ihrer Tätigkeit. Mithilfe des kinesiologischen Muskeltests überprüft die Diplom-Psychologin fünf Ursachenebenen eines Problems, da Lebensprobleme nicht immer fremdenergetisch bedingt sind. Sie können emotionale Ursachen haben, die auf Ereignisse im aktuellen Leben, in Vorleben oder im Ahnensystem zurückgehen. Sie können ferner auf karmischen Ursachen aus dem Zwischenleben beruhen. Letztere sind hinderliche Verträge, die die Seele vor der Inkarnation in der spirituellen Dimension geschlossen hat und die eine selbstbestimmte Lebensgestaltung blockieren. Die Autorin gibt ihr fundiertes Wissen in ihren Clearing-Seminaren und ihrem Seminar „Psychokinesiologie meets Rückführung" an Heilpraktiker, Therapeuten, Coaches, Berater, Psychologen, Energetiker sowie interessierte Laien weiter. Sie bietet Clearings und Rückführungen persönlich, telefonisch und über Skype an.

Näheres unter: www.coaching-institut-koeln.de
E-Mail: stellberg@coaching-institut-koeln.de

Weitere Bücher von Lucia Beatrix Stellberg

Befreiung von Fremdenergien und Einflüssen der „dunklen Seite" (2022)

Dieses Buch ist ein Muss für alle, die sich von Fremdenergien befreien möchten. Unter ihrem Einfluss sind wir im wahrsten Sinne des Wortes fremdgesteuert und fremdbestimmt. Energetische Wesenheiten greifen mitunter massiv in unser Leben ein. Unentdeckt blockieren sie unsere persönliche und spirituelle Entwicklung. Sie beeinflussen unser Denken, Fühlen und Handeln, unser körperliches Befinden, unser Entscheidungsvermögen und manchmal unsere gesamte Persönlichkeit. Viele Menschen ahnen nicht, dass Besetzungen die Ursache für ihre Probleme sein können.

In diesem Leitfaden erfährt der Leser, wie man Seelen, Dunkelwesen, fremde Seelenanteile etc. identifiziert, wie man mit ihnen kommuniziert und sie freisetzt. Durch eine Fülle überraschender Fallbeispiele taucht der Leser tief in die Gefühlswelt der menschlichen und energetischen Klienten der Clearing-Expertin ein. Betroffene, Therapeuten, Heiler und Psychiater entdecken ungeahnte Wissensschätze und neue Heilungschancen. Hintergründe und Auswirkungen der dunklen Kräfte werden beleuchtet und mit Geschehnissen auf der Erde in Zusammenhang gebracht, die seit langem auf die Menschheitsfamilie einwirken.

Dazu gehören Übergriffe von Dunkelwesen und schwarzmagische Attacken. Pakte mit der dunklen Seite, Eide, Schwüre u. Ä. aus früheren Inkarnationen können ein glückliches Leben verhindern. Gleiches gilt für manipulative Inkarnations- und Karmaverträge, die man uns als Seelen im Zwischenleben aufgebürdet hat. In Rückführungen können sie aufgedeckt und außer Kraft gesetzt werden. Der Leser erhält eine detaillierte Anleitung zur Selbsttestung auf Fremdenergien und zur energetischen Reinigung. Sie möchten die Ursachen Ihrer Lebensprobleme lösen? Die Diplom-Psychologin verfolgt einen ganzheitlichen Ansatz und zeigt Ihnen, wie. Begeben Sie sich auf eine befreiende Reise!

- Ende -

Seminare der Autorin

Ausbildung zum Clearing-Leiter

Das 4-tägige Seminar richtet sich an alle, die bereits mit Fremdenergien in Kontakt gekommen sind, ob als persönlich Betroffene, als Coach, Therapeut, Lebensberater, Heilpraktiker, Heiler, Energetiker, spiritueller Berater, Alternativmediziner, Psychologe usw. und lernen möchten, sich selbst und andere nachhaltig von diesen Einflüssen zu befreien.

Fremdenergien und Besetzungen können vielfältige körperliche und psychische Beschwerden verursachen, von leichten bis hin zu schweren psychiatrischen Symptomen. Fremdenergien können Heilungs- und andere Erfolge verhindern und zu Therapieresistenz führen. Dies bedeutet, dass keine ansonsten noch so bewährte Behandlung, ob medizinisch-therapeutisch oder alternativ, anschlägt. Häufig bleiben Symptome ohne klaren medizinischen Befund. Im Falle magisch gebundener Energien erleiden viele Betroffene Misserfolge, Pech und Scheitern in verschiedensten Lebensbereichen: Finanzen, Beruf, Gesundheit, Beziehungen, Selbstverwirklichung. Betroffene sind meist ratlos und können sich ihre Probleme nicht erklären.

Sind Fremdenergien gelöst, tritt spontan Heilung oder Besserung ein, Behandlungen können wirken. Eine energetische Reinigung befreit Personen, aber auch Wohnungen, Geschäftsräume, Häuser, Gegenstände und Haustiere von Fremdeinflüssen.

In dieser intensiven Ausbildung mit hohem Praxisanteil erlernen Sie alle Methoden, die Sie befähigen, Fremdenergien mithilfe des kinesiologischen Muskeltests zuverlässig zu identifizieren und zu lösen. Weitere Informationen unter:
https://coaching-institut-koeln.de/clearing-ausbildung/

Ausbildung zum Rückführungsleiter – „Psycho-Kinesiologie meets Rückführung"

Mithilfe eines ausgefeilten Konzeptes testen Sie zunächst fünf mögliche Ursachenebenen eines Lebensproblems kinesiologisch aus. Ursächlich sein können 1. Fremdenergien, 2. unbewusst gewordene Erlebnisse aus dem aktuellen Leben, 3. Einflüsse aus dem Ahnensystem, 4. Vorleben und 5. Zwischenleben.

Sie lernen, sich selbst und andere in die Vergangenheit dieses Lebens, in Vorleben, ins Ahnensystem und ins Leben zwischen den Leben zurückzuführen, um emotionale, mentale, körperliche, psychosomatische, materielle und fremdenergetische Belastungen sowie manipulative Karma- und Inkarnationsverträge dauerhaft zu lösen. Auch die stellvertretende Rückführung wird Thema sein.

Die Kombination von Rückführungen und kinesiologischen Testungen ist hervorragend geeignet für Coaches, Heilpraktiker, Psychologen, Lebensberater, Heiler, spirituelle Berater, Alternativmediziner, Energetiker u. ä. Berufsgruppen sowie für motivierte Selbstanwender, die lernen möchten, Lebensthemen selbst anzugehen und die eigene Persönlichkeitsentwicklung spürbar voranzubringen.

Die Selbstanwendung ist ein wichtiger Aspekt der Ausbildung. Sie werden befähigt, die Lösungsprozesse, die Sie bei anderen initiieren können, auch für sich selbst einzusetzen. Das macht Sie unabhängig von der ständigen Hilfe durch andere. Im Verlauf der Ausbildung wird jeder Teilnehmer zurückgeführt. Nur wer sich selbst in der Rolle des Klienten erlebt, ist in der Lage, Veränderungen bei anderen professionell anzuleiten. Nähere Informationen finden Sie unter:

https://coaching-institut-koeln.de/psycho-kinesiologie-meets-rueckfuehrung-ausbildung/

Endnotes

[1] Nahtoderfahrungen sind Erlebnisse, die reanimierte Personen, die bereits klinisch tot waren, im nachtodlichen Bereich machten.

[2] Außerkörperliche Erfahrungen (AKE) werden im Englischen Out-of-Body-Experiences (OBE) genannt. Sie ereignen sich spontan. Hat beispielsweise jemand einen Unfall, kommt es vor, dass er kurzzeitig aus seinem Körper aussteigt und die Situation von oben betrachtet. Astralreisende verlassen ihren physischen Körper bewusst, um unterschiedliche astrale Dimensionen zu erkunden. Sie können Lebensformen antreffen, die diese Ebenen bewohnen. Dazu gehören auch disinkarnierte Seelen sowie dämonische bzw. außerirdische Entitäten.

[3] Remote Viewing ist eine Technik der Fernwahrnehmung, mit der man Orte und Situationen unabhängig von Zeit und Raum betrachten kann. Der Remote Viewer verlässt dabei im Gegensatz zum Astralreisenden seinen physischen Körper nicht. Durch die Konzentration auf durch eine Zahlenabfolge codierte Ereignisse, Objekte, Subjekte oder geografische Ziele, sogenannte „Targets" (Ziele), erhält er bildhafte, akustische und weitere sensorische Informationen. Der Viewer weiß nicht, was er beobachtet und vermag „Targets" in der Vergangenheit oder auch in der Zukunft zu erkunden. Die Remote Viewing-Techniken wurden vom amerikanischen Militär und den Geheimdiensten ab den 70er Jahren intensiv erforscht und eingesetzt.

[4] Ich beziehe mich dabei auf die Ausarbeitungen von Wes Penre, 6. Lernstufe aus 2020 (in Englisch), die aktuell nicht mehr online verfügbar ist, sowie auf das Buch „Can You Stand The Truth? The Chronicals of Man's Imprisonment: Last Call!" von Angeliki S. Anagnostou-Kalogera. Zu Deutsch: „Kannst du die Wahrheit ertragen? Die Chroniken der Gefangenschaft der Menschheit: Letzter Aufruf!"

[5] „Jaldabaoth (oder Ildabaoth) ist in manchen Richtungen der Gnosis der Schöpfer der materiellen Welt, zum Teil dargestellt als löwenköpfige Gottheit. Er galt als Demiurg, der die Menschen in dieser Welt gefangen hält." https://de.wikipedia.org/wiki/Jaldabaoth

[6] Anagnostou-Kalogera, Angeliki. „Can You Stand The Truth?: The Chronicle of Man's Imprisonment: Last Call!" Kindle-Version (2009: 82, 86).

[7] 4. Fourth Level of Learning: Lucifer's Rebellion (2014) und Fifth Level of Learning: The Vedic Texts (2014/2015).

[8] Penre, Wes. The ORION Book (S.94). Kindle-Version.

[9] Penre, Wes. The ORION Book (S.116). Kindle-Version.

[10] Die Katharer werden auch Albigenser genannt. Ihre Glaubensbewegung existierte vom 11. bis ins 14. Jahrhundert und entsprang größtenteils Süd-Frankreichs, verbreitete sich aber auch in Italien, Spanien und Deutschland. Der Begriff „Ketzer" leitet sich vom Wort „Katharer" ab. https://de.wikipedia.org/wiki/Katharer)

[11] Mickoski, Howdie. Exit the Cave. Ending the Reinkarnation Trap. Book 1. (2022: 46).

[12] Mickoski, Howdie. Exit the Cave. Ending the Reinkarnation Trap. Book 1. (2022: 46).

[13] Penre Wes. https://wespenre.com. Fourth Level of Learning: Lucifer's Rebellion, 2014. https://wespenre.com/contents-of-the-fourth-level-of-learning/ letzter Zugriff 12.01.23.

[14] Penre, Wes. The ORION Book (S.81f). Kindle-Version.

[15] Penre, Wes. The ORION Book (S.79f). Kindle-Version.

[16] Wayne Bush: www.trickedbythelight.com. Menüpunkt: „Solutions"

[17] Homepage Wayne Bush: https://www.trickedbythelight.com/tbtl/index.html

18 Homepage Jeff und Judy Long: www.nderf.org. Sammlung von Nahtoderlebnissen in 23 Sprachen.

[19] Greene, Isabella A. LEAVING THE TRAP: How to Exit Reincarnation Cycle (S. 34-35). Kindle-Version.

20 3,3 Millionen Deutsche mit Nahtoderfahrungen:
https://www.focus.de/wissen/mensch/streich-des-gehirns-oder-seelenbeweis-nahtoderfahrung-wie-berichte-aus-dem-jenseits-erklaerbar-waeren_id_3129757.html. Letzter Zugriff: 28.02.2023.

21 Wayne Bush: Https:(www.trickedbythelight.com).

22 Moksha From Earth. Freedom From Archons, Reincarnation Traps, Soul Traps, And False Light Heavens.pdf. Seite 117 – 119.

23 Wayne Bush: Https:(www.trickedbythelight.com).

24 Moksha From Earth. Freedom From Archons, Reincarnation Traps, Soul Traps, And False Light Heavens.pdf. Seite 115.

25 Greene, Isabella A. LEAVING THE TRAP: How to Exit Reincarnation Cycle (S. 40-41). Kindle-Version.

26 Wayne Bush: Https:(www.trickedbythelight.com).

27 Near Death Experience | Vile Life Script Leads to Riches & Matrix Marketing Department Job | Matrix Reincarnation Soul Trap ab Min. 59 – https://www.youtube.com/watch?v=IT9QcA1KvTs&t=448s, ab Minute 59. Letzter Zugriff: 26.03.2023.

28 Lorgen, Eve (2.000). The Love Bite: Alien Interference in Human Love Relationships. ELogos & HHC Press. Kindle-Version.

29 Position 166
Lorgen, Eve (2.000). The Love Bite: Alien Interference in Human Love Relationships. ELogos & HHC Press. Kindle-Version.

30 Position 208
Lorgen, Eve (2.000). The Love Bite: Alien Interference in Human Love Relationships. ELogos & HHC Press. Kindle-Version (Leseprobe).

31 https://umgang-mit-narzissten.de/traumabonding-in-den-faengen-eines-narzissten. Letzter Zugriff: 24.01.2023

32 Anagnostou-Kalogera, Angeliki. Can You Stand The Truth?: The Chronicle of Man's Imprisonment: Last Call! (S.116). Kindle-Version.

33 Anagnostou-Kalogera, Angeliki. Can You Stand The Truth?: The Chronicle of Man's Imprisonment: Last Call! (S.118). Kindle-Version.

34 Greene, Isabella A. LEAVING THE TRAP: How to Exit Reincarnation Cycle (S. 13-15). Kindle-Version.

35 Penre, Wes. The ORION Book (2023: S.53ff). Kindle-Version.

36 Mehr über Luzifers Geschichte erfahren Sie in der nachfolgend aufgeführten Literatur: „Das Urantia Buch", Penre, Wes. www.wespenre.com. Fourth Level of Learning: Lucifer's Rebellion (2014)

37 Anagnostou-Kalogera, Angeliki. Can You Stand The Truth?: The Chronicle of Man's Imprisonment: Last Call!. Kindle-Version.

38 Penre, Wes. Fourth Level of Learning. Lucifer's Rebellion, 2014. (S. 222f). https:// wespenre.com/ contents-of-the-fourth-level-of-learning (Letzter Zugriff: 06.05.2023)

39 Monroe, Robert A. (2014-11-11T22:58:59.000). Far Journeys (Journeys Trilogy). Harmony/Rodale. Kindle-Version. Kapitel 12.

40 Nachzulesen unter: https://ascensionglossary.com/index.php/Loosh Letzter Zugriff: 17.12.2022.

41 https://docplayer.org/204752550-Alien-interview-interview-mit-einem-ausserirdischen.html. (S. 161).

42 Brett Stewart: https://ia801003.us.archive.org/9/items/moksha_video_20190830/videoplayback.mp4

43 Farsight Institut Video: Escape The Death Trap https://www.bitchute.com/video/LVgNU0cxozm5/

44 Die Beispiele zu den Zitaten und etliche weitere finden Sie im Buch

von Kramer, Rolf U. Kramer. Unbounded! (Vol.2): Exploring Spirituality through MindWalking, 2016. Shaker Media GmbH. Kindle-Version. Die Fälle:
Paul (VI): In a vortex from heaven to Earth
Anita: The dark passage from death to life

[45] Penre, Wes. The ORION Book (S. 132f). Kindle-Version.

[46] Moksha From Earth. Freedom From Archons, Reincarnation Traps, Soul Traps, And False Light Heavens.pdf.

[47] Why Brett Stuart removed his "Moksha video" from YouTube
https://www.youtube.com/watch?v=PMCcsTeKZpw

[48] https://ia801003.us.archive.org/9/items/moksha_video_20190830/videoplayback.mp4

[49] Grandpa Dreamed of Heavenly Rest: The Afterlife Indoctrination Center in the Astral Realm. Part 2:
https://www.youtube.com/watch?v=XbI-wSdgjkc.
Letzter Zugriff: 19.05.2023.
Godlikeproductions.com. Grandpa Dreamed of Heavenly Rest: He Got Demonic Hell and Forced Reincarnation.
https://www.youtube.com/watch?v=0-O79FNa1U8.
Letzter Zugriff: 05.05.2023.

[50] Kramer, Rolf U. Unbounded! (Vol.2): Exploring Spirituality through MindWalking. Shaker Media GmbH. Kindle-Version.
Beispiel Anita: The dark passage from death to life
Beispiel Paul (VI): In a vortex from heaven to Earth
Beispiel Ernst (I): Angel crashes into grid around the Earth

[51] https://docplayer.org/204752550-Alien-interview-interview-mit-einem-ausserirdischen.html. S. 84 – 93.

[52] Robert A. Monroe. Journeys out of the Body, 1972, Souvenir Press 1998.

[53] Anagnostou-Kalogera, Angeliki. Can You Stand The Truth?: The Chronicle of Man's Imprisonment: Last Call! (S.184). Angeliki Anagnostou - Kalogera. Kindle-Version.

[54] Penre, Wes. The ORION Book (S.117). Kindle-Version.

[55] Kramer, Rolf U. Unbounded! (Vol.2): Exploring Spirituality through MindWalking (S.95 - 97). Shaker Media GmbH. Kindle-Version.

[56] Penre, Wes. The ORION Book (S.302). Kindle-Version.

[57] Jonathan Dilas, Shiva Suraya. Die Matrixxer. Die Matrix will nicht, dass du das erfährst. Vier plus 1 Wege raus aus der Matrix.
https://www.youtube.com/watch?v=_lvxgDZxCxE.
Letzter Zugriff 09.03.23.
Die Matrixxer. Spirituelle Seminare und raus aus der Matrix:
https://www.matrixxer.com/

[58] Anleitung zum Verlassen der Matrix auf wespenrevideos.com. Sie ist unter der Bezeichnung "Exit Handout" im Abschnitt "Exiting the Grid," zu finden.

[59] Greene, Isabella A. LEAVING THE TRAP: How to Exit Reincarnation Cycle (S. 11-12). Kindle-Version.

[60] Penre, Wes. The ORION Book (2023: S.242 - 243). Kindle-Version.
Penre, Wes. Q&A Session #3, January 2023.
www.wespenreboards.com / Letzter Zugriff: 01.02.2023

[61] „Plain Souls" („einfache Seelen"). Anagnostou-Kalogera, Angeliki. Can You Stand The Truth?: The Chronicle of Man's Imprisonment: Last Call! Kindle-Version (2009).
„Non Player Charakter" („Nicht-Spieler-Charaktere"). Wes Penre. The ORION Book (2023). Kindle-Version.

[62] Penre, Wes. Q&A Session #3, January 2023. www.wespenreboards.com

[63] Anagnostou-Kalogera, Angeliki. Can You Stand The Truth?: The Chronicle of Man's Imprisonment: Last Call! (2009). Kindle-Version.

[64] Penre, Wes. The ORION Book (2023: S.101). Kindle-Version.

[65] Newton, Michael. Die Abenteuer der Seelen. Neue Fallstudien zum Leben zwischen den Leben. Übers. Jansen Manfred. 4. Auflage. Wettswill: Astrodata, 2009.

[66] Fuckert, Dorothea. Seelenreise in das Leben zwischen den Leben. Wie himmlische Erinnerungen heilen können. Kindle-Version (S. 177). München: Goldmann, 2013.

[67] Modi M.D., Shakuntala (2014). An Amazing Human Journey: Remembering from the Subconscious Mind Volume One. Strategic Book Publishing and Rights Co.. Kindle-Version (Pos. 2022).

[68] Modi M.D., Shakuntala (2014). An Amazing Human Journey: Remembering from the Subconscious Mind Volume Two. Strategic Book Publishing and Rights Co.. Kindle-Version, Einführung).

[69] Modi M.D., Shakuntala (2014). An Amazing Human Journey: Remembering from the Subconscious Mind Volume One. Strategic Book Publishing and Rights Co.. Kindle-Version (Pos. 2168)

[70] Anagnostou-Kalogera, Angeliki. Can You Stand The Truth?: The Chronicle of Man's Imprisonment: Last Call! Kindle-Version (2009).

[71] Moksha From Earth. Freedom From Archons, Reincarnation Traps, Soul Traps, And False Light Heavens.pdf (183 – 185)

[72] Farsight Institut Video: Escape The Death Trap
https://www.bitchute.com/video/LVgNU0cxozm5/

[73] Remote Viewing and the Alien Presence: Is Earth A Prison Planet For Souls? With Dr. Courtney Brown. https://rumble.com/v2stm3w-remote-viewing-and-the-alien-presence-is-earth-a-prison-planet-for-souls-wi.html

[74] Moksha From Earth. Freedom From Archons, Reincarnation Traps, Soul Traps, And False Light Heavens.pdf. S. 162.

[75] Anagnostou-Kalogera, Angeliki. Can You Stand The Truth?: The Chronicle of Man's Imprisonment: Last Call! Kindle-Version.

[76] Anagnostou-Kalogera, Angeliki. Can You Stand The Truth?: The Chronicle of Man's Imprisonment: Last Call! Kindle-Version (2009:102).

[77] Greene, Isabella A (2023). LEAVING THE TRAP: How to Exit Reincarnation Cycle. Kindle-Version.

[78] Ava Veritas: https://odysee.com/@SergeantSchultz:2/Why-true-knowledge-of-Law-may-be-necessary-to-exit-the-reincarnation-trap:1. Ca. ab Minute 16:20.
Mehr Informationen unter: https://www.avaverity.com/

[79] https://www.youtube.com/watch?v=WAWv3wOEnds
Feathered Serpent: UPDATE: DO NOT Go Into The White Light! | It's a Reincarnation Soul Trap

[80] Penre, Wes. From the Dying Moment to Exiting Through the Grid https://wespenrevideos.com/)[1]
June 13, 2023. Letzter Aufruf: 16.06.2023.

[81] Langschädel: Brien Foerster. Www.youtube.com/user/brienfoerster

[82] Freiherr von Liechtenstein, Peter. Gefängnisplanet Erde (2022). Books on Demand GmbH. Kindle-Version.
Freiherr von Liechtenstein, Peter. Wenn das unsere Ahnen wüssten (German Edition) (S.321). BoD. Kindle-Version.
Wie war unsere Geschichte wirklich? Neue Horizonte TV.
https://www.youtube.com/watch?v=PXDLsJ3U-xg. Letzter Zugriff 31.01.23

[83] Penre, Wes. 2016. Synthetic Super Intelligence and the Transmutation of Humankind: A Roadmap to the Singularity and Beyond

84 Penre, Wes. The ORION Book (S.106-107). Kindle-Version.

85 Das ganze Interview mit Yuval Noah Harari ist zu finden unter: https://www.nzz.ch/feuilleton/yuval-noah-harari-der-mensch-kann-gehackt-werden-ld.1496741

86 Elon Musk: „You Can Easily Hack The Law Of Attraction"
https://www.youtube.com/watch?v=ICYtA8f6bIs&t=655s
Letzter Zugriff 29.01.2023.

87 www.elucidations.info. Seite 44 – 45. Letzter Zugriff: 01.02.2023.

88 Hawking, Steven. Zitat:
https://quotepark-com.translate.goog/quotes/1749497-isaac-asimov-it-is-better-to-go-to-defeat-with-free-will-than-t/?_x_tr_sl=en&_x_tr_tl=de&_x_tr_hl=de&_x_tr_pto=sc Letzter Zugriff: 02.02.2023.

89 Bücher zum Thema Transhumanismus gibt es mittlerweile viele. Hier zwei Empfehlungen:
Magnet, Stefan. Transhumanismus: Krieg gegen die Menschheit (2022)
Penre, Wes. „Synthetic Super Intelligence and the Transmutation of Humankind: A Roadmap to the Singularity and Beyond (2021).

90 Ein Beispiel: https://zeeemedia.com/interview/hope-tivon-technology-behind-mind-control-iob-hacking-humans-exposed/.

91 Penre, Wes. The ORION Book (S.117). Kindle-Version.

92 Penre, Wes. The ORION Book (S.118 - 119). Kindle-Version.

93 Abschnitt: Neck Implants to Control People
Modi M.D., Shakuntala. An Amazing Human Journey: Remembering from the Subconscious Mind Volume One . Strategic Book Publishing and Rights Co.. Kindle-Version (2014: Pos. 7867f).

94 Penre, Wes. The ORION Book (S.240f). Kindle-Version.

[95] Anagnostou - Kalogera, Angeliki. Can You Stand The Truth?: The Chronicle of Man's Imprisonment: Last Call! (S.491 - 492). Kindle-Version.

[96] EMDR steht für Eye Movement Desensitization and Reprocessing. Auf Deutsch: „Desensibilisierung und Verarbeitung traumatischer Erfahrungen durch Augenbewegung".

Quellenverzeichnis

Anagnostou-Kalogera, Angeliki. „Can You Stand The Truth?: The Chronicle of Man's Imprisonment: Last Call!" Kindle-Version (2012).

Bush Wayne. www.trickedbythelight.com. Sammlung von Nahtoderlebnissen. Letzter Zugriff: 03.01.2023.

Freiherr von Liechtenstein, Peter. Gefängnisplanet Erde. Books on Demand GmbH. Kindle-Version (2022).

Freiherr von Liechtenstein, Peter. Wenn das unsere Ahnen wüssten (German Edition) Books on Demand. Kindle-Version (2020).

Fuckert, Dorothea. Seelenreise in das Leben zwischen den Leben. Wie himmlische Erinnerungen heilen können. Kindle-Version. München: Goldmann (2013).

Greene, Isabella A. LEAVING THE TRAP: How to Exit Reincarnation Cycle. Kindle-Version (2023).

Hawking, Steven. Zitat: https://quotepark-com.translate.goog/quotes/1749497-isaac-asimov-it-is-better-to-go-to-defeat-with-free-will-than-t/?_x_tr_sl=en&_x_tr_tl=de&_x_tr_hl=de&_x_tr_pto=sc.
Letzter Zugriff: 02.02.2023.

Jaldabaoth (oder Ildabaoth): https://de.wikipedia.org/wiki/Jaldabaoth. Letzter Zugriff: 10.01.2023.

Katharer: https://de.wikipedia.org/wiki/Katharer). Letzter Zugriff: 12.01.2023.

Kramer, Rolf U. Kramer. Unbounded! (Vol.2): Exploring Spirituality through MindWalking. Shaker Media GmbH. Kindle-Version (2016).

Langschädel: Brien Foerster. www.youtube.com/user/brienfoerster

Long, Jeff und Judy. www.nderf.org. Sammlung von Nahtoderlebnissen in 23 Sprachen. Letzter Zugriff: 04.04.2023.

Lorgen, Eve. The Love Bite: Alien Interference in Human Love Relationships. ELogos & HHC Press. Kindle-Version (2000).

Magnet, Stefan. Transhumanismus: Krieg gegen die Menschheit (2022).

Mickoski, Howdie. Exit the Cave. Ending the Reinkarnation Trap. Book 1. (2022).

Modi M.D., Shakuntala. An Amazing Human Journey: Remembering from the Subconscious Mind Volume One. Strategic Book Publishing and Rights Co.. Kindle-Version (2014).

Moksha From Earth. Freedom From Archons, Reincarnation Traps, Soul Traps, And False Light Heavens.pdf. https://archive.org/details/moksha-from-earth.-freedom-from-archons-reincarnation-traps-soul-traps-and-false-light-heavens. Letzter Zugriff: 04.04.2023.

Monroe, Robert A. (2014-11-11T22:58:59.000). Far Journeys (Journeys Trilogy). Harmony/Rodale. Kindle-Version (2014).

Monroe, Robert A. Journeys out of the Body, 1972, Souvenir Press 1998.

Nahtoderfahrungen: *3,3 Millionen Deutsche mit Nahtoderfahrungen:* https://www.focus.de/wissen/mensch/streich-des-gehirns-oder-seelenbeweis-nahtoderfahrung-wie-berichte-aus-dem-jenseits-erklaerbar-waeren_id_3129757.html. Letzter Zugriff: 28.02.*2023.*

Newton, Michael. Die Abenteuer der Seelen. Neue Fallstudien zum Leben zwischen den Leben. Übers. Jansen Manfred. 4. Auflage. Wettswill: Astrodata (2009).

Penre, Wes. Fourth Level of Learning: Lucifer's Rebellion (2014). https://wespenre.com/contents-of-the-fourth-level-of-learning. Letzter Zugriff: 12.01.23.

Penre, Wes. Fifth Level of Learning: The Vedic Texts (2014/2015). https://wespenre.com/contents-of-the-fifth-level-of-learning.
Letzter Zugriff: 12.01.2023.

Penre, Wes. The ORION Book Kindle-Version (2023).

Penre, Wes. The ORION Book Volume 2. Kindle-Version (2023).

Penre, Wes. Synthetic Super Intelligence and the Transmutation of Humankind: A Roadmap to the Singularity and Beyond. Kindle-Version (2016).

Spencer, Lawrence R. Alien Interview. https://docplayer.org/204752550-Alien-interview-interview-mit-einem-ausserirdischen.html. (2008). Letzter Zugriff: 02.02.2023.

Traumabonding. https://umgang-mit-narzissten.de/traumabonding-in-den-faengen-eines-narzissten. Letzter Zugriff: 24.01.2023

Videos

Anleitung zum Verlassen der Matrix: https://www.wespenrevideos.com/category/exiting-the-grid/. Letzter Zugriff: 05.07.2023.

https://wespenrevideos.com/2023/06/12/from-the-dying-moment-to-exiting-through-the-grid/. Letzter Zugriff: 16.06.2023.

Astrale Städte:
a) Grandpa Dreamed of Heavenly Rest: The Afterlife Indoctrination Center in the Astral Realm. Part 2: https://www.youtube.com/watch?v=XbI-wSdgjkc. Letzter Zugriff: 19.05.2023.

b) Godlikeproductions.com. Grandpa Dreamed of Heavenly Rest: He Got Demonic Hell and Forced Reincarnation. https://www.youtube.com/watch?v=0-O79FNa1U8. Letzter Zugriff: 05.05.2023.

Do Not Go Into the White Light! It's a Reincarnation Soul Trap. Update. https://www.youtube.com/watch?v=WAWv3wOEnds. Feathered Serpent (2022).

Escape The Death Trap. Farsight Institut Video. https://www.bitchute
.com/video/LVgNU0cxozm5. Letzter Zugriff: 05.05.2023.

Harari, Yuval Noah: https://www.nzz.ch/feuilleton/yuval-noah-ha-
rari-der-mensch-kann-gehackt-werden-ld.1496741.
Letzter Zugriff 08.08.2023.

Musk, Elon. "You Can Easily Hack The Law Of Attraction" https://ww-
w.youtube.com/watch?v=ICYtA8f6bIs&t=655s.
Letzter Zugriff 29.01.2023.

Nahtoderfahrungen: NDE | VILE Life Script Leads to Riches & Matrix
Marketing Department Job | Reincarnation Soul Trap. https://ww-
w.youtube.com/watch?v=IT9QcA1KvTs&t=448s.
Letzter Zugriff: 26.03.2023.

Moksha. Stewart, Brett. https://ia801003.us.archive.org/9/items/moks-
ha_video_20190830/videoplayback.mp4
Why Brett Stuart removed his "Moksha video" from YouTube. https://
www.youtube.com/watch?v=PMCcsTeKZpw.
Letzter Zugriff: 24.03.2023.

Matrixxer. Dilas, Jonathan u. Suraya, Shiva. Spirituelle Seminare und
raus aus der Matrix: https://www.matrixxer.com.

Reinkarnationsfalle verlassen: Ava Veritas. https://odysee.com/@Ser-
geantSchultz:2/Why-true-knowledge-of-Law-may-be-necessary-to-
exit-the-reincarnation-trap:1. Ca. ab Minute 16:20.
Letzter Zugriff: 06.07.2023.

Remote Viewing and the Alien Presence: Is Earth A Prison Planet For
Souls? With Dr. Courtney Brown. https://rumble.com/v2stm3w-re-
mote-viewing-and-the-alien-presence-is-earth-a-prison-planet-for-
souls-wi.html.
Letzter Zugriff: 27.04.023.